电脑办公

北京希望电子出版社　总策划
甘登岱　主　编

红旗出版社
北京希望电子出版社
Beijing Hope Electronic Press
www.bhp.com.cn

图书在版编目（CIP）数据

电脑办公 / 甘登岱主编. —北京：红旗出版社，
2005.3
（青少年学电脑）
ISBN 7-5051-1098-5
Ⅰ.电… Ⅱ.①甘… Ⅲ.办公室－自动化－应用软件－青少年读物 Ⅳ.TP317.1-49

中国版本图书馆 CIP 数据核字（2004）第 120474 号

需要本书或技术支持的读者，请与北京中关村 083 信箱（邮编：100080）发行部联系，电话：010-82702660，82702658，62978181（总机）转 103 或 238 传真：010-82702698 E-mail：tbd@bhp.com.cn。

系列名	青少年学电脑
书名	电脑办公
主编	甘登岱
总策划	北京希望电子出版社
责任编辑	周凤明 雷 铎
出版	红旗出版社 北京希望电子出版社
发行	北京希望电子出版社
地址	红旗出版社 北京市沙滩北街 2 号（100727） 电话：（010）64037138 北京希望电子出版社 北京市海淀区上地三街 9 号金隅嘉华大厦 C 座 610
经销	各地新华书店 软件连锁店
排版	希望图书输出中心 龚菊花
印刷	北京双青印刷厂
版次 / 印次	2005 年 3 月第 1 版 2005 年 3 月第 1 次印刷
开本 / 印张	850×1168 1/32 8.5 印张 197 千字
印数	1～5000 册
书号	ISBN 7-5051-1098-5
定价	15.00 元

内容简介

本书是《青少年学电脑》丛书中的一本，主要介绍了电脑办公方面的基本知识，其内容包括 Word 2002 的使用（文档的输入、编辑、排版与打印），用 Excel 2002 创建电子表格（电子表格的制作、编辑、排版与打印），用 PowerPoint 2002 制作幻灯片（简单课件、演示文稿的制作、编辑与发布）等内容。

本书内容新颖，讲解通俗易懂，知识点和方法比较集中。其全部内容均在各类培训班使用过，并广受好评。因此，本书是广大电脑爱好者不可多得的精品之一。

本书非常适合作为青少年和中学生学习电脑知识的教材或自学手册，也可作为初学电脑的新手和入门级用户快速上路的自学用书。

前　言

书籍是人类进步的阶梯，知识能改变人的命运。

目前世界各国都非常重视信息科学的普及教育，计算机与基础教育的结合已成为当今世界新技术革命和教育改革的一大趋势。为了普遍提高我国青少年的计算机科学知识，让广大青少年尽快掌握计算机应用知识，我们特别组织出版了这套《青少年学电脑》系列丛书，这套丛书正是为在广大青少年中大力开展计算机普及教育活动而做。

本系列丛书由 5 本组成。包括《电脑入门》、《电脑办公》、《电脑上网》、《电脑网页设计》、《电脑图像制作》。

《电脑入门》介绍电脑的基本概念和使用方法。主要介绍了电脑的基本知识、正确使用电脑的方法、电脑的管理、电脑常用操作、智能 ABC 输入法与五笔字型输入法等内容。

《电脑办公》主要介绍了电脑办公方面的基本知识，其内容包括 Word 2002 的使用（文档的输入、编辑、排版与打印），用 Excel 2002 创建电子表格（电子表格的制作、编辑、排版与打印），用 PowerPoint 2002 制作幻灯片（简单课件、演示文稿的制作、编辑与发布）等内容。

《电脑上网》主要介绍了电脑上网的基本常识，网上冲浪，电子邮件的使用方法，个人网页创建，网络应用技巧，常用工具软件等内容。

《电脑网页设计》分三个部分介绍了网页设计要用到的 3 个软件 Dreamweaver MX、Fireworks MX、Flash MX 的使用方法和应用技巧。第 1 部分介绍网页编辑软件 Dreamweaver MX 的基本操作、网页制作方法及网站的创建和管理；第 2 部分介绍用优秀的 Web 图像制作软件 Fireworks MX 绘制与编辑图形的方法；第 3 部分介绍矢量动画编辑软件 Flash MX 制作动画的方法与技巧，这个软件是制作交互式动画及创建动态网页素材的优秀软件。

《电脑图像制作》介绍 Photoshop 7 图形、图像处理软件的使用方法。Photoshop 可制作出专业、精美的图像作品，广泛应用于印刷、Web 发布以及照片处理等视觉设计领域。本书介绍了 Photoshop 7 的基础知识；各种工具的使用；控制图像颜色的技巧；形状、通道、文字、图层的编辑及使用；滤镜操作等。每章配有精美的实例操作，能有效提高读者的实际动手操作能力。

本系列丛书由北京希望电子出版社总策划，甘登岱主编，其中《电脑图像制作》由尚峰、张瑞娟编写，参加编写工作的还有郭玲文、白冰、郭燕、贾敬瑶、李弘、黄瑞友、李金龙、章银武、林军会、张安鹏、刘春瑞、王立民、李鹏、崔元胜、谭建、郭玲玫等。

目　录

第 1 章　使用 Word 2002 排版

Word 2002 是 Office XP 软件包中最重要的办公软件之一，也是最基本的文字处理软件。利用 Word 2002 可编排各种格式的文档，如公文、报告、论文、试卷、手册、备忘录、日历、名片、简历、杂志以及图书等，如图 1-1 所示。

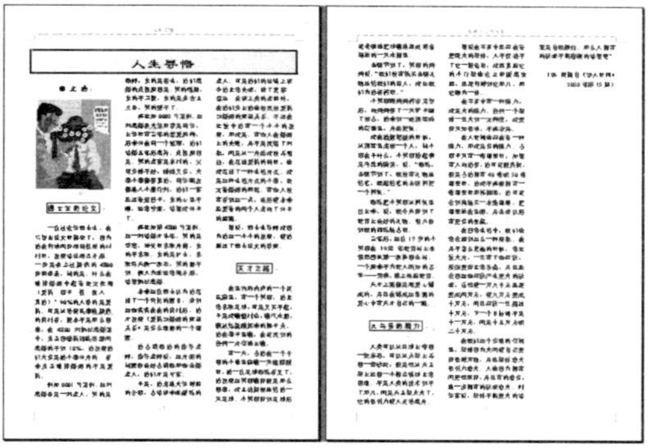

图 1-1 排版样式示例

1.1　Word 2002 基本操作

要熟练使用 Word 2002，用户必须首先了解诸如文档创建、打开、保存与加密，文本选择、移动与复制、查找与替换、操作的撤消、恢复和重复等基本操作。为此，本节首先向读者简要介绍一下这方面的情况。

1.1.1 文档控制

在实际工作中，用户可将编制的文档分类放在不同的文件夹中，以方便管理和使用。此外，如果用户不希望其他人查看或修改自己编制的文档，还可为文档设置一个密码。

1. 创建文档

启动 Word 2002 之后，系统会自动创建一个文件名为“文档 1”的空白文档，此时用户可以直接输入文字，并对其进行编辑，也可以根据需要重新创建新文档。

创建新文档的方法有两种，一种是通过单击“常用”工具栏中的“新建空白文档”按钮，来创建一个空白文档；另一种是使用“文件”菜单中的“新建”命令，来创建一个空白文档或根据模板、向导创建一个自己需要的文档。下面以在 Word 2002 中创建新文档为例，向用户介绍使用“文件”菜单中的“新建”命令创建文档的方法，如图 1-2 所示。

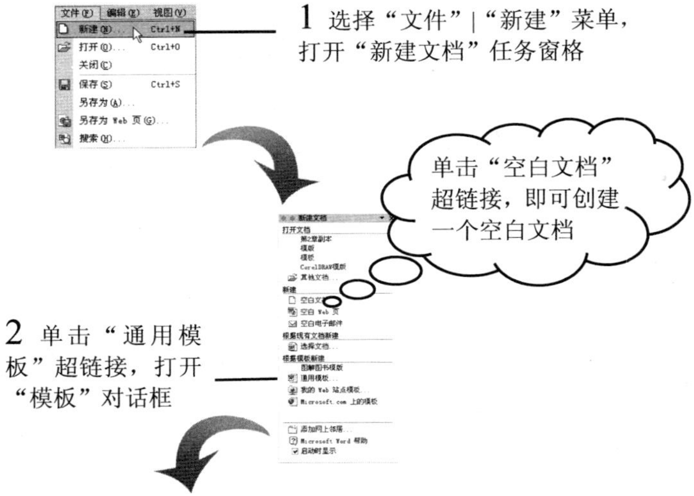
1 选择“文件”|“新建”菜单，打开“新建文档”任务窗格
单击“空白文档”超链接，即可创建一个空白文档
2 单击“通用模板”超链接，打开“模板”对话框

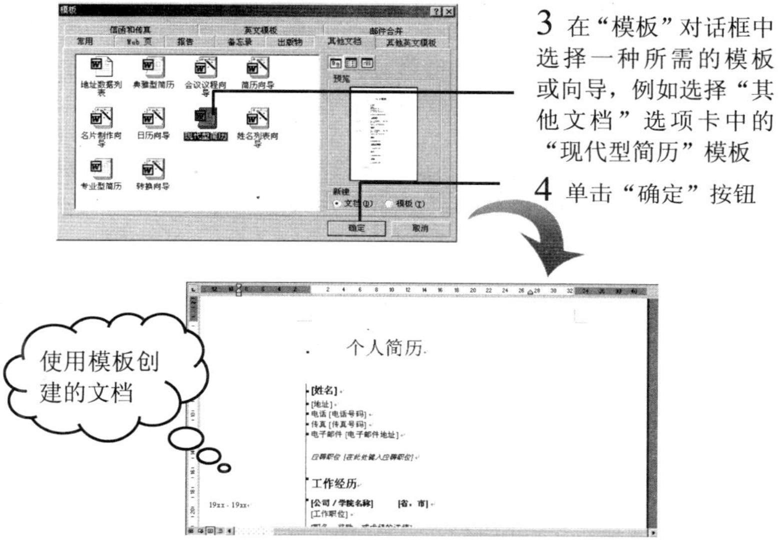
3 在“模板”对话框中选择一种所需的模板或向导，例如选择“其他文档”选项卡中的“现代型简历”模板
4 单击“确定”按钮
使用模板创建的文档
个人简历

图 1-2　使用系统模板

提示

※ 用户还可按 Ctrl+N 快捷键来创建一个空白文档。

※ 除了使用 Word 预置的模板创建文档以外，用户还可以创建自己的模板、修改已存在的模板，或者更改文档的模板。

2. 打开文档

在 Word 中，用户可以打开已有的文档，以便进行编辑、排版或打印等操作。

在 Word 中，最近操作过的文档都会保存在“文件”菜单中（默认为 4 个）。因此，用户如果希望打开最近操作过的文档，可直接单击“文件”菜单中的文档名称。

如果“文件”菜单中没有用户需要打开的文档，可按如图 1-3 所示的方法来选择需要打开的文档。

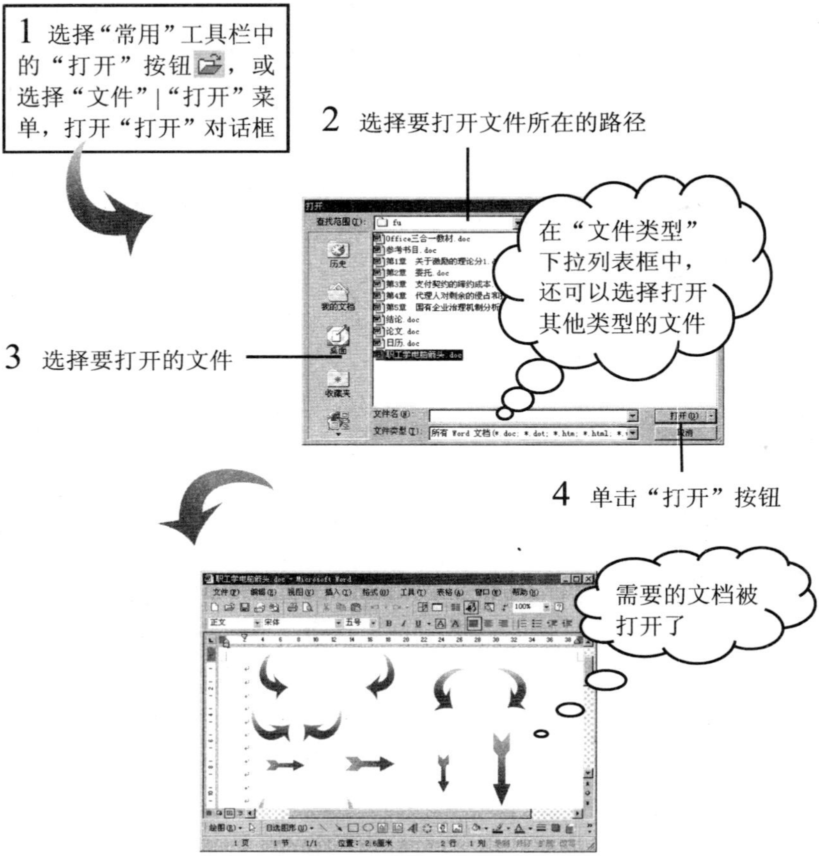
1 选择“常用”工具栏中的“打开”按钮，或选择“文件”|“打开”菜单，打开“打开”对话框
2 选择要打开文件所在的路径
在“文件类型”下拉列表框中，还可以选择打开其他类型的文件
3 选择要打开的文件
4 单击“打开”按钮
需要的文档被打开了

图 1-3 打开文档

提示

※ 如果要打开多个不连续的文档，可按下Ctrl键并逐个单击要打开的文件名；如果要打开几个连续的文档，可先单击第一个文件名，然后按下Shift键，再单击要打开的最后一个文档的文件名。

3. 保存文档

在以下情况下，需要对文档进行保存：新创建的未命名文档、打开并修改后的文档以及需要改变为其他格式的文档。

若要保存新创建的文档，可按如图1-4所示的步骤进行。

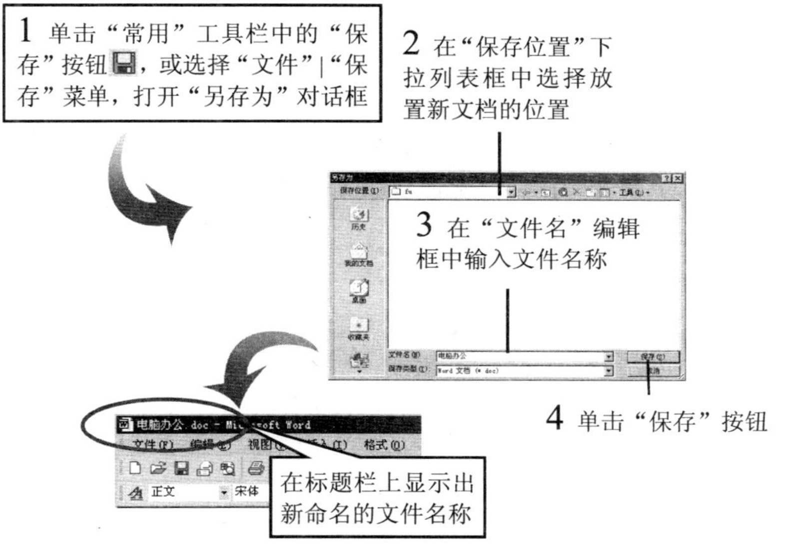
1 单击“常用”工具栏中的“保存”按钮，或选择“文件”|“保存”菜单，打开“另存为”对话框
2 在“保存位置”下拉列表框中选择放置新文档的位置
3 在“文件名”编辑框中输入文件名称
4 单击“保存”按钮
在标题栏上显示出新命名的文件名称

图1-4 保存文档

提示

※ 若要保存已有的文档，可选择“文件”菜单中的“保存”命令或单击“常用”工具栏中的“保存”按钮，Word即可将修改后的文档按原名字保存在原来的文件夹中。

※ 若要将修改后的文档按新名字、新格式或新的位置保存，应选择“文件”菜单中的“另存为”命令，此时系统也将打开“另存为”对话框。

※ 若要同时保存打开的所有Word文档，可按住Shift键并选择“文件”菜单中的“全部保存”命令，即可保存全部打开的文档。

4. 关闭文档

当对文档完成所有的操作后，要将其关闭时，可选择“文件”菜单中的“关闭”命令或单击文档窗口右上角的“关闭”按钮。其中，如果对文档做了修改但却没有进行保存，系统将会出现一个提示对话框，询问是否要保存对该文档所作的更改，如图1-5所示。

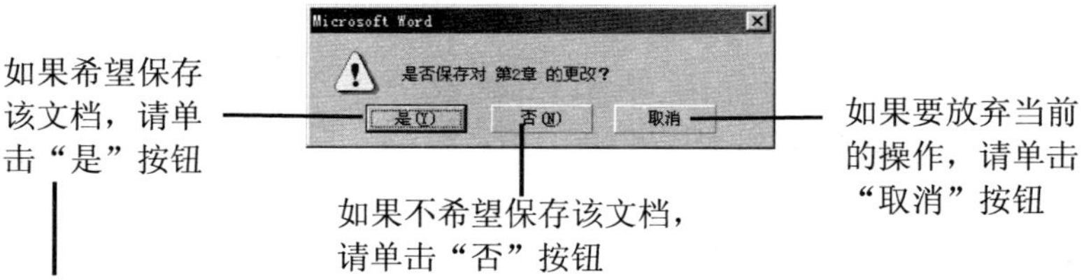
Microsoft Word
是否保存对 第2章 的更改?
是(Y)
否(N)
取消
如果希望保存该文档，请单击“是”按钮
如果不希望保存该文档，请单击“否”按钮
如果要放弃当前的操作，请单击“取消”按钮

图1-5 关闭文档时弹出提示框

※ 如果要在不退出 Word 的情况下关闭所有打开的文档，可以按住 Shift 键，然后选择“文件”菜单中的“全部关闭”命令。

5. 设置密码保护文档

通过给文档设置密码，可以控制其他人对文档的访问，或防止未经授权查阅和修改文档。在 Word 中，密码分为打开权限密码和修改权限密码。记下打开文档的密码并把它存在安全的地方十分重要，忘记了打开权限密码，就不能再打开这个文档。忘记了修改权限密码或根本不知道该密码的人，可以对该文档的复制版本进行修改，然后用另一文件名将其保存起来。

若要给一篇已打开的文档设置密码，可按如图 1-6 所示的步骤进行。

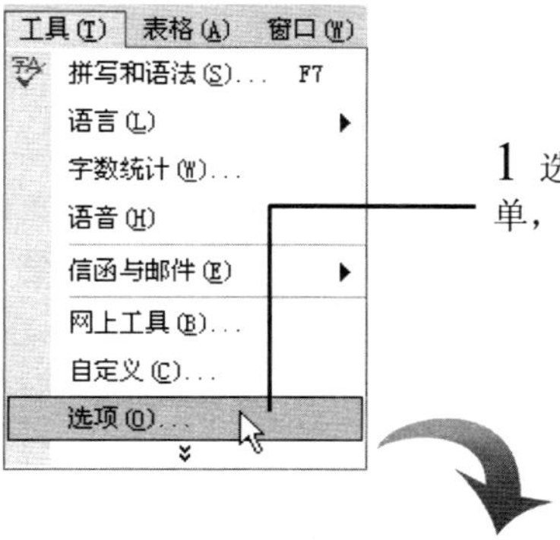

1 选择“工具”|“选项”菜单，打开“选项”对话框

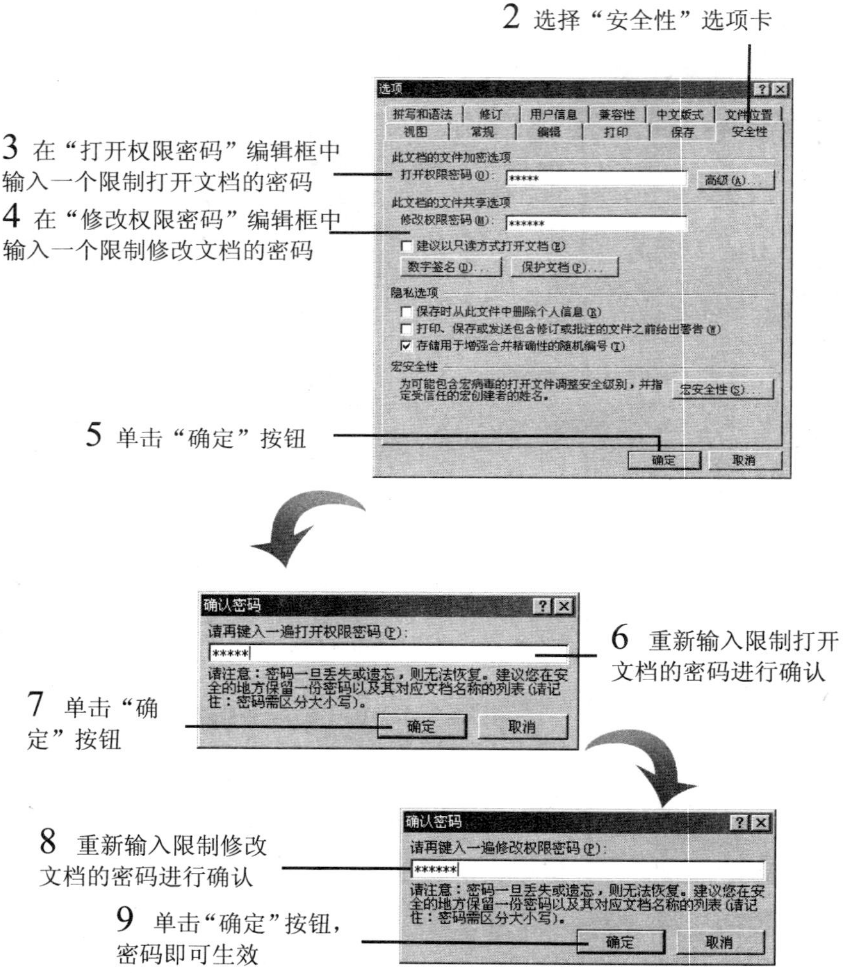
2 选择“安全性”选项卡
选项
拼写和语法
修订
用户信息
兼容性
中文版式
文件位置
视图
常规
编辑
打印
保存
安全性
此文档的文件加密选项
打开权限密码(O):
*****
高级(A)...
此文档的文件共享选项
修改权限密码(M):
******
建议以只读方式打开文档(E)
数字签名(D)...
保护文档(P)...
隐私选项
保存时从此文件中删除个人信息(R)
打印、保存或发送包含修订或批注的文件之前给出警告(W)
存储用于增强合并精确性的随机编号(T)
宏安全性
为可能包含宏病毒的打开文件调整安全级别，并指定受信任的宏创建者的姓名。
宏安全性(S)...
确定
取消
3 在“打开权限密码”编辑框中输入一个限制打开文档的密码
4 在“修改权限密码”编辑框中输入一个限制修改文档的密码
5 单击“确定”按钮
确认密码
请再键入一遍打开权限密码(P):
*****
请注意：密码一旦丢失或遗忘，则无法恢复。建议您在安全的地方保留一份密码以及其对应文档名称的列表(请记住：密码需区分大小写)。
确定
取消
6 重新输入限制打开文档的密码进行确认
7 单击“确定”按钮
确认密码
请再键入一遍修改权限密码(P):
******
请注意：密码一旦丢失或遗忘，则无法恢复。建议您在安全的地方保留一份密码以及其对应文档名称的列表(请记住：密码需区分大小写)。
确定
取消
8 重新输入限制修改文档的密码进行确认
9 单击“确定”按钮，密码即可生效

图 1-6　文档加密

提示

- 在输入密码时，每输入一个字符就显示一个“*”号。密码可以包含字母、数字、空格和符号的任意组合，最多可以输入 15 个字符。
- 若要给文档设置密码，还可选择“文件”|“另存为”菜单，在打开的“另存为”对话框中单击“工具”按钮，从弹出的下拉菜单中选择“安全措施选项”命令，并在打开的“安全性”对话框中进行密码的设置。

以后要打开该文档时，就会出现输入限制打开文档密码的对话框和输入限制修改文档密码的对话框，如图 1-7 所示。

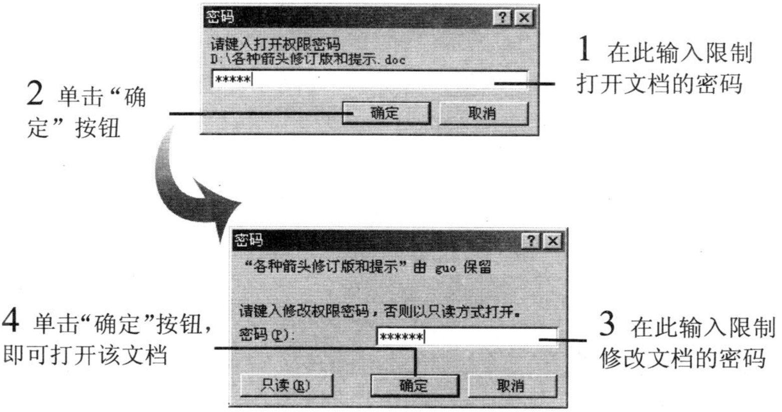

图 1-7　打开加密文档

提示

※ 若要删除密码，可首先在“密码”对话框中选中“打开权限密码”或“修改权限密码”编辑框中的内容，然后按 Delete 键，最后单击“确定”按钮。

1.1.2 编辑文档

创建一个新文档后，接下来的任务是在文档中输入文本内容。输入文本是使用 Word 的基本技能。文档中的插入点指示出了文字的输入位置，每输入一个文字，插入点会自动向后移动。除了在文档中可以输入汉字、数字、字母外，还可以插入一些特殊的符号，也可以在文档中插入日期和时间。

1. 在文档中输入文字

在 Word 中，既可以输入汉字，也可以输入英文。通常情况下，Word 刚打开时是处于英文输入状态下，因此要输入英文只需通过键盘直接键入英文字母即可；如要在文档中输入汉字，则必须先切换到中文输入法，才能在文档中输入文字。

此外，中、英文的标点符号有着显著的不同，例如英文的句号是实心小圆点“.”，而中文的句号是空心圆“。”。由于键盘上没有相应的中文标点，Windows 就在某些按键上定义了常用的中文标点，从而使中、英文标点符号之间有了某种对应关系。

输入文字的具体操作步骤如图 1-8 所示。

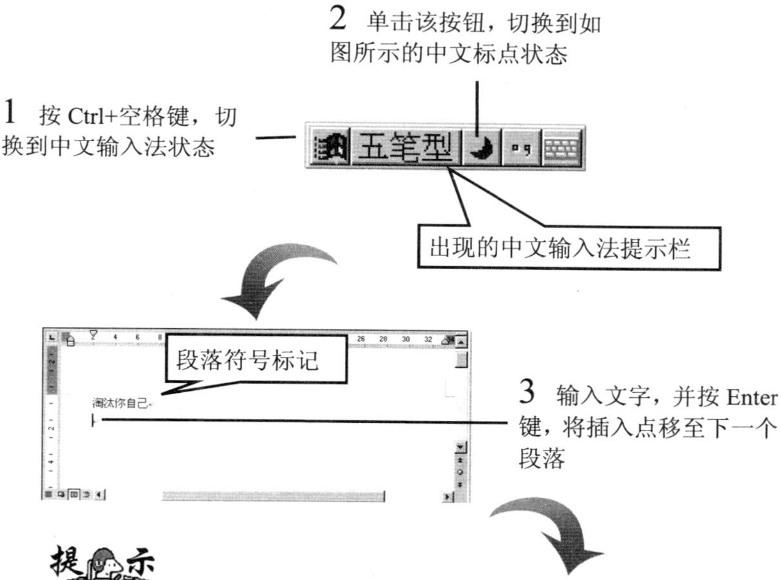
2 单击该按钮，切换到如图所示的中文标点状态
1 按Ctrl+空格键，切换到中文输入法状态
五笔型
出现的中文输入法提示栏
段落符号标记
淘汰你自己
3 输入文字，并按Enter键，将插入点移至下一个段落

提示

※ 如果想切换到其他的中文输入法，可以按Ctrl+Shift组合键(按下Ctrl键不放，接着按Shift键，每按一次Shift键，输入法提示栏中的输入法名称就会变化一次)，也可以单击任务栏上的语言指示器，从弹出的菜单中选择中文输入法。

※ 若不想显示段落符号标记，可选择“视图”菜单中的“显示段落符号标记”命令，取消该命令前的对勾√，则文档中将不再显示段落符号标记。

4 输入第二段文字

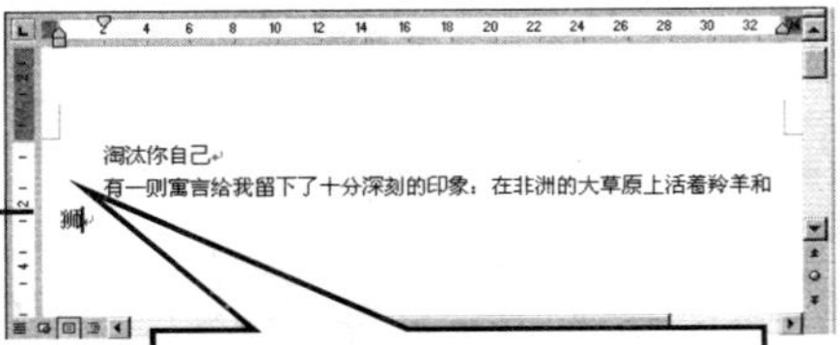

淘汰你自己
有一则寓言给我留下了十分深刻的印象：在非洲的大草原上活着羚羊和
狮

输入完一行文字后，插入点会自动移到下一行的最前面

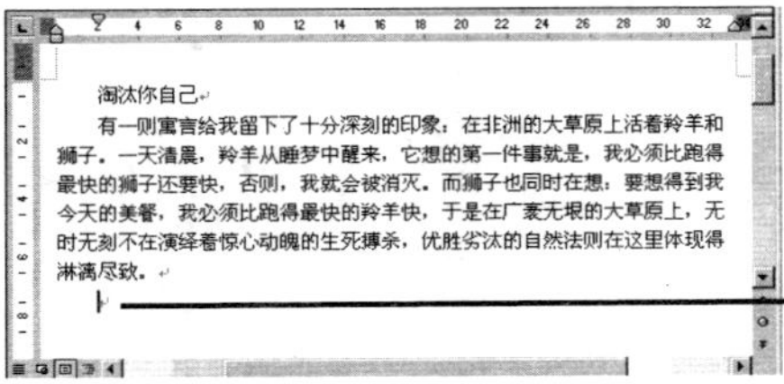

淘汰你自己
有一则寓言给我留下了十分深刻的印象：在非洲的大草原上活着羚羊和狮子。一天清晨，羚羊从睡梦中醒来，它想的第一件事就是，我必须比跑得最快的狮子还要快，否则，我就会被消灭。而狮子也同时在想：要想得到我今天的美餐，我必须比跑得最快的羚羊快，于是在广袤无垠的大草原上，无时无刻不在演绎着惊心动魄的生死搏杀，优胜劣汰的自然法则在这里体现得淋漓尽致。

5 输入完第二段文字，并再次按 Enter 键，进入下一个段落

6 输入完一篇文章

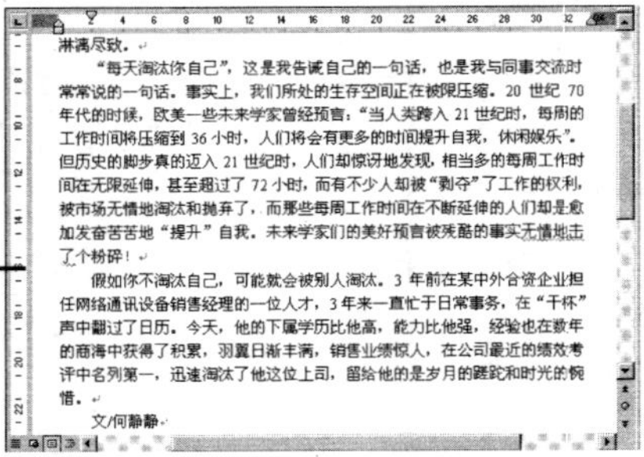

淋漓尽致。
“每天淘汰你自己”，这是我告诫自己的一句话，也是我与同事交流时常常说的一句话。事实上，我们所处的生存空间正在被限压缩。20 世纪 70 年代的时候，欧美一些未来学家曾经预言：“当人类跨入 21 世纪时，每周的工作时间将压缩到 36 小时，人们将会有更多的时间提升自我，休闲娱乐”。但历史的脚步真的迈入 21 世纪时，人们却惊讶地发现，相当多的每周工作时间在无限延伸，甚至超过了 72 小时，而有不少人却被“剥夺”了工作的权利，被市场无情地淘汰和抛弃了，而那些每周工作时间在不断延伸的人们却是愈加发奋苦苦地“提升”自我。未来学家们的美好预言被残酷的事实无情地击了个粉碎！
假如你不淘汰自己，可能就会被别人淘汰。3 年前在某中外合资企业担任网络通讯设备销售经理的一位人才，3 年来一直忙于日常事务，在“干杯”声中翻过了日历。今天，他的下属学历比他高，能力比他强，经验也在数年的商海中获得了积累，羽翼日渐丰满，销售业绩惊人，在公司最近的绩效考评中名列第一，迅速淘汰了他这位上司，留给他的是岁月的蹉跎和时光的惋惜。
文/何静静

图 1-8 输入文字

提示

※ 在输入文本的过程中，如果输入了一个错字或字符，可以通过按 Backspace 键删除插入点前的字符，或按 Delete 键删除插入点后面的字符，然后输入正确的文本即可。

2. 在文档中插入特殊符号

在输入文本的过程中，有时需要插入一些键盘上没有的特殊符号，例如，【、】、◆、✸、☙、☺ 等。此时，可利用 Word 提供的插入符号功能将其插入到文档中，其操作步骤如图 1-9 所示。

1 将插入点置于需要插入特殊符号的位置

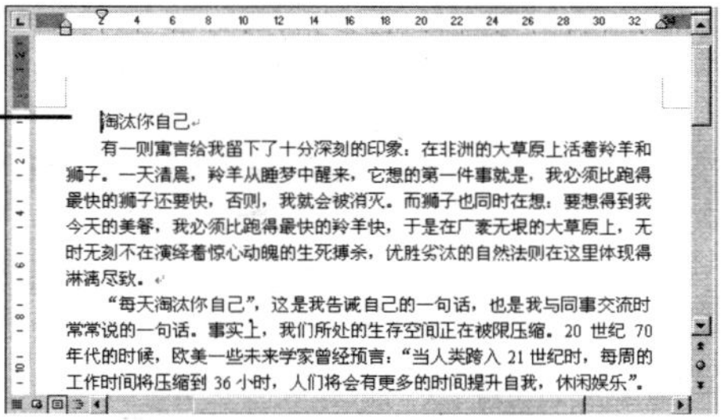
淘汰你自己
有一则寓言给我留下了十分深刻的印象：在非洲的大草原上活着羚羊和狮子。一天清晨，羚羊从睡梦中醒来，它想的第一件事就是，我必须比跑得最快的狮子还要快，否则，我就会被消灭。而狮子也同时在想：要想得到我今天的美餐，我必须比跑得最快的羚羊快，于是在广袤无垠的大草原上，无时无刻不在演绎着惊心动魄的生死搏杀，优胜劣汰的自然法则在这里体现得淋漓尽致。
"每天淘汰你自己"，这是我告诫自己的一句话，也是我与同事交流时常常说的一句话。事实上，我们所处的生存空间正在被限压缩。20 世纪 70 年代的时候，欧美一些未来学家曾经预言："当人类跨入 21 世纪时，每周的工作时间将压缩到 36 小时，人们将会有更多的时间提升自我，休闲娱乐"。

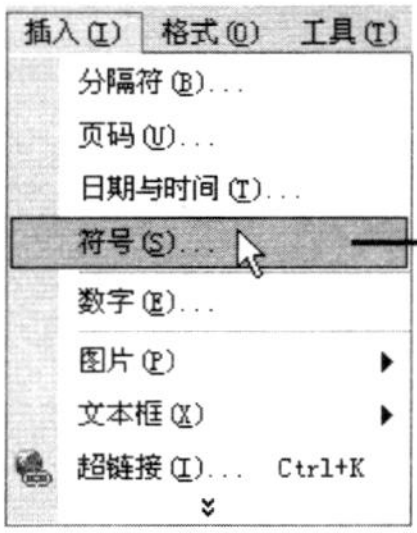
插入(I)
格式(O)
工具(T)
分隔符(B)...
页码(U)...
日期与时间(T)...
符号(S)...
数字(E)...
图片(P)
文本框(X)
超链接(I)... Ctrl+K

2 选择"插入"|"符号"菜单，打开"符号"对话框

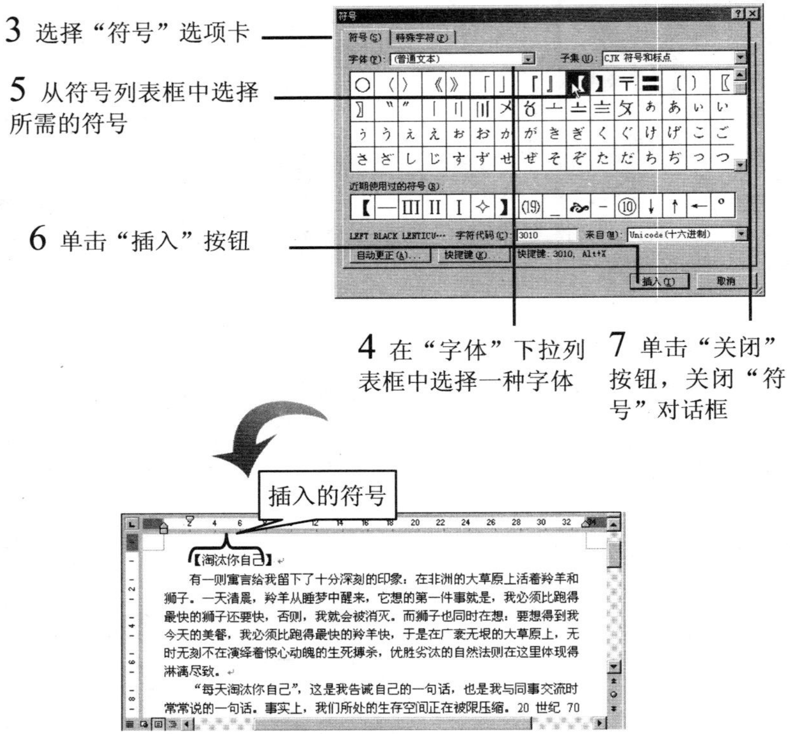
3 选择“符号”选项卡
5 从符号列表框中选择所需的符号
6 单击“插入”按钮
4 在“字体”下拉列表框中选择一种字体
7 单击“关闭”按钮，关闭“符号”对话框
插入的符号

图 1-9　插入特殊字符

此外，系统还为某些特殊符号预定义了一组快捷键，用户可通过直接按下这些快捷键来输入它们。要使用通过预定义快捷键输入特殊符号，可在“符号”对话框中选择“特殊字符”选项卡，如图 1-10 所示。

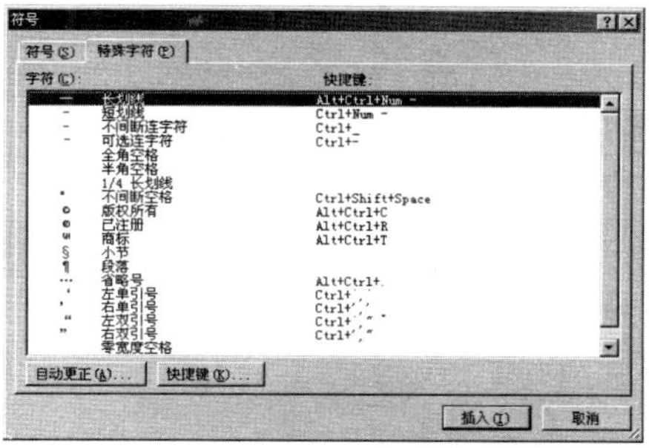

图 1-10　定义特殊字符快捷键

提示

※ 单击“符号”对话框中的“自动更正”按钮，可在打开的“自动更正”对话框中将选定的符号添加到自动更正列表框中；如单击“快捷键”按钮，可在打开的“自定义键盘”对话框中为选定的符号定义快捷键。

3. 在文档中插入当前日期和时间

用户可以直接在文档中输入当前的日期和时间，也可以选择“插入”菜单中的“日期和时间”命令，来插入当前的日期和时间。

若要在文档中插入当前的日期和时间，可首先将插入点置于要插入日期和时间的位置，然后按图 1-11 所示的步骤进行。

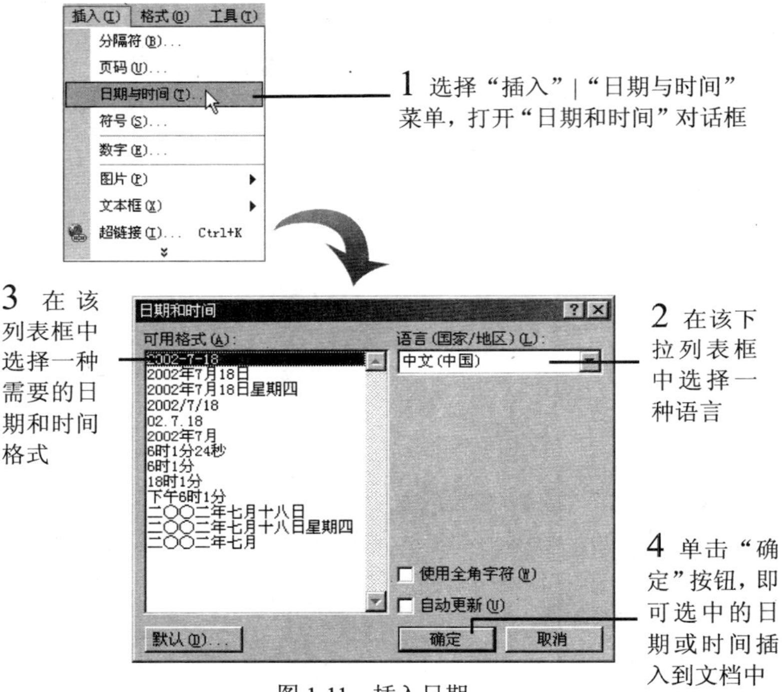

图 1-11　插入日期

提示

- 若选择“日期和时间”对话框中的“自动更新”复选框，可在打印文档时自动更新日期和时间。如果未选中该复选框，那么文档将始终打印插入时的当前日期或时间。
- 用户可以随时修改文档中插入的日期和时间。

1.1.3 控制文档显示

在 Word 中，为了工作方便，用户可方便地调整文档显示比例、显示/隐藏编辑标记、切换文档视图、拆分文档窗口等。

1. 显示或隐藏非打印字符

Word 中可以设置只用于在屏幕上显示，而不能打印的字符，这种字符为非打印字符，如制表符（→）、空格（·）和回车符（↵）等。在屏幕上查看或编辑文档时，利用这些字符可以很容易地查看是否在单词之间添加了多余的空格，或在段落结束时是否用了回车符等等。要显示/隐藏非打印字符，可按如图 1-12 所示的步骤进行。

2. 隐藏文字

在 Word 中，可以设置“隐藏文字”，即使某些文字只在编辑文档时在屏幕上显示，而打印时不打印。设置为隐藏文字的文本，显示时其下方会加上虚下划线。设置隐藏文字的操作步骤如图 1-13 所示。

如果要取消隐藏文字的设置，首先应选中隐藏文字，然后取消“效果”区中的“隐藏文字”复选框即可。

3. 调整文档显示比例

编辑文档时，为了看清文字，就需要将版面显示得大一些。而在有些时候，为了查看版面编排，可能需要调小文档显示。为此，可选择“视图”|“显示比例”菜单，打开“显示比例”对话框，如图 1-14 所示。在该对话框的“显示比例”区中选择合适的显示比例，然后单击“确定”按钮即可。

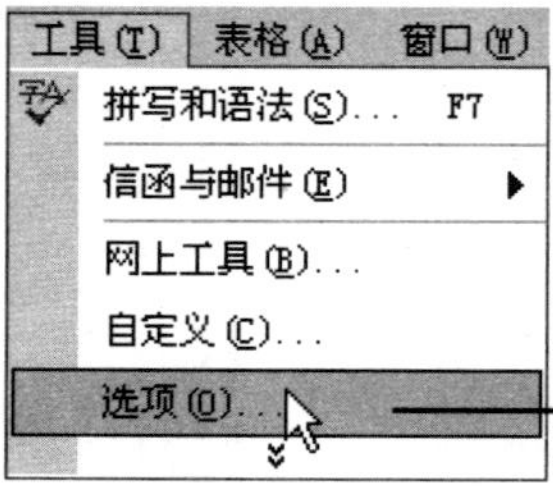

1 选择“工具”|“选项”菜单，打开“选项”对话框

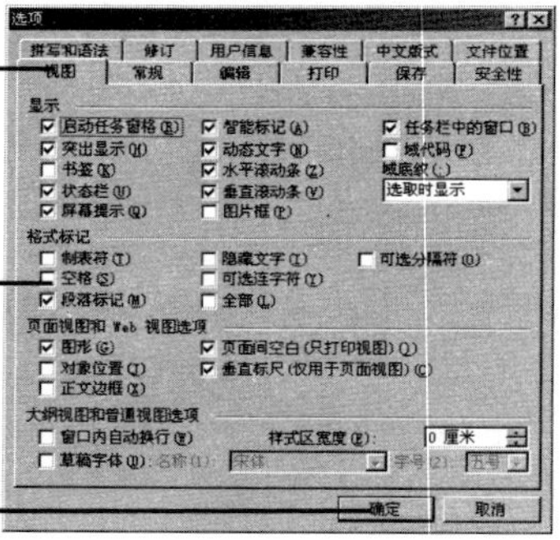

2 选择“视图”选项卡

3 在“格式标记”区中选择要显示或隐藏的非打印字符复选框

4 单击“确定”按钮，即可显示或隐藏选中的非打印字符

图 1-12 设置视图选项

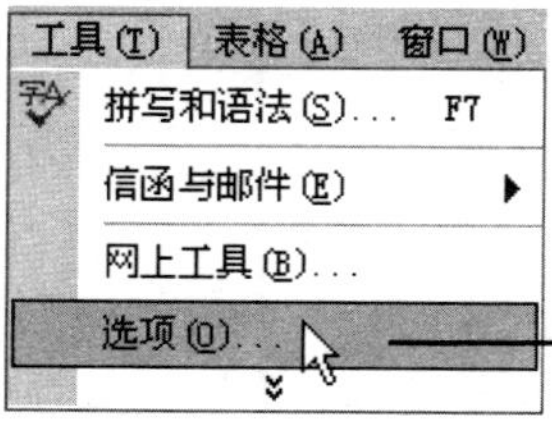

1 选择“工具”|“选项”菜单，打开“选项”对话框

2 选择“视图”选项卡

3 选择“隐藏文字”复选框

4 单击“确定”按钮

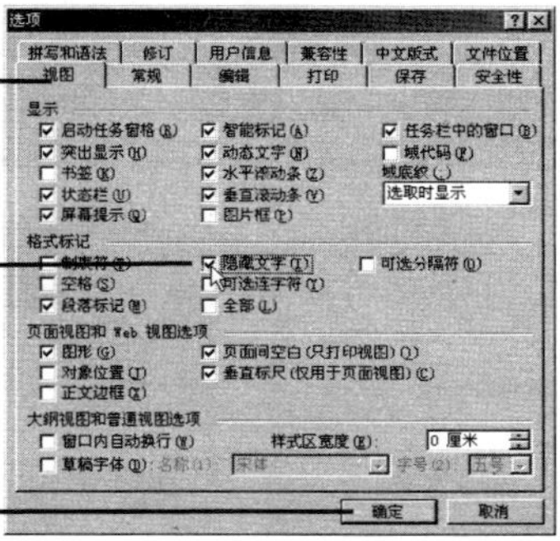

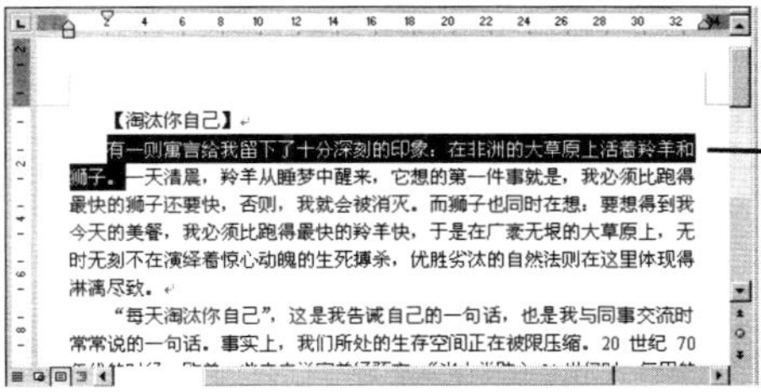

5 选中要隐藏的文字

6 选择“格式”|“字体”菜单，打开“字体”对话框

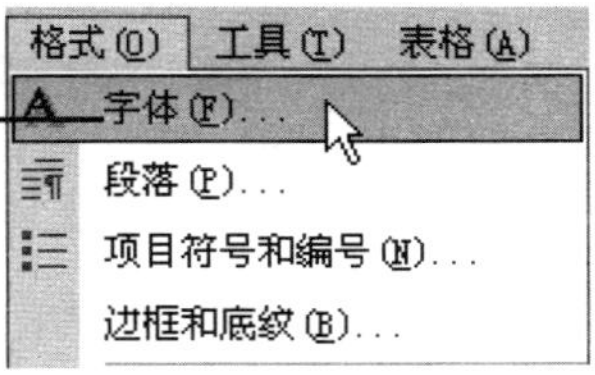

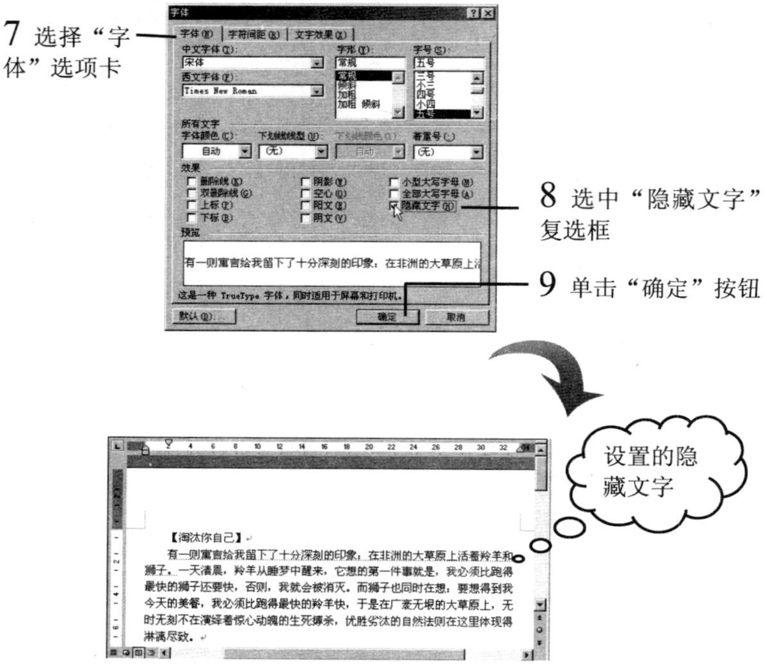
7 选择“字体”选项卡
8 选中“隐藏文字”复选框
9 单击“确定”按钮
设置的隐藏文字
【淘汰你自己】
有一则寓言给我留下了十分深刻的印象：在非洲的大草原上活着羚羊和狮子。一天清晨，羚羊从睡梦中醒来，它想的第一件事就是，我必须比跑得最快的狮子还要快，否则，我就会被消灭。而狮子也同时在想：要想得到我今天的美餐，我必须比跑得最快的羚羊快，于是在广袤无垠的大草原上，无时无刻不在演绎着惊心动魄的生死搏杀，优胜劣汰的自然法则在这里体现得淋漓尽致。

图 1-13　设置的隐藏

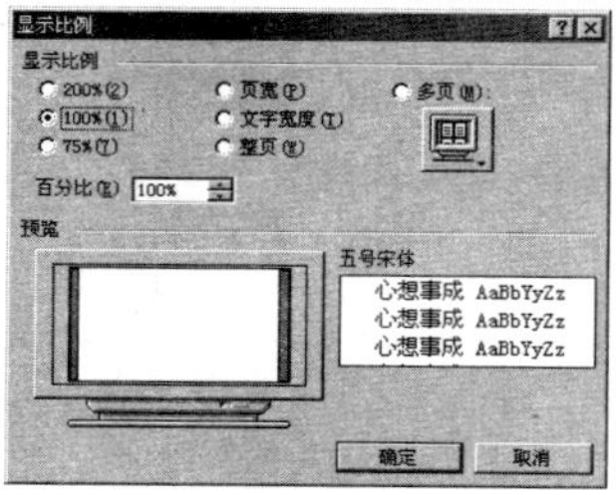
显示比例
确定
取消

图 1-14　调整显示比例

提示

※ 若选择“多页”单选钮，系统将在屏幕显示多达 36 个页面。单击“显示比例”对话框中的按钮，可设置多页显示方式下屏幕上所能显示的页面数，如图 1-15 所示。此外，用户还可通过单击常用工具栏中的“显示比例”工具 100% 设置显示比例。

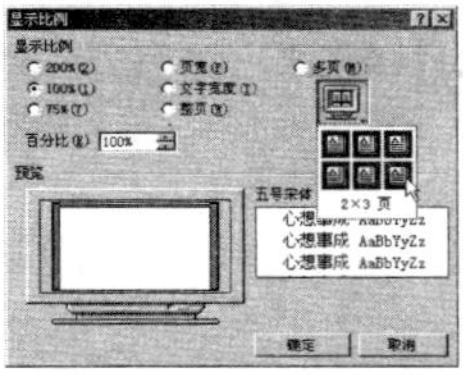

图 1-15　显示多页

4. 全屏显示

为了扩大编辑区，用户还可选择“视图”菜单中的“全屏显示”子菜单，此时屏幕将如图 1-16 所示。要退出全屏显示状态，可单击下图中的“关闭全屏显示”按钮。

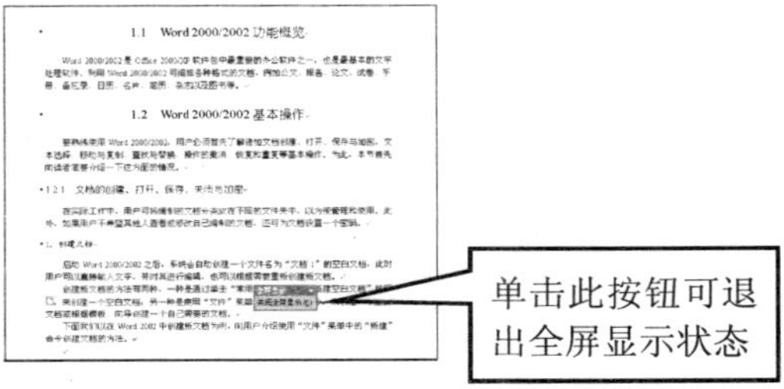

图 1-16　全屏显示文档

5. 显示和隐藏网格线

为了模拟现实生活中的信纸，用户还可通过选择或取消“视图”菜单中的“网格线”开关。下图显示了打开网格线显示后的文档编辑窗口。

6. 文档的多种视图

屏幕上显示文档的方式称为视图，Word 提供了普通视图（可连续显示文档内容，但不能显示页眉、页脚以及多栏版式）、页面视图（默认，按打印布局显示文档）、大纲视图（用于显示、修改或创建文档的大纲，可展开、折叠标题内容或升降标题级别）和 Web 版式视图（用于编辑 Web 页）等多种视图。不同的视图方式分别从不同的角度、按不同的方式显示文档，并适应不同的工作特点。因此，采用正确的视图方式，将会极大地提高工作效率，如图 1-17。

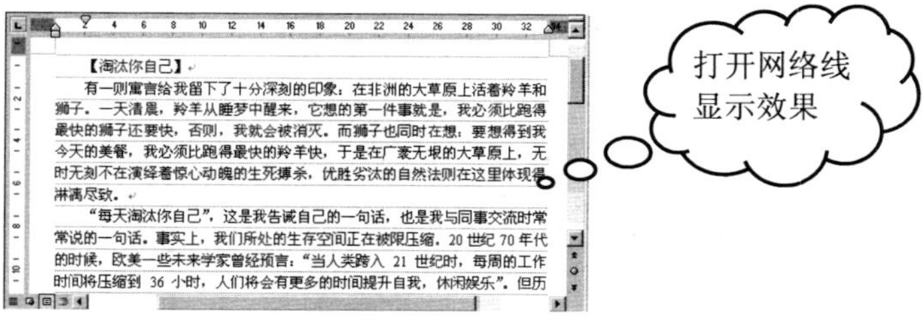
【淘汰你自己】
有一则寓言给我留下了十分深刻的印象：在非洲的大草原上活着羚羊和狮子。一天清晨，羚羊从睡梦中醒来，它想的第一件事就是，我必须比跑得最快的狮子还要快，否则，我就会被消灭。而狮子也同时在想：要想得到我今天的美餐，我必须比跑得最快的羚羊快，于是在广袤无垠的大草原上，无时无刻不在演绎着惊心动魄的生死搏杀，优胜劣汰的自然法则在这里体现得淋漓尽致。
“每天淘汰你自己”，这是我告诫自己的一句话，也是我与同事交流时常常说的一句话。事实上，我们所处的生存空间正在被限压缩。20 世纪 70 年代的时候，欧美一些未来学家曾经预言：“当人类跨入 21 世纪时，每周的工作时间将压缩到 36 小时，人们将会有更多的时间提升自我，休闲娱乐”。但历
打开网络线
显示效果

图 1-17　加网格线

要在各种视图间进行切换，可选择“视图”菜单中的适当选项，或单击文档编辑窗口水平滚动条左侧的视图按钮。

此外，如果选择“视图”|“文档结构图”菜单，系统将在文档窗口的左侧打开“文档结构图”窗口。文档结构图以树状结构列出了文档的所有标题，并清晰显示了文档结构及各层次间的关

系。因此，文档结构图常被用来查看文档结构，或查找某个特定的主题。使用文档结构图，给编辑有多层标题结构的文档提供了极大的便利，如图 1-18 所示。

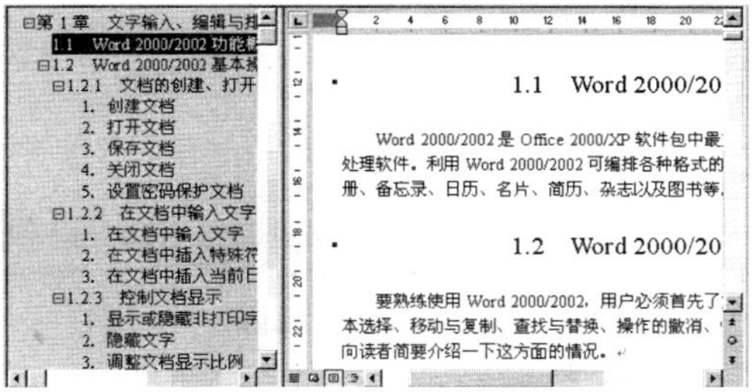

图 1-18 显示文档结构

1.1.4 文档浏览与定位

要浏览文档，最直接的方法是拖动文档编辑窗口右侧垂直滚动条上的滑块（快速滚动）、滚动条上方的（上一行）或滚动条下方的（下一行）、（前一页）、（选择浏览对象）和（下一页）按钮。

如何快速定位插入点是进行文档编辑的另一项基础性工作。自然，用户可首先通过浏览文档找到所需位置，然后在该位置单击来定位插入点。此外，用户还可利用查找和定位方法来定位插入点。尤其值得指出的是，用户不仅能够根据文档内容来查找和定位，而且还可根据格式（如字体、段落、样式等）和文档元素（如批注、脚注、尾注、图形等）来定位（此时要使用“编辑”|“定位”命令）。

如果要根据格式和文档元素来定位，可按如图 1-19 所示的步骤进行。

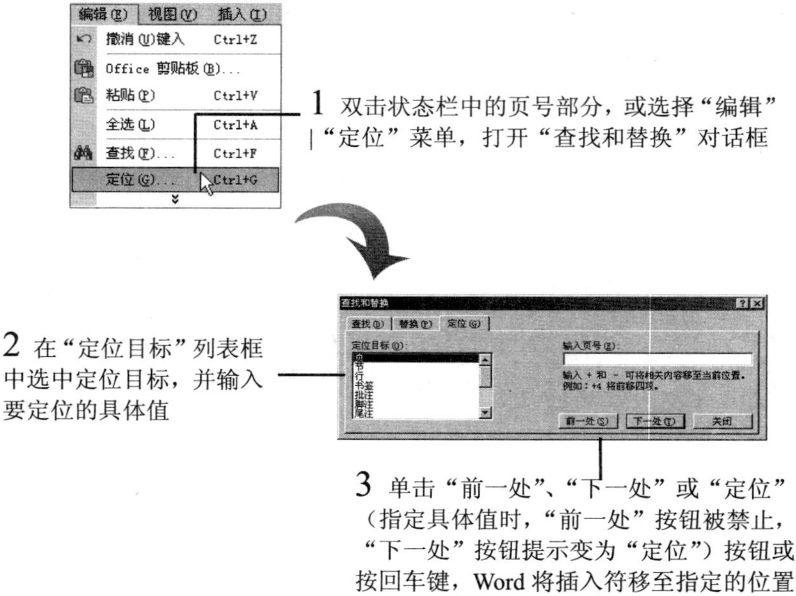

图 1-19　页码定位

使用“定位”命令移动文档时，可以直接移动到某个指定的位置，也可以在选定的某种“定位目标”之间前、后移动。例如，若在“定位目标”列表中选择“表格”，且不指定表格编号，则单击“上一处”或“下一处”按钮可在各表格间移动。如果在“输入表格编号”框中输入 4，Word 会将插入点移至文档中的第 4 个表格。如果在框中输入-1，则从当前位置起向后移动一个表格。如果在框中输入+1，则从当前位置起向前移动一个表格。

提示

※ 单击“关闭”按钮或按 Esc 键，可关闭“查找和替换”对话框。

1.1.5　文本选择、移动与复制

在编辑文档时，用户经常需要将文档的一部分内容移动或复制到另一个地方。因此，文档区域的移动与复制是两种最基本的编辑方法。显然，要移动或复制指定区域，应首先选定这些区域。因此，下面首先在 Word 中选定区域的方法。

1. 文本选择

Word 提供了强大的文本选择方法，例如，用户可选择一个或多个字符、一行或多行、一段或多段、一幅或多幅图片，甚至整篇文档等。同时，在选中文本后，还可修改选择。现将几种主要的文本选择方法列于表 1-1 中。

表 1-1　选中文本的主要方法

要选中的文本	操作方法
任意区域	将光标移至要选择区域开始位置，单击并拖动光标至区域结束位置，这是最常用的文本选择方法
一整行文字	将鼠标移到该行的最左边，当指针变为后，单击鼠标左键
连续多行文本	将鼠标移到要选择的文本首行最左边，当指针变为后，按下鼠标左键，然后向上或向下拖动

（续表）

要选中的文本	操作方法
一个段落	将鼠标移到本段任何一行的最左端，当指针变为后，双击鼠标左键；在该段内的任意位置，连击 3 次鼠标左键
多个段落	将鼠标移到本段任何一行的最左端，当指针变为后，双击鼠标左键，并向上或向下拖动鼠标
选中一矩形文本区域	将鼠标的 I 型指针置于文本的一角，然后按住 Alt 键，拖动鼠标到文本块的对角，即可选定一块文本
整篇文档	选择“编辑”菜单中的“全选”命令；按住 Ctrl+A 键；将鼠标移到文档任一行的左边，当指针变为后，连击 3 次鼠标左键
配合 Shift 键选择文本区域	把鼠标的 I 型指针置于要选定的文本之前，单击鼠标左键，确定要选择文本的初始位置。移动鼠标到要选定的文本区域末端后，按住 Shift 键，单击鼠标左键
在扩展模式下选择区域	双击状态栏上的“扩展”标记可在扩展方式和非扩展方式下转换。在扩展方式下，用户可使用鼠标或键盘上的↑、↓、←、→、PageUp 和 PageDown 键移动插入点来扩展选择区。若要取消扩展方式，可按 Esc 键或再次双击状态栏上的“扩展”标记

提示

※ 选中文本区域后若发现选择范围过小或过大，可以重新对选择区域进行调节。若要调节选择区域，可以按住 Shift 键并按↑、↓、←、→键来扩展或收缩选择区域，

也可以按住 Shift 键，用鼠标单击选择区域预期的末端，则选择区域将扩展或收缩到该处为止。

❋ 若要取消选中的文本，可用鼠标单击文档内任意位置，或按任何一个可在文档中移动的键，如↑、↓、←、→、Page Up 和 Page Down 等。

2. 利用拖动方法移动和复制文本

当用户在同一个文档中进行短距离的复制或移动时，可简单地使用拖动方法。由于使用拖动方法复制或移动文本时不经过“剪贴板”，因此，该方法要较通过剪贴板交换数据的方法来得简单一些。利用拖动方法移动和复制文本的操作步骤如图 1-20 所示。

3. 利用剪贴板移动和复制文本

剪贴板是文档进行信息传输的中间媒介，是将信息传送到其他文档或其他程序的一个通道。使用剪贴板对文本进行移动或复制操作时，首先是将文本内容复制或剪切到剪贴板上，在需要时再将暂时存放在剪贴板上的信息“粘贴”到当前文档、其他 Office 文件或 Windows 环境下其他程序所建立的文档中的指定位置。

1 选中要移动或复制的文本，并将鼠标指针移到选中的内容，此时鼠标光标将变为↖形状

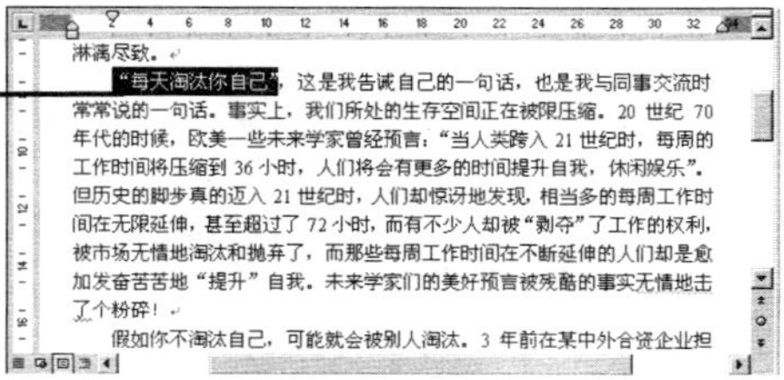
淋漓尽致。
“每天淘汰你自己”，这是我告诫自己的一句话，也是我与同事交流时常常说的一句话。事实上，我们所处的生存空间正在被限压缩。20 世纪 70 年代的时候，欧美一些未来学家曾经预言：“当人类跨入 21 世纪时，每周的工作时间将压缩到 36 小时，人们将会有更多的时间提升自我，休闲娱乐”。但历史的脚步真的迈入 21 世纪时，人们却惊讶地发现，相当多的每周工作时间在无限延伸，甚至超过了 72 小时，而有不少人却被“剥夺”了工作的权利，被市场无情地淘汰和抛弃了，而那些每周工作时间在不断延伸的人们却是愈加发奋苦苦地“提升”自我。未来学家们的美好预言被残酷的事实无情地击了个粉碎！
假如你不淘汰自己，可能就会被别人淘汰。3 年前在某中外合资企业担

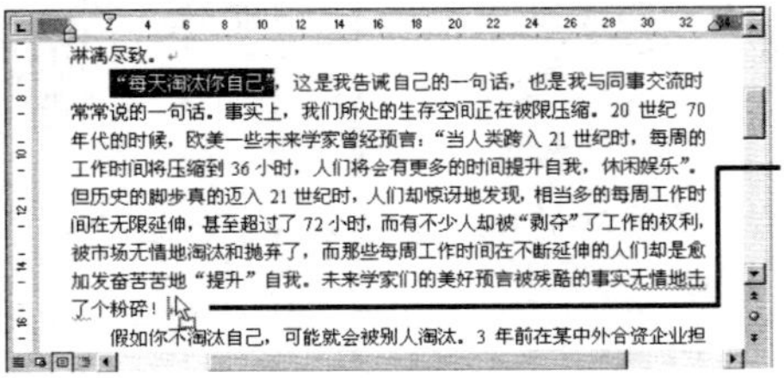

2 按住鼠标左键拖动文本（如果把选中的内容拖到了窗口的顶部或底部，Word 将自动向上或向下滚动文档），即可将文本移动到新的位置。此时分别以┆标识新插入符，以⇱标识移动动作

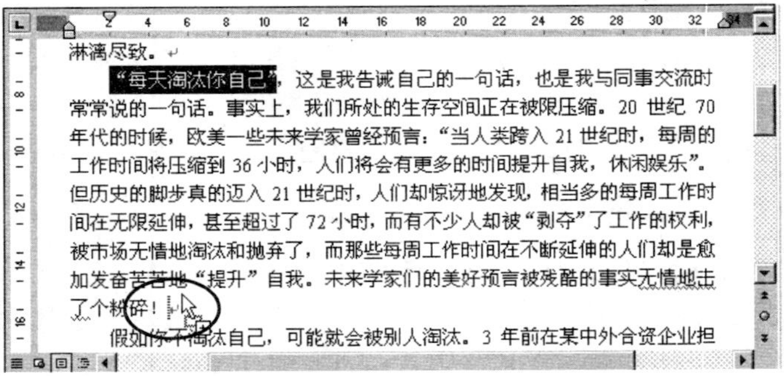
淋漓尽致。
“每天淘汰你自己”，这是我告诫自己的一句话，也是我与同事交流时常常说的一句话。事实上，我们所处的生存空间正在被限压缩。20 世纪 70 年代的时候，欧美一些未来学家曾经预言：“当人类跨入 21 世纪时，每周的工作时间将压缩到 36 小时，人们将会有更多的时间提升自我，休闲娱乐”。但历史的脚步真的迈入 21 世纪时，人们却惊讶地发现，相当多的每周工作时间在无限延伸，甚至超过了 72 小时，而有不少人却被“剥夺”了工作的权利，被市场无情地淘汰和抛弃了，而那些每周工作时间在不断延伸的人们却是愈加发奋苦苦地“提升”自我。未来学家们的美好预言被残酷的事实无情地击了个粉碎！
假如你不淘汰自己，可能就会被别人淘汰。3 年前在某中外合资企业担

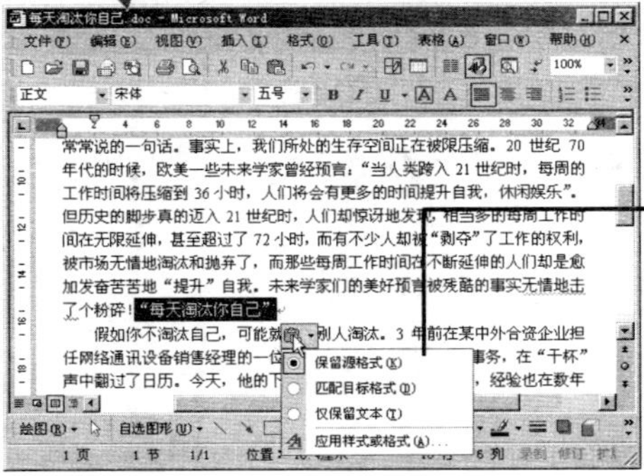
每天淘汰你自己.doc - Microsoft Word
保留源格式(K)
匹配目标格式(M)
仅保留文本(T)
应用样式或格式(A)...

3 释放鼠标左键，在被复制或移动的文本旁会显示“粘贴”图标。当鼠标指向“粘贴”图标时，图标将呈反白显示。单击该图标，可在弹出的下拉菜单中选择复制或移动文本的格式

图 1-20　拖动选择文字

提示

※ 如果首先按住 Ctrl 键，然后按住鼠标左键拖动，则可将选中的文本复制到新的位置。此时分别以 ┊ 标识新插入点，以 ↖⊞ 标识复制动作，如图 1-20 所示。

存放在剪贴板上的内容可反复粘贴，不限次数。但遗憾的是，由于 Word 2002 以前的版本均使用的是 Windows 操作系统的剪贴板，而 Windows 剪贴板在某一时刻只能存放一项内容。因此，如果剪切或复制了新的内容，“剪贴板”上原有的内容将被替换掉。为此，自 Office 2000 开始对此项功能进行了改进。

Office 2000 提供了多个子剪贴板，从而使得用户可同时复制与粘贴多项内容。Office XP 在此基础上，又增加了剪贴板中子剪贴板的数目。但是，Office 剪贴板中的内容只能为 Office 应用程序共享。

在 Office XP 中，利用剪贴板进行复制与粘贴的操作步骤如图 1-21 所示。

1 选中要移动或复制的文本

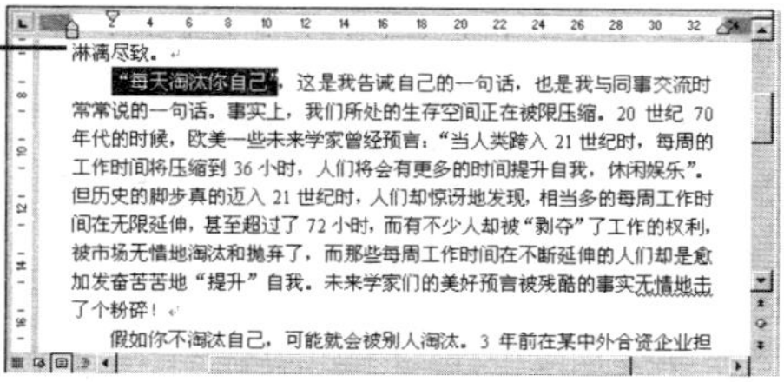
淋漓尽致。
“每天淘汰你自己”，这是我告诫自己的一句话，也是我与同事交流时
常常说的一句话。事实上，我们所处的生存空间正在被限压缩。20 世纪 70
年代的时候，欧美一些未来学家曾经预言：“当人类跨入 21 世纪时，每周的
工作时间将压缩到 36 小时，人们将会有更多的时间提升自我，休闲娱乐”。
但历史的脚步真的迈入 21 世纪时，人们却惊讶地发现，相当多的每周工作时
间在无限延伸，甚至超过了 72 小时，而有不少人却被“剥夺”了工作的权利，
被市场无情地淘汰和抛弃了，而那些每周工作时间在不断延伸的人们却是愈
加发奋苦苦地“提升”自我。未来学家们的美好预言被残酷的事实无情地击
了个粉碎！
假如你不淘汰自己，可能就会被别人淘汰。3 年前在某中外合资企业担

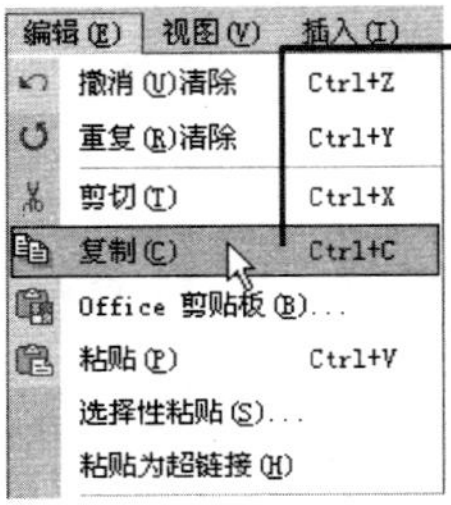
编辑(E)
视图(V)
插入(I)
撤消(U)清除 Ctrl+Z
重复(R)清除 Ctrl+Y
剪切(T) Ctrl+X
复制(C) Ctrl+C
Office 剪贴板(B)...
粘贴(P) Ctrl+V
选择性粘贴(S)...
粘贴为超链接(H)

2 单击“常用”工具栏中的“剪切”按钮或“复制”按钮、选择“编辑”|“剪切”或“复制”菜单，或单击鼠标右键，从弹出的快捷菜单中选择“剪切”或“复制”

3 如果还要继续向剪贴板中复制其他内容，可重复步骤（1）～（2）

提示

※ 如果存放在 Office 剪贴板中的内容已达 24 项，要继续添加新内容时，Office 助手会提示“如果复制此项内容，它会将复制内容添至最后一项，并清除第一项”，用户可以选择是否继续复制。

※ 如果要复制的内容不是 Office 应用程序中的内容，Office 助手则提示“无法复制这项内容，你必须先进行清除操作”。

4 将插入符移至要插入文本的新位置，单击“常用”工具栏中的“粘贴”按钮、选择“编辑”|“粘贴”菜单，或单击鼠标右键，从弹出的快捷菜单中选择“粘贴”，均可将最后复制到剪贴板上的内容复制到插入符所在的位置

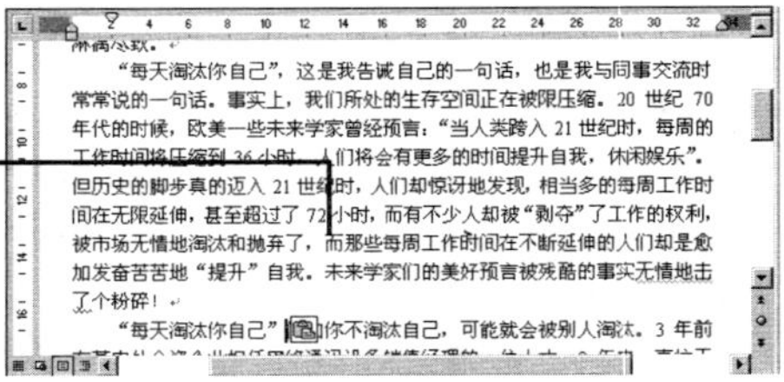
“每天淘汰你自己”，这是我告诫自己的一句话，也是我与同事交流时常常说的一句话。事实上，我们所处的生存空间正在被限压缩。20 世纪 70 年代的时候，欧美一些未来学家曾经预言：“当人类跨入 21 世纪时，每周的工作时间将压缩到 36 小时，人们将会有更多的时间提升自我，休闲娱乐”。但历史的脚步真的迈入 21 世纪时，人们却惊讶地发现，相当多的每周工作时间在无限延伸，甚至超过了 72 小时，而有不少人却被“剥夺”了工作的权利，被市场无情地淘汰和抛弃了，而那些每周工作时间在不断延伸的人们却是愈加发奋苦苦地“提升”自我。未来学家们的美好预言被残酷的事实无情地击了个粉碎！
“每天淘汰你自己”，你不淘汰自己，可能就会被别人淘汰。3 年前

图 1-21 复制粘贴选中文字

如果希望进行多项粘贴，则必须打开“剪贴板”任务窗格。为此，如果看不到 Office 剪贴板任务窗格，可选择“编辑”菜单中的“Office 剪贴板”菜单，打开“剪贴板”任务窗格，如下图所示。

在“剪贴板”任务窗格中，单击选择希望粘贴的子剪贴板，将其内容粘贴到指定位置。根据同样的方法，粘贴其他所需内容。若要将当前剪贴板中的全部内容粘贴到指定位置，可单击“剪贴板”任务窗格中的“全部粘贴”按钮。此外，若要清空 Office 剪贴板上的全部内容，可单击“剪贴板”任务窗格中的“全部清空”按钮，如图 1-22 所示。

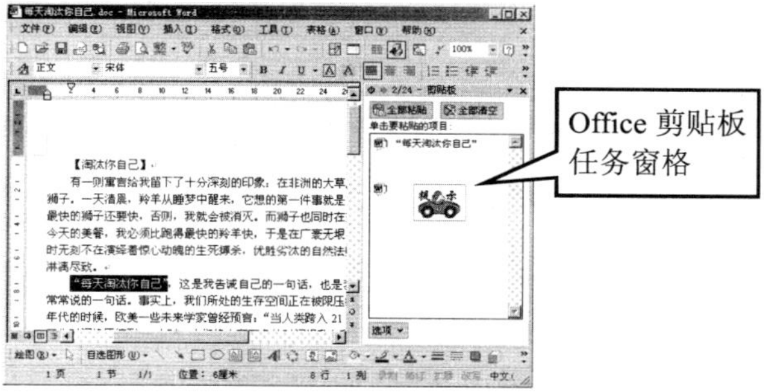

图 1-22　清字剪贴板

1.1.6　查找与替换

查找与替换是一个字处理程序中非常有用的功能。Word 允许对文字甚至文档的格式进行查找和替换，使查找与替换的功能更加强大和有效。“查找”和“替换”命令可进行的主要工作包括：

- 利用查找功能，可快速定位文本、格式、特殊字符及其组合，找到要查找的内容。
- 在文档中的若干个位置查找出某个单词、短语、字符串或具有特定格式的文本（如：字体为隶书，字型号为三号加粗的所有红色文字）等内容，并在需要时把它们快速地替换为另一个单词、短语或其他的内容。

- 查找或替换特定的格式或样式。如字体格式、段落格式、制表位格式、边框格式、语言格式、图文框格式或样式。比如可以搜索连续出现的两个空格，并用一个空格来替换它。
- 查找或替换特殊符号或特定内容。如制表符、连字符、段落标记、脚注引用标记、分节符、域和图形等。
- 查找或替换单词的各种形式（例如，以 build 替换 make，以 built 替换 made）。

下面首先介绍在 Word 中执行常规替换操作的步骤，然后介绍执行高级替换操作的步骤。至于查找操作，可参阅该过程，如图 1-23 所示。

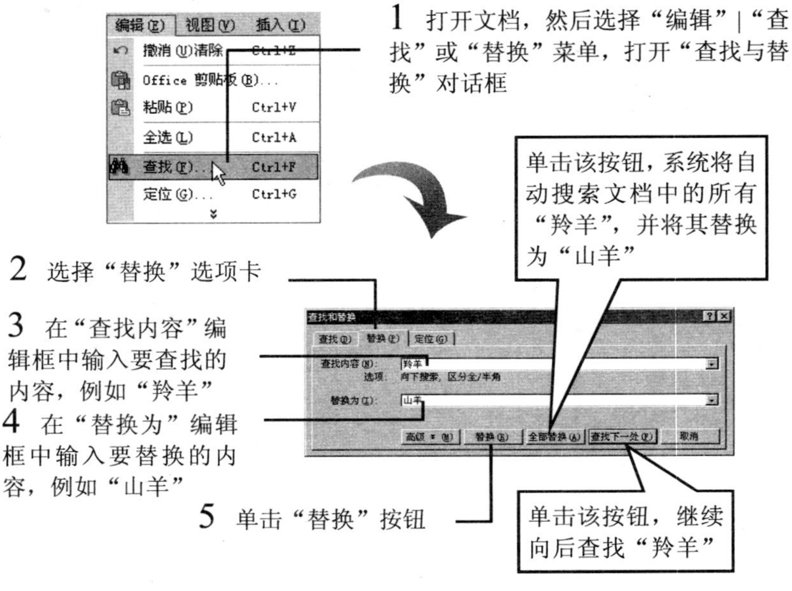

编辑(E) 视图(V) 插入(I)
撤消(U)清除 Ctrl+Z
Office 剪贴板(B)...
粘贴(P) Ctrl+V
全选(L) Ctrl+A
查找(F)... Ctrl+F
定位(G)... Ctrl+G
1 打开文档，然后选择“编辑”|“查找”或“替换”菜单，打开“查找与替换”对话框
单击该按钮，系统将自动搜索文档中的所有“羚羊”，并将其替换为“山羊”
2 选择“替换”选项卡
3 在“查找内容”编辑框中输入要查找的内容，例如“羚羊”
4 在“替换为”编辑框中输入要替换的内容，例如“山羊”
查找和替换
查找(D) 替换(P) 定位(G)
查找内容(N): 羚羊
选项: 向下搜索，区分全/半角
替换为(I): 山羊
高级 (M) 替换(R) 全部替换(A) 查找下一处(F) 取消
5 单击“替换”按钮
单击该按钮，继续向后查找“羚羊”

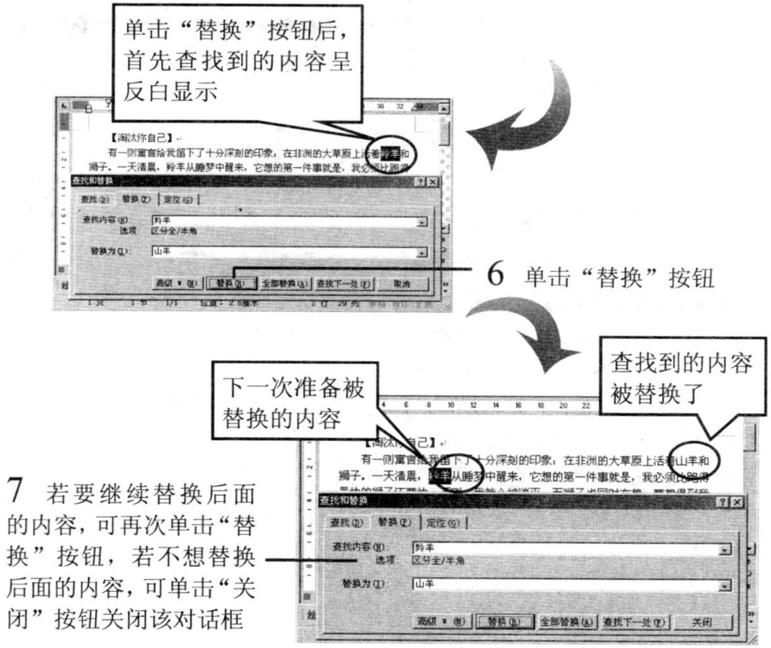
单击“替换”按钮后，首先查找到的内容呈反白显示
6 单击“替换”按钮
查找到的内容被替换了
下一次准备被替换的内容
7 若要继续替换后面的内容，可再次单击“替换”按钮，若不想替换后面的内容，可单击“关闭”按钮关闭该对话框

图 1-23　查找并替换文字

如果用户希望在查找或替换时控制搜索范围、区分大小写、使用通配符，设置格式，或者希望使用某些特殊字符（如段落标记、指标符）等，则必须借助高级查找与替换来进行，其操作步骤如图 1-24 所示。

1 选择“编辑”|“查找”或“替换”菜单，打开“查找与替换”对话框

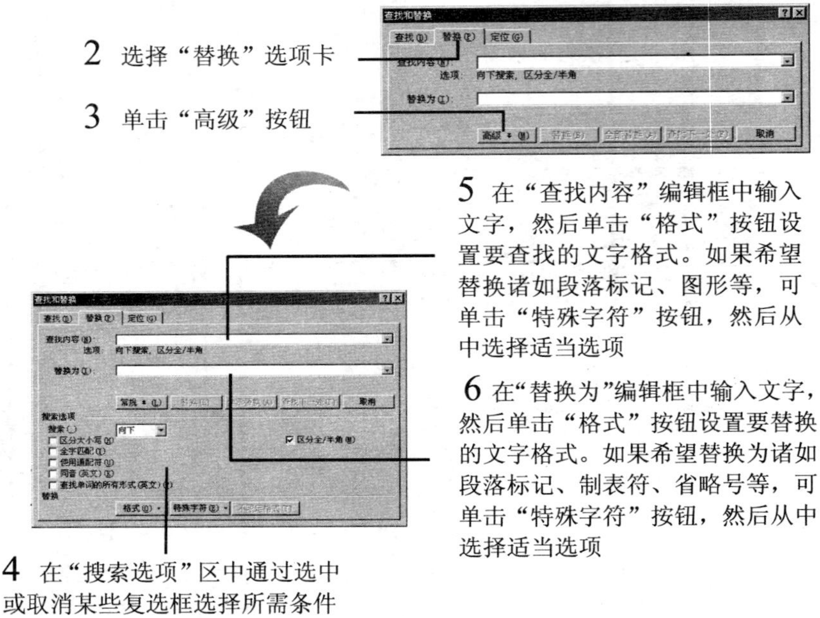
2 选择“替换”选项卡
3 单击“高级”按钮
5 在“查找内容”编辑框中输入文字，然后单击“格式”按钮设置要查找的文字格式。如果希望替换诸如段落标记、图形等，可单击“特殊字符”按钮，然后从中选择适当选项
6 在“替换为”编辑框中输入文字，然后单击“格式”按钮设置要替换的文字格式。如果希望替换为诸如段落标记、制表符、省略号等，可单击“特殊字符”按钮，然后从中选择适当选项
4 在“搜索选项”区中通过选中或取消某些复选框选择所需条件

图 1-24　使用高级设置

1.1.7　操作的撤消、恢复和重复

编辑文档时，难免会出现错误的操作，比如不小心删除、替换或移动了某些文本内容。Word 所提供的“撤消”、“恢复”和“重复”操作功能，可以帮助用户迅速纠正错误操作，轻松面对重复而复杂的工作。很好地利用“撤消”、“恢复”和“重复”命令，将会大大提高工作效率。

1. 撤消操作

Word 会随时观察用户的工作，并能记住操作细节，还可以撤消一个错误的操作。在“编辑”菜单中选择“撤消”命令时，它的具体名称会随用户的具体工作内容而变化。有时它叫“撤消输入”，有时叫“撤消字体”或“撤消插入表格”等。

如果只撤消最后一步操作，可单击“撤消”按钮，或选择“编辑”菜单中的“撤消”命令。如果要撤消多步操作，可一直重复单击“撤消”命令或“撤消”按钮，直到文档恢复到原来状态。最方便的是单击“常用”工具栏中“撤消”按钮右侧的三角标志，将弹出一个下拉列表框，该列表框中保存了可以撤消的操作。无论你单击列表框中的哪一项，该项操作以及其后的所有操作都将被撤消，如图1-25所示。

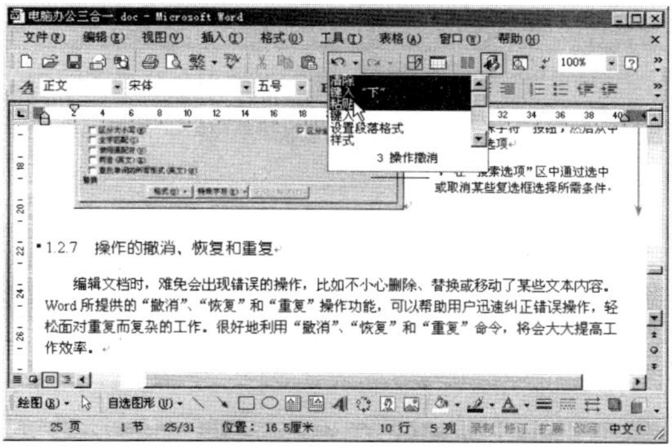

图1-25 撤消操作选择

2. 恢复操作

执行完一次“撤消操作”命令后，如果用户又想恢复“撤消”操作之前的内容，可单击“常用”工具栏中的“恢复”按钮，或单击“编辑”菜单中的“恢复”命令。

同样，要想恢复多步操作，可重复单击“恢复”按钮或“恢复”命令，还可以使用“恢复”按钮中的下三角标志。在弹出的下拉列表框中保存了可以“恢复”的操作，无论用户单击列表中的哪一项，该项操作以及其后的所有操作都将被恢复。不过，只有在刚进行了“撤消”操作后，“恢复”命令才生效，否则，在“编辑”菜单中无此命令，常用工具栏上“恢复”按钮也无效。

3. 重复一项操作

重复操作听起来似乎与恢复操作一样，其实不然，恢复操作是恢复上一次撤消的内容，而重复操作是在没有撤消过的情况下重复最后做的一次操作。例如，假设用户改变了某一段落的格式，另外几个段落也要进行同样的格式设置，那么用户就可以选定每个段落，并使用“重复”特性重新对其进行格式设置。

和“撤消”命令一样，“重复”命令的名字会根据用户所做过的最近一步操作而变化，且伴随着 Word 的大多数操作的执行而立即变化。

1.2 基本格式编排

为文档设置必要的格式，可以使文档版式更加美观，更便于阅读和理解文档的内容。文档格式编排大致包括字符格式设置、段落格式设置、边框和底纹设置以及文档背景设置等。

1.2.1 设置字体、字号与修饰

在 Word 中，字符是指作为文本输入的汉字、字母、数字、标点符号以及特殊符号等。字符是文档格式化的最小单位，对字符格式的设置决定了字符在屏幕上或打印时的形式。字符格式包括字体、字符大小、形状、颜色，以及特殊的阴影、阴文、阳文、动态等修饰效果。

如果用户在未设置各种格式的情况下输入文本，则 Word 按照默认格式设置，如字体为宋体、字号为五号等。用户可通过“格式”工具栏、“格式”菜单中的“字体”命令或快捷键等方法设置

字符格式。如果要设置字体、字号等常用格式，可在选定文本后直接单击“格式”工具栏中的相应按钮来设置。如果要设置一些特殊的格式（如阴影字、动态字等），则要使用“格式”菜单中的“字体”命令，此时系统将打开如图 1-26 所示的“字体”对话框；如果用户对 Word 的使用比较熟悉，还可以使用快捷键设置各种格式。

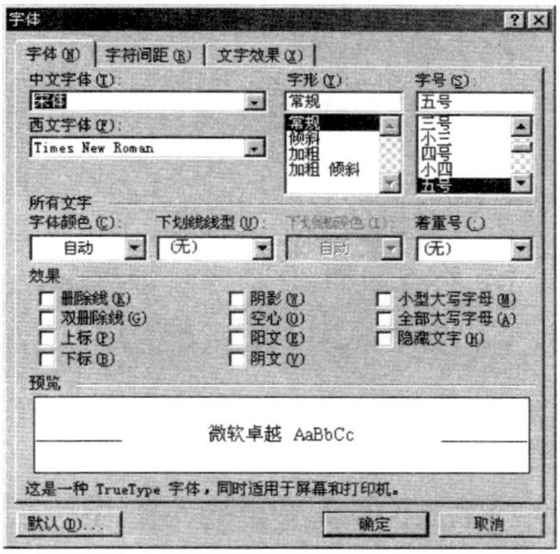

图 1-26　设置字体属性

1. 字体和字号

中文 Windows XP 为用户提供了一些常用的中、英文字体，如宋体、黑体、楷体、Times New Roman 等。不同的字体有不同的外观形状，一些字体还可带有自己的符号集，有些字体在键入时甚至以图片的方式，而不是字母和数字方式显示。

提示

※ 用户还可以从计算机上安装的其他程序中得到更多的

字体，如 WPS 97 或 WPS 2000 等。如果需要，还可以购买额外的字体包。

字号被用来设置文本字体的大小。在 Word 中，可利用“号”和“磅”两种单位来度量字体大小。当以“号”为单位时，数值越小、字体越大，如“二号”字比“三号”字要大。当以“磅”为单位时，则是磅值越小字体越小，如“10 磅”的字体比“12 磅”的字小。一英寸为 72 磅（25.4mm），因此，72 磅大小的字体将会占用一英寸的高度。一般情况下，字体的磅值是通过测量字体的最底部到最上部来确定的。

2. 设置字形和效果

在 Word 中，可以通过给文字增添一些附加属性来改变文字的形状，改变字形就是指给文字添加粗体、斜体等强调效果或阴影、空心、阴文、阳文、下划线、删除线、上标、下标、底纹、方框等特殊效果。通过将一个词、一个短语或一段文字设为强调效果或特殊效果，可以使其更加突出和引人注目，如图 1-27 所示。

Word 2002（原文）	
Word 2002（加粗）	*Word 2002*（倾斜）
~~Word 2002~~（删除线）	~~Word 2002~~（双删除线）
Word ^{2002}（上标）	Word $_{2002}$（下标）
Word 2002（阴影）	Word 2002（空心）
Word 2002（阳文）	Word 2002（阴文）
WORD 2002（小型大写字母）	WORD 2002（全部大写字母）

图 1-27 字体效果

所有字形和效果都可通过“字体”对话框来设置，即首先选定要改变字形和效果的文本，然后选择“格式”|“字体”菜单打开“字体”对话框并进行设置。此外，字形和部分效果也可通过

“格式”工具栏中的相关工具来设置：

- B 为选中文字设置和取消粗体。
- I 为选中文字设置和取消斜体。
- A▾为选中文字设置字符颜色。单击工具右侧的▾按钮可打开颜色下拉列表，以便从中选择颜色。
- U▾为选中文字设置和取消下划线。同样，单击工具右侧的▾按钮可打开下划线类型下拉列表，以便从中选择下划线。此外，用户还可利用该工具的下拉列表设置下划线颜色。
- A 为选中文字设置和取消底纹。
- A 为选中文字设置和取消方框。
- ▾为选中文字设置和取消缩放。同样，单击图标右侧的箭头会弹出字符缩放下拉列表，以便选择字符缩放的比例。此外，用户还可用该工具的下拉列表设置字符缩放的比例。

“其他格式”工具栏中与字体效果设置相关的工具如下：

- ▾为选中文字设置和取消底色。
- ABC 为选中文字设置和取消着重号。
- ABC 为选中文字设置和取消删除线。

3. 设置字符间距、缩放和位置

在“字体”对话框的“字符间距”选项卡中，可以对字符间距、字符缩放比例和字符位置进行调整，如图1-28所示。

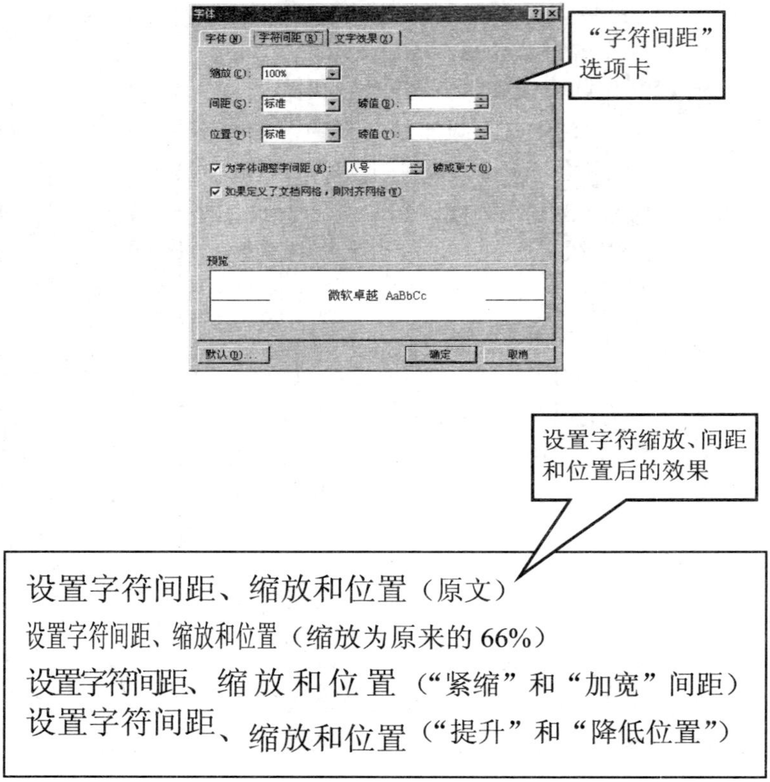

图 1-28　设置文字间距、缩放脱离位置

通常情况下，字符的间距为“标准”间距。用户可以根据需要来调整字符的间距，通过在“间距”选项中选择标准、加宽和紧缩，可以调整相临字符间的距离；通过使用“缩放”下拉列表（对应“格式”工具栏中的工具）改变某段字符的缩放比例，可以让一些文本区别于其他文本。不过，缩放字符只能在水平方向进行缩小或放大；一般情况下字符以行基线为中心，处于“标

准”位置。用户可以根据需要利用“位置”下拉列表“提升”或“减低”字符的位置。

4. 设置动态效果

在制作演示文档或交互式文档时，常常需要将文档设置成动态显示效果。在 Word 文档中，可以方便地利用“字体”对话框的“文字效果”选项卡给文档添加动画特性，从而获得动态的显示效果。

※ 执行该操作时，一次只可选用一种动态效果。

1.2.2 设置段落缩进与对齐

所谓段落格式，是指以段落为单位的格式设置。因此，要设置段落格式，可直接将光标定位选定段落即可，而不用像设置字符格式那样，要首先选定字符，然后再进行格式设置。当然，要同时设置多个段落的格式，则应首先选定这些段落，然后再进行段落格式设置。

1. 利用标尺调整段落缩进

在 Word 中，用户可利用标尺方便地设置段落首行缩进、左缩进、悬挂缩进和右缩进等，如图 1-29 所示。

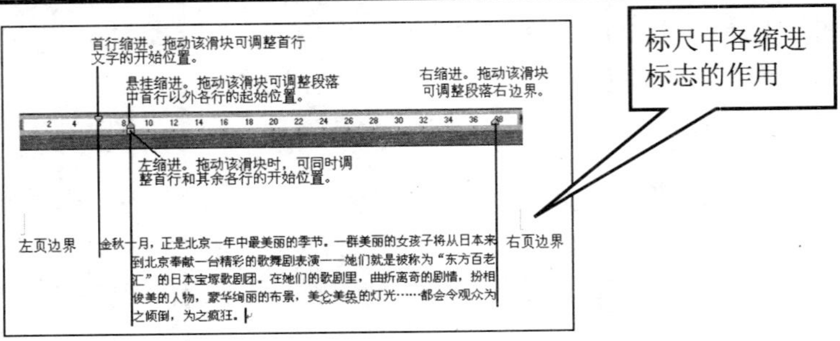
首行缩进。拖动该滑块可调整首行文字的开始位置。
悬挂缩进。拖动该滑块可调整段落中首行以外各行的起始位置。
右缩进。拖动该滑块可调整段落右边界。
标尺中各缩进标志的作用
左缩进。拖动该滑块时，可同时调整首行和其余各行的开始位置。
左页边界
右页边界
金秋十月，正是北京一年中最美丽的季节。一群美丽的女孩子将从日本来到北京奉献一台精彩的歌舞剧表演——她们就是被称为“东方百老汇”的日本宝塚歌剧团。在她们的歌剧里，曲折离奇的剧情，扮相俊美的人物，豪华绚丽的布景，美仑美奂的灯光……都会令观众为之倾倒，为之疯狂。

图 1-29　设置段落

此外，单击“格式”工具栏中的“减少缩进量”按钮或“增加缩进量”按钮，所选文本段落的所有行将减少或增加一个汉字的缩进量。

2. 利用对齐工具设置段落对齐方式

Word 中具有两端对齐、左对齐、居中对齐、右对齐和分散对齐等段落对齐方式，并在“格式”工具栏上设置了相应的对齐按钮，图 1-30 显示了若干段落对齐效果。

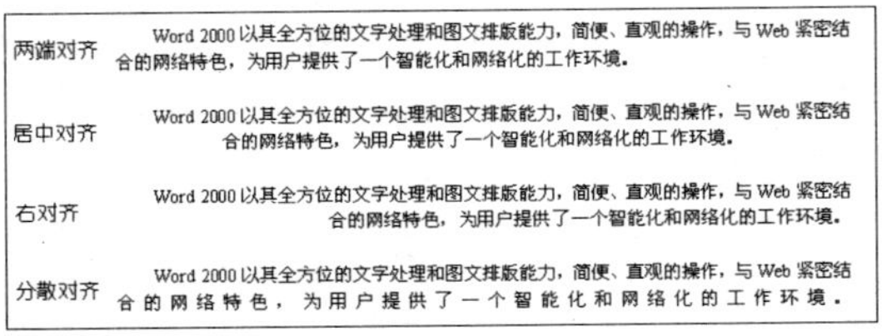
两端对齐
Word 2000 以其全方位的文字处理和图文排版能力，简便、直观的操作，与 Web 紧密结合的网络特色，为用户提供了一个智能化和网络化的工作环境。
居中对齐
Word 2000 以其全方位的文字处理和图文排版能力，简便、直观的操作，与 Web 紧密结合的网络特色，为用户提供了一个智能化和网络化的工作环境。
右对齐
Word 2000 以其全方位的文字处理和图文排版能力，简便、直观的操作，与 Web 紧密结合的网络特色，为用户提供了一个智能化和网络化的工作环境。
分散对齐
Word 2000 以其全方位的文字处理和图文排版能力，简便、直观的操作，与 Web 紧密结合的网络特色，为用户提供了一个智能化和网络化的工作环境。

图 1-30　段落对齐设置示意

3. 利用“段落”对话框精确设置段落格式

通过选择“格式”|“段落”菜单打开的“段落”对话框，用户可对段落进行更多且更精确的设置，如图 1-31 所示。

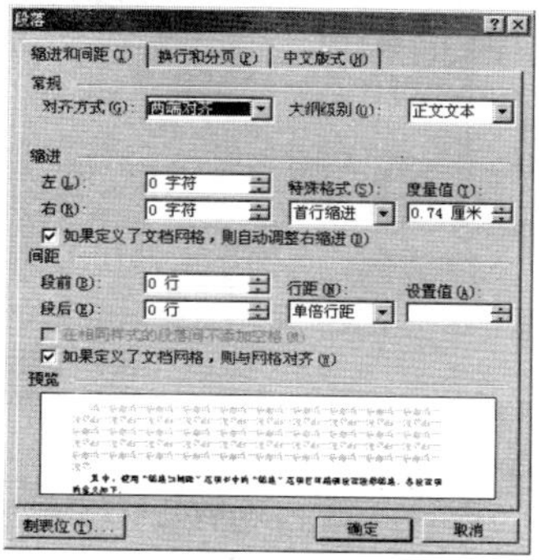

图 1-31 设置段落属性

其中，使用“缩进与间距”选项卡中的“缩进”选项区可精确设置段落缩进。各设置项的意义如下：

- 在“左”框中可以设置段落与左页边距的距离。输入一个正值表示向右缩进，输入一个负值表示向左缩进。
- 在“右”框中可以设置段落与右页边距的距离。输入一个正值表示向左缩进，输入一个负值表示向右缩进。
- 在“特殊格式”列表框中可以选择“首行缩进”或“悬挂缩进”，然后在“度量值”框中指定其缩进值。

此外，利用“缩进和间距”选项卡中的“间距”设置区，可设置段间距和行间距。例如，对于标题而言，其段前、段后都应空出一定的间距。利用“段落”对话框的“换行和换页”选项卡，用户还可控制换行与分页方法。例如，是否允许段前分页、是否确定段中不分页等。

1.2.3 首字下沉与文档竖排

首字下沉通常用于文档的开头。用“首字下沉”方法修饰文档，可以将段落开头的第一个或若干个字母、文字变为大号字，并以下沉或悬挂方式改变文档的版面样式。被设置成首字下沉的文字实际上已成为文本框中的一个独立段落，用户可以像对其他段落一样给它加上边框或底纹。设置首字下沉的操作步骤如图 1-32 所示。

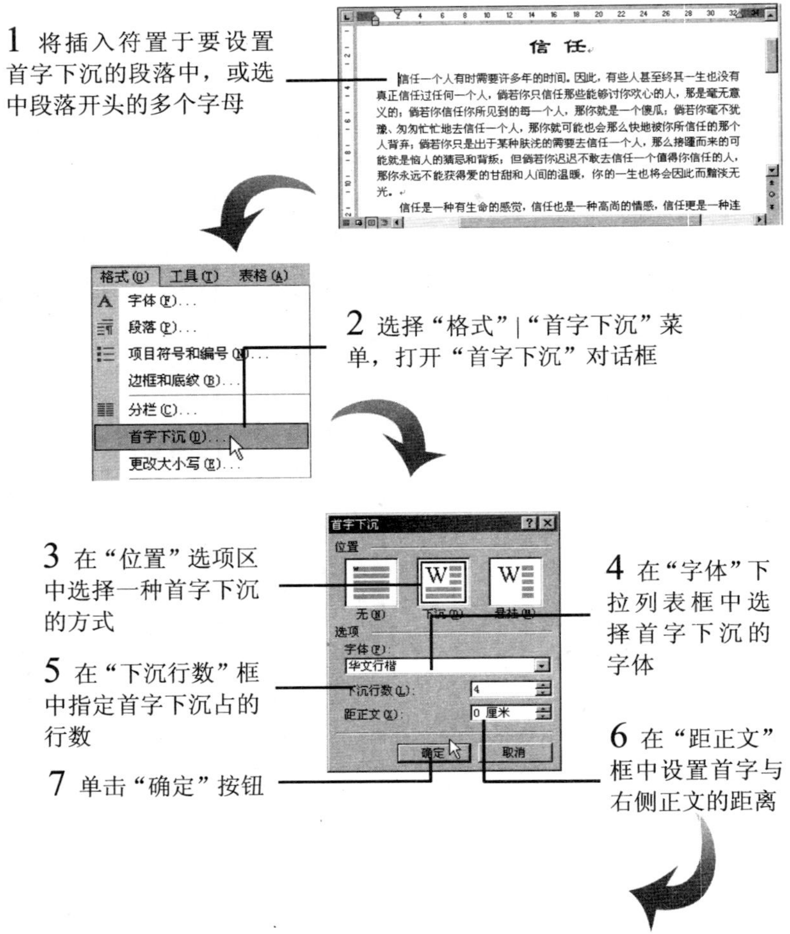
1 将插入符置于要设置首字下沉的段落中，或选中段落开头的多个字母
2 选择“格式”|“首字下沉”菜单，打开“首字下沉”对话框
3 在“位置”选项区中选择一种首字下沉的方式
4 在“字体”下拉列表框中选择首字下沉的字体
5 在“下沉行数”框中指定首字下沉占的行数
6 在“距正文”框中设置首字与右侧正文的距离
7 单击“确定”按钮

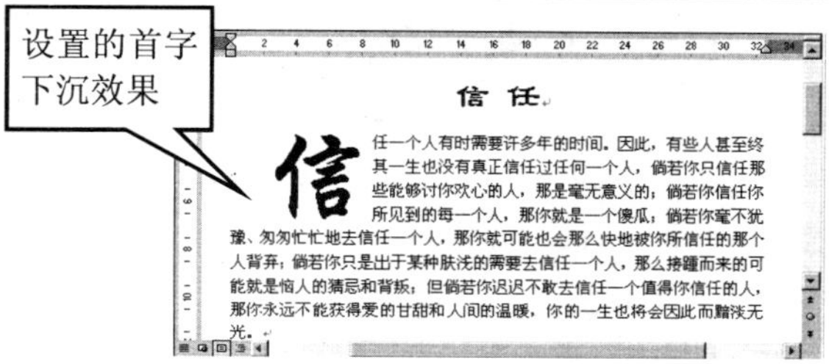
设置的首字下沉效果
信任
信
任一个人有时需要许多年的时间。因此，有些人甚至终
其一生也没有真正信任过任何一个人，倘若你只信任那
些能够讨你欢心的人，那是毫无意义的；倘若你信任你
所见到的每一个人，那你就是一个傻瓜；倘若你毫不犹
豫、匆匆忙忙地去信任一个人，那你就可能也会那么快地被你所信任的那个
人背弃；倘若你只是出于某种肤浅的需要去信任一个人，那么接踵而来的可
能就是恼人的猜忌和背叛；但倘若你迟迟不敢去信任一个值得你信任的人，
那你永远不能获得爱的甘甜和人间的温暖，你的一生也将会因此而黯淡无
光。

图 1-32　设置首字下沉

提示

- ❋ 首字下沉效果只有在页面视图方式下才可以查看所设置的效果。为此，若要设置首字下沉，应先切换到页面视图方式下。
- ❋ 若想取消首字下沉，应首先选中设置为首字下沉的文字，然后选择“首字下沉”对话框中“位置”区中的“无”。

如果用户希望调整文字排列方向，可选择“格式”|“文字方向”菜单，此时系统将打开如图 1-33 所示的“文字方向”对话框。接下来在“方向”区中单击合适的按钮，即可将文档竖排或改变文字排列方向。另外，在“应用于”下拉列表框中用户可以选择操作文字的范围。

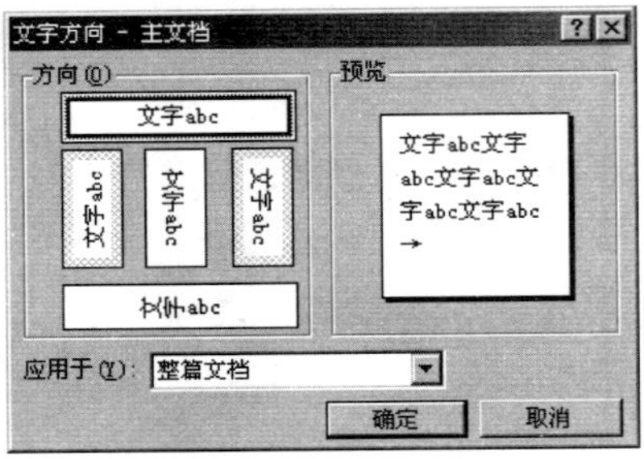
文字方向 - 主文档
方向(O)
文字abc
预览
文字abc文字
abc文字abc文
字abc文字abc
应用于(Y):
整篇文档
确定
取消

图 1-33　设置文字竖排

1.2.4　为文字、段落或页面设置边框与底纹

为文档中某些重要文本或段落添加边框和底纹，可以使显示的内容更加突出和醒目，或使文档的外观效果更加美观。在 Word 中，可以为字符、段落、图形或整个页面设置边框或底纹。

1. 为选定文字设置单线边框和底纹

如果用户希望为选定文字设置单线边框和底纹，可在选定文字后直接单击“格式”工具栏中的 A A 工具，如图 1-34 所示。

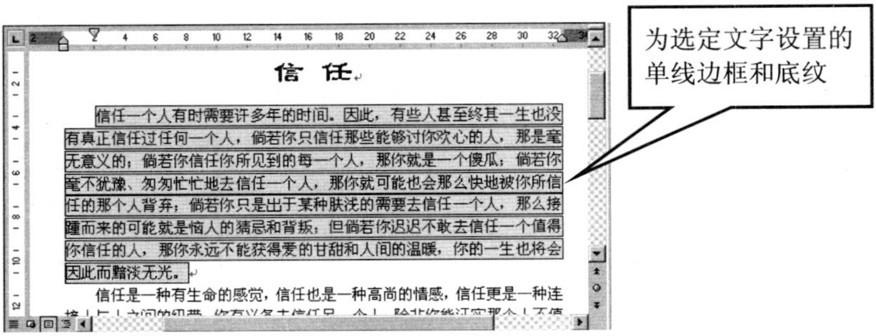
信 任
信任一个人有时需要许多年的时间。因此，有些人甚至终其一生也没有真正信任过任何一个人，倘若你只信任那些能够讨你欢心的人，那是毫无意义的；倘若你信任你所见到的每一个人，那你就是一个傻瓜；倘若你毫不犹豫、匆匆忙忙地去信任一个人，那你就可能也会那么快地被你所信任的那个人背弃；倘若你只是出于某种肤浅的需要去信任一个人，那么接踵而来的可能就是恼人的猜忌和背叛；但倘若你迟迟不敢去信任一个值得你信任的人，那你永远不能获得爱的甘甜和人间的温暖，你的一生也将会因此而黯淡无光。
信任是一种有生命的感觉，信任也是一种高尚的情感，信任更是一种连
为选定文字设置的单线边框和底纹

图 1-34　设置文字边框及底纹

提示

※ 请注意观察上图中为选定文字设置的单线边框和底纹与后面的为段落设置边框和底纹的图形，对比为文字设置边框和底纹，以及为段落设置边框和底纹之间的区别。

2. 为选定文字或段落设置复杂边框和底纹

利用“格式”菜单中的“边框和底纹”命令，用户可以给选中的文字或段落添加其他样式的边框和底纹，其操作步骤如图1-35所示。

1 选中要添加边框的文字或段落

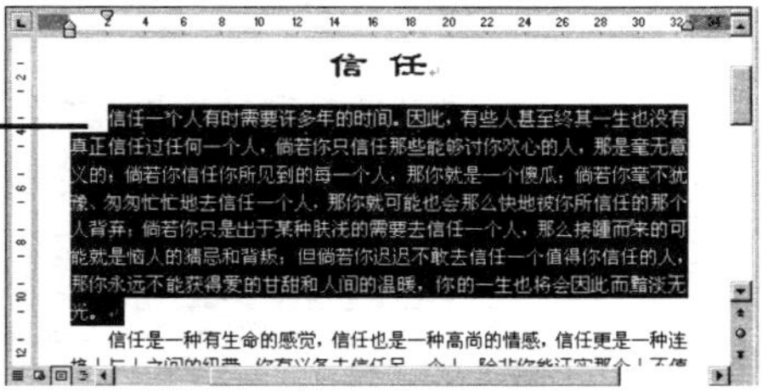

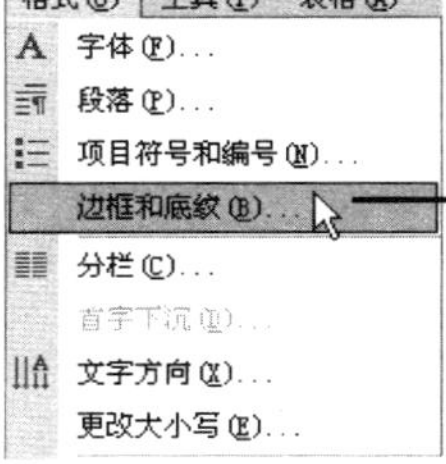

2 选择“格式”|“边框和底纹”菜单，打开“边框和底纹”对话框

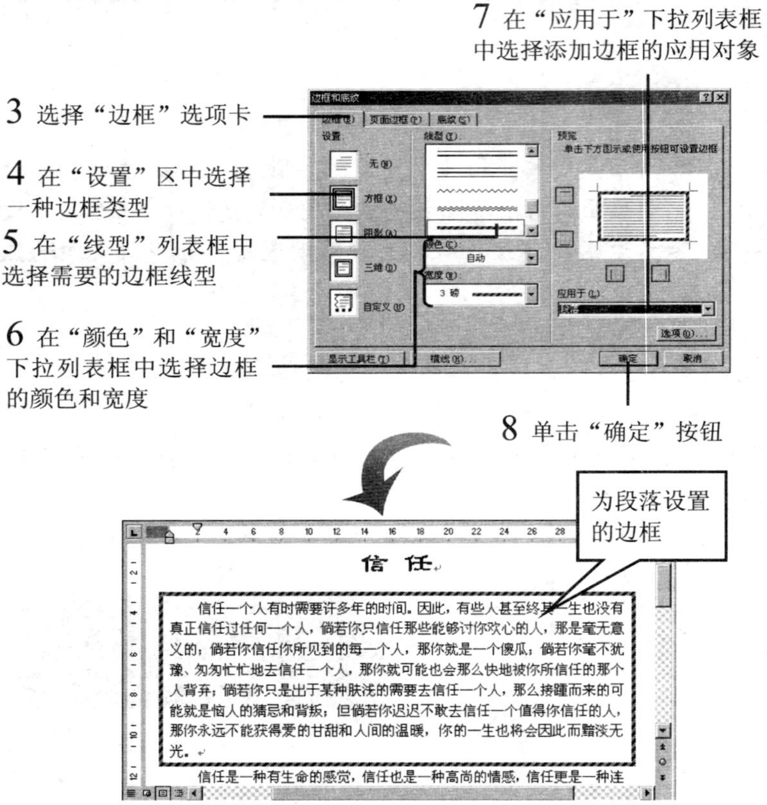
7 在“应用于”下拉列表框中选择添加边框的应用对象
3 选择“边框”选项卡
4 在“设置”区中选择一种边框类型
5 在“线型”列表框中选择需要的边框线型
6 在“颜色”和“宽度”下拉列表框中选择边框的颜色和宽度
8 单击“确定”按钮
边框和底纹
边框(B)
页面边框(P)
底纹(S)
设置
无(N)
方框(X)
阴影(A)
三维(D)
自定义(U)
线型(Y):
颜色(C):
自动
宽度(W):
3 磅
预览
单击下方图示或使用按钮可设置边框
应用于(L):
段落
选项(O)...
显示工具栏(T)
横线(H)...
确定
取消
为段落设置的边框
信 任
信任一个人有时需要许多年的时间。因此，有些人甚至终其一生也没有真正信任过任何一个人，倘若你只信任那些能够讨你欢心的人，那是毫无意义的；倘若你信任你所见到的每一个人，那你就是一个傻瓜；倘若你毫不犹豫、匆匆忙忙地去信任一个人，那你就可能也会那么快地被你所信任的那个人背弃；倘若你只是出于某种肤浅的需要去信任一个人，那么接踵而来的可能就是恼人的猜忌和背叛；但倘若你迟迟不敢去信任一个值得你信任的人，那你永远不能获得爱的甘甜和人间的温暖，你的一生也将会因此而黯淡无光。
信任是一种有生命的感觉，信任也是一种高尚的情感，信任更是一种连

图 1-35　设置段落边框

提示

※ 在“边框和底纹”对话框的“边框”选项卡中，单击“预览”区中的、、和按钮，可添加或取消段落中某侧边框。

※ 在给段落添加边框时，通过单击“选项”按钮还可以设置段落与边框之间的间距。此外，通过调整段落的宽度，可相应调整段落边框的宽度，如图 1-36 所示。

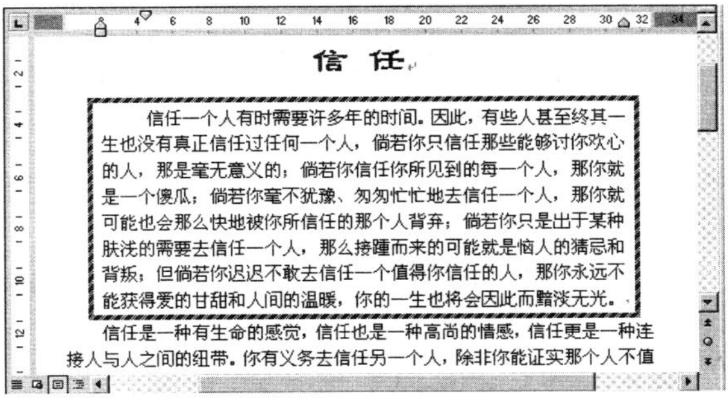

图 1-36　设置单侧边线

参考上面的步骤，利用“边框和底纹”对话框中的“底纹”选项卡，用户可轻松为选定的文字或段落设置不同灰度和颜色的底纹，如图 1-37 所示。

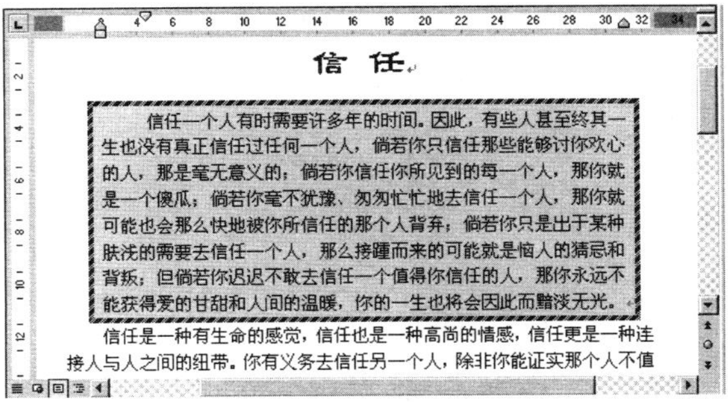

图 1-37　设置段落底纹

3. 为页面设置边框

利用“边框和底纹”对话框的“页面边框”选项卡，用户可为整篇文档、当前节、当前节的首页、当前节除首页以外的所有页设置边框，如图 1-38 所示。

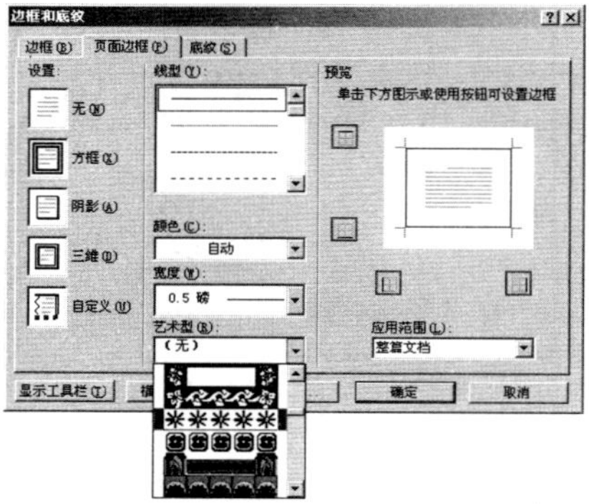

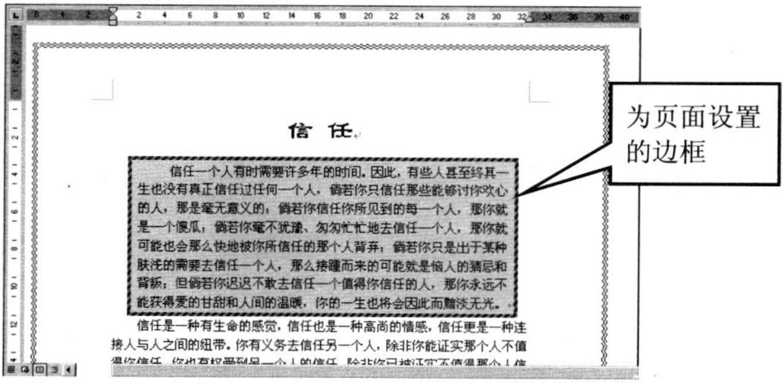

图 1-38　设置花边

1.3　文档页面设置

在实际工作中，用户可能根据需要将文档划分为若干节（例如，一本书中的多章，每章均为单独一节），以便为各节设置不同的页眉、页脚或不同版式。同时，为了美化版面，用户还可能需要对文档进行分栏、为文档添加页眉和页脚。此外，为了适应不同的纸张大小，用户还必须对文档页面进行设置。

1.3.1　文档分页与分节

通常情况下，用户在编辑文档时，系统会自动分页。但是，用户也可通过插入分页符在指定位置强制分页。例如，对于一个文档中的多篇文章。

要想将文档中指定位置以后的内容安排到下一页，可首先将光标定位在选定位置，然后选择“插入”|“分隔符”菜单，打开“分隔符”对话框。在该对话框的“分隔符类型”区中选中“分页符”单选钮，然后单击“确定”按钮即可，如图1-39所示。

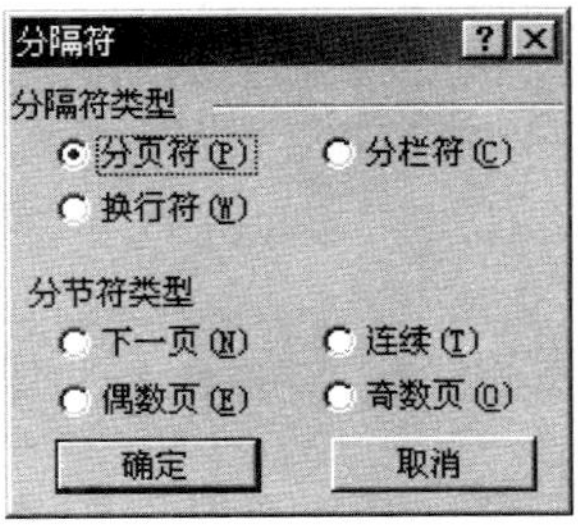

图1-39　进行文档分页

为了便于对同一个文档中不同部分的文本进行不同的格式化，用户可以将文档分割成多个节。节是文档格式化的最大单位，只有在不同的节中，才可以设置与前面文本不同的页眉、页脚、页边距、页面方向、文字方向或分栏版式等格式。分节使文档的编辑排版更灵活，版面更美观。

同样，要对文档进行分节，可首先将光标定位在选定位置，然后选择“插入”|“分隔符”菜单，打开“分隔符”对话框。在该对话框的“分节符类型”区中选择适当的选项，然后单击“确定”按钮即可。

提示

- 如果改变了文档中某一部分的页面设置，如纸张大小和方向、页边距、页码、页眉和页脚，或重新分栏，Word会自动建立一个新节，并在重新设置格式的开始位置自动插入一个分节符。当用户移动插入点或浏览新节的页面时，状态区会反映当前节的节号。
- 如果要删除分节符，可在选中要删除的分节符后按Delete键。由于分节符中保存着该分节符上面文本的格式，所以删除一个分节符，就意味着删除了这个分节符之上的文本所使用的格式，这时该节的文本将使用下一节的格式。

1.3.2 设置分栏

利用Word的分栏排版功能，可以在文档中建立不同数量或不同版式的栏。在分栏的外观设置上，Word具有很大的灵活性，用户可以控制栏数、栏宽以及栏间距，还可以很方便地设置分栏长度。

设置分栏后，Word的正文将逐栏排列。栏中文本的排列顺序是从最左边的一栏开始，自上而下地填满一栏后，再自动从一栏的底部接续到右边相邻一栏的顶端，并开始新的一栏，文本在多栏间的流动方式如图 1-40 所示。

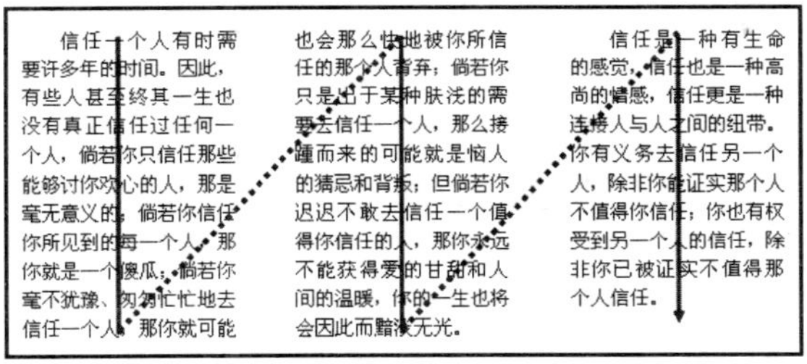
信任一个人有时需要许多年的时间。因此，有些人甚至终其一生也没有真正信任过任何一个人，倘若你只信任那些能够讨你欢心的人，那是毫无意义的；倘若你信任你所见到的每一个人，那你就是一个傻瓜；倘若你毫不犹豫、匆匆忙忙地去信任一个人，那你就可能
也会那么快地被你所信任的那个人背弃；倘若你只是出于某种肤浅的需要去信任一个人，那么接踵而来的可能就是恼人的猜忌和背叛；但倘若你迟迟不敢去信任一个值得你信任的人，那你永远不能获得爱的甘甜和人间的温暖，你的一生也将会因此而黯淡无光。
信任是一种有生命的感觉，信任也是一种高尚的情感，信任更是一种连接人与人之间的纽带。你有义务去信任另一个人，除非你能证实那个人不值得你信任；你也有权受到另一个人的信任，除非你已被证实不值得那个人信任。

图 1-40　设置文档分栏

提示

❋ 在“普通”视图方式下不能显示多栏版式，被设置成多栏版式的文本只能一栏一栏地显示。只有切换到“页面”视图或“打印预览”方式下，才能查看或设置多栏文本，并看到多栏并排显示的实际效果。

1. 使用分栏按钮设置等宽栏

在 Word 中，利用“常用”工具栏或“其他格式”工具栏上的“分栏”按钮，可以快速地创建等宽的多栏版式。首先将文档切换到页面视图中，然后按照图 1-41 所示的操作步骤进行。

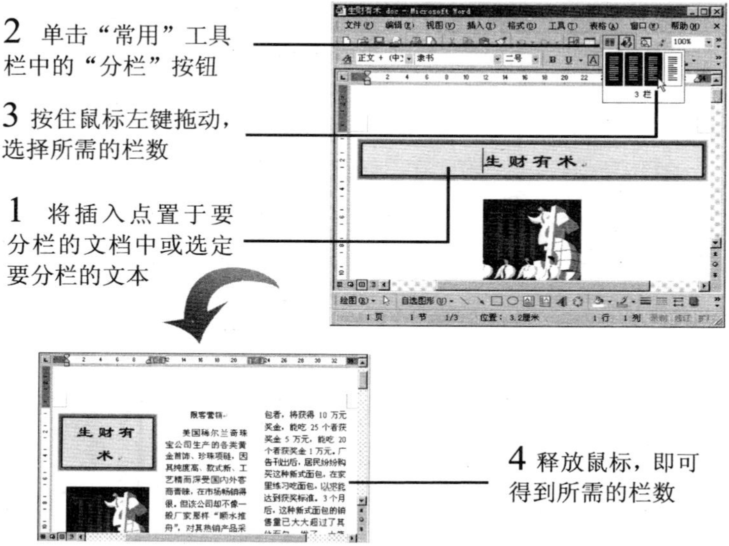
2 单击“常用”工具栏中的“分栏”按钮
3 按住鼠标左键拖动，选择所需的栏数
1 将插入点置于要分栏的文档中或选定要分栏的文本
4 释放鼠标，即可得到所需的栏数
生财有术
3 栏

图 1-41　设置等宽分栏

提示

※ 使用“常用”工具栏上的“分栏”按钮，最多可以将分栏数设置到 7 栏。

2. 使用“分栏”命令设置分栏

使用“分栏”按钮可以很方便地设置不多于 7 栏的等宽栏，而使用“分栏”命令不仅可以设置等宽栏，还可以按照特殊要求设置不等宽栏或设置栏数大于 7 的分栏。使用“分栏”命令为文档分栏的操作步骤如图 1-42 所示。

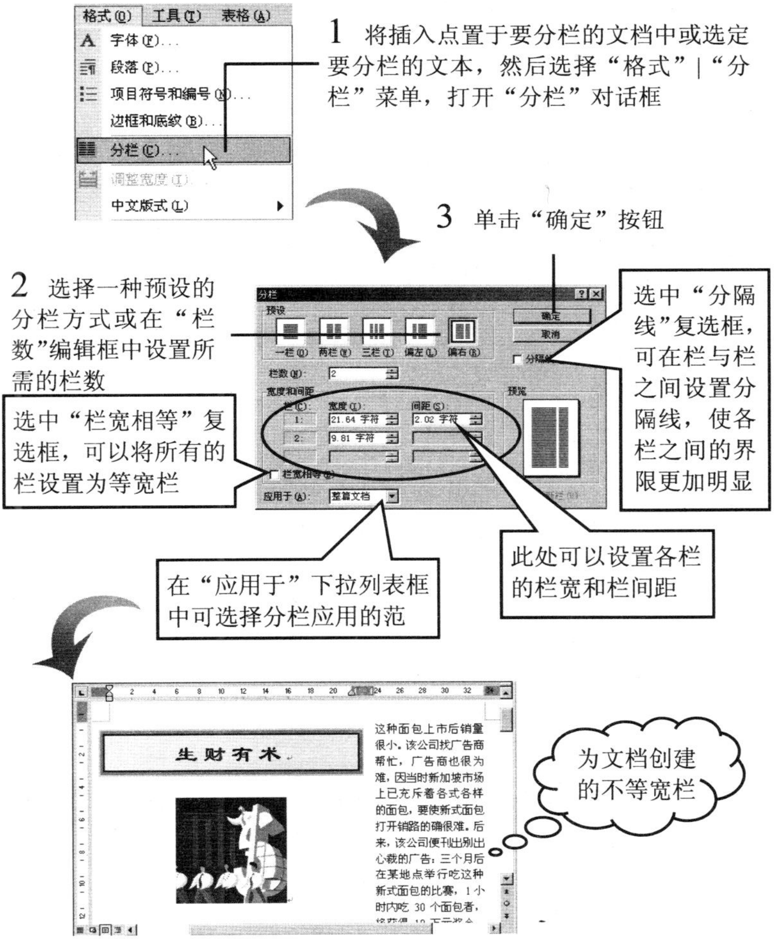
格式(O) 工具(T) 表格(A)
字体(F)...
段落(P)...
项目符号和编号(N)...
边框和底纹(B)...
分栏(C)...
调整宽度(I)
中文版式(L)
1 将插入点置于要分栏的文档中或选定要分栏的文本，然后选择“格式”|“分栏”菜单，打开“分栏”对话框
3 单击“确定”按钮
2 选择一种预设的分栏方式或在“栏数”编辑框中设置所需的栏数
选中“分隔线”复选框，可在栏与栏之间设置分隔线，使各栏之间的界限更加明显
选中“栏宽相等”复选框，可以将所有的栏设置为等宽栏
在“应用于”下拉列表框中可选择分栏应用的范
此处可以设置各栏的栏宽和栏间距
分栏
预设
一栏(O) 两栏(W) 三栏(T) 偏左(L) 偏右(R)
确定
取消
栏数(N): 2
宽度和间距
预览
宽度(I):
间距(S):
21.64 字符
2.02 字符
9.81 字符
栏宽相等(E)
应用于(A): 整篇文档
生财有术
这种面包上市后销量很小。该公司找广告商帮忙，广告商也很为难，因当时新加坡市场上已充斥着各式各样的面包，要使新式面包打开销路的确很难。后来，该公司便刊出别出心裁的广告：三个月后在某地点举行吃这种新式面包的比赛，1 小时内吃 30 个面包者，
为文档创建的不等宽栏

图 1-42　使用分栏命令设置分栏

提示

- ※ 使用“分栏”命令，最多可以将分栏数设置到 11 栏。
- ※ 若要为文档设置 3 栏以上的不等宽栏，必须取消“栏宽相等”复选框，并在“宽度和间距”设置区中分别设置或修改每一栏的栏宽以及栏间距。

3. 设置通栏标题

通栏标题，就是跨越多栏的标题。设置通栏标题的方法有多种，用户可以先将其设置为单栏，然后再对其后的文本进行分栏。用户还可以用下面的方法，为已经设置为多栏的文档，设置跨越多栏的标题，如图 1-43 所示。

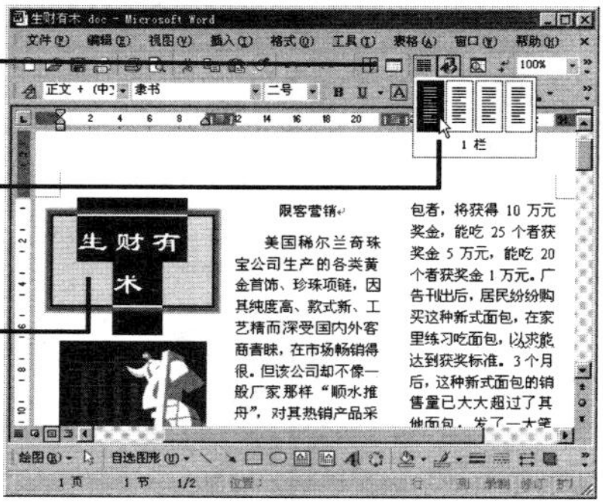
2 单击“常用”工具栏中的“分栏”按钮
3 选择“1 栏”后释放鼠标
1 选中要设置成通栏标题的文本
生财有木
限客营销

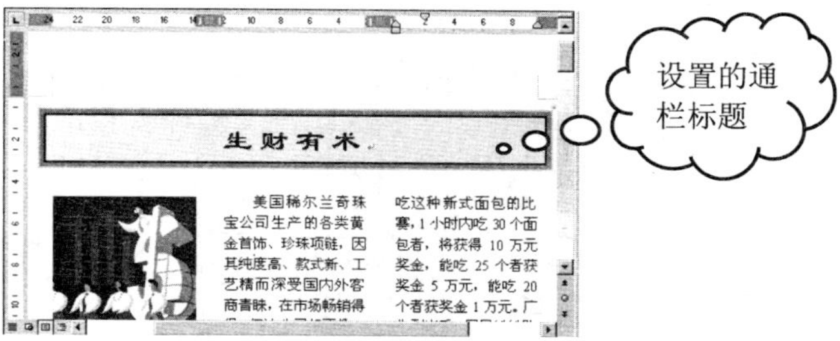

图 1-43　设置通栏标题

4. 设置等长栏

默认情况下，每一栏的长度都是由 Word 根据文本数量和页面大小自动设置的。但当分栏排版不满一页时，Word 会将文档的全部内容集中排列在前面的栏中，此时，文档或节的最后一页就会出现不均匀的栏尾。为了使文档的版面效果更好，可以将最后一页中的所有栏设置为等长栏。为文档设置等长栏的步骤如图 1-44 所示。

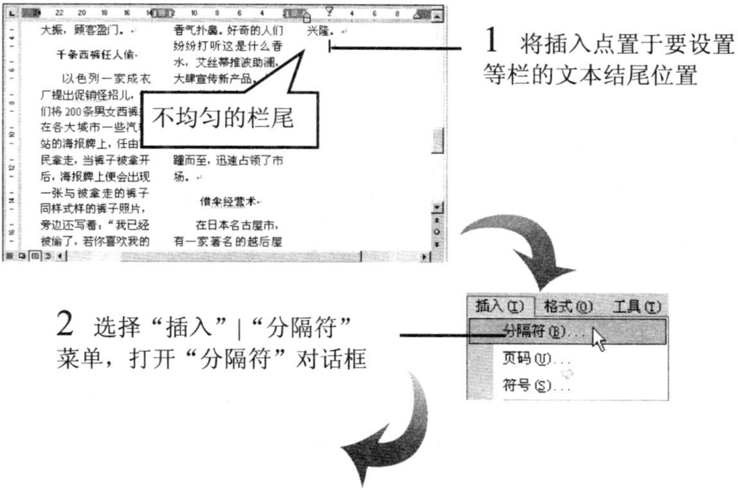

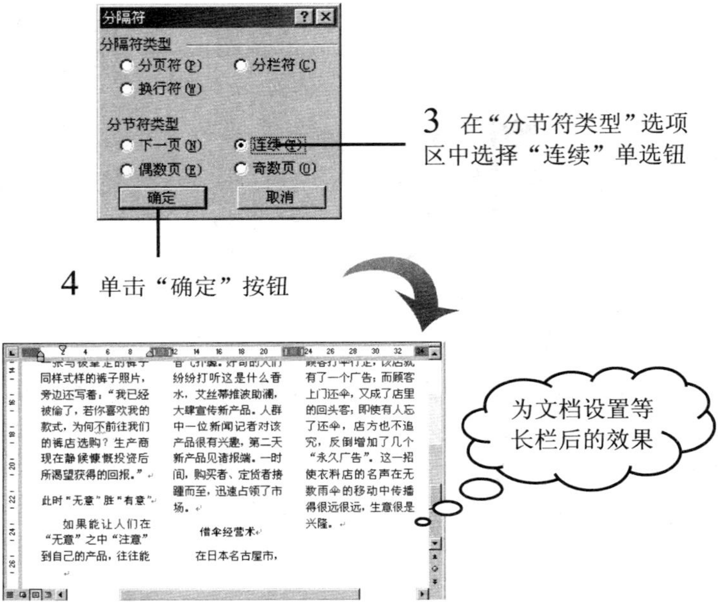

图 1-44　设置等长分栏

提示

※ 如果仅对选定文本进行分栏，由于分节符类型本身就是连续型的，本操作无意义。因此，只有对整篇文档进行分栏时（即不选中任何文本），才会用到本操作。

5. 利用标尺调整栏宽和栏间距

设置分栏时，用户可以根据需要设置分栏的栏数、栏宽以及栏间距。分栏后，如果只改变文档的栏数，Word 会自动调整栏宽以适应左右页边距之间的间距。反之，如果调整了页边距或重新设置了栏间距，Word 会自动修改栏宽，以适应变化后的页边距。

如果要快速调整某一栏的栏宽和栏间距，可首先将插入点放置在要修改栏宽和栏间距的栏内，然后拖动水平标尺上的分栏标记（灰暗区的边界）即可，如图 1-45 所示。

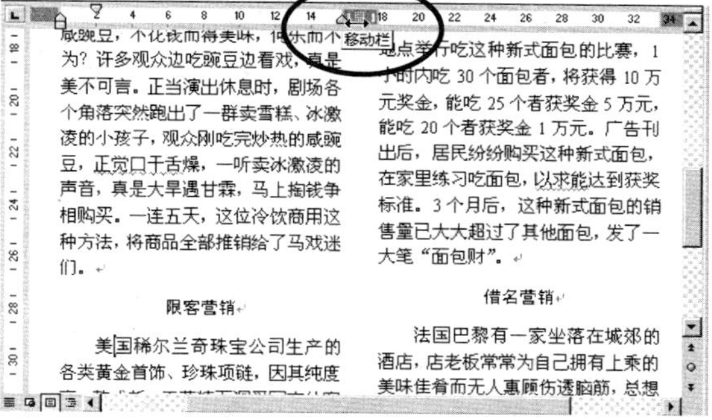
移动栏
为？许多观众边吃豌豆边看戏，真是美不可言。正当演出休息时，剧场各个角落突然跑出了一群卖雪糕、冰激凌的小孩子，观众刚吃完炒热的咸豌豆，正觉口干舌燥，一听卖冰激凌的声音，真是大旱遇甘霖，马上掏钱争相购买。一连五天，这位冷饮商用这种方法，将商品全部推销给了马戏迷们。
限客营销
美国稀尔兰奇珠宝公司生产的各类黄金首饰、珍珠项链，因其纯度
小时内吃 30 个面包者，将获得 10 万元奖金，能吃 25 个者获奖金 5 万元，能吃 20 个者获奖金 1 万元。广告刊出后，居民纷纷购买这种新式面包，在家里练习吃面包，以求能达到获奖标准。3 个月后，这种新式面包的销售量已大大超过了其他面包，发了一大笔“面包财”。
借名营销
法国巴黎有一家坐落在城郊的酒店，店老板常常为自己拥有上乘的美味佳肴而无人惠顾伤透脑筋，总想

图 1-45　控制分栏

提示

※ 如果已经执行了等长栏操作，将无法调整栏间距。

※ 除了使用标尺改变栏宽和栏间距外，还可以使用“分栏”对话框来精确设置栏宽和栏间距。

6. 插入分栏符

一般情况下，文本在分栏版式中的流动总是按照从左至右的顺序进行的，添满一栏后再开始新的一栏。但有时为了强调文档内容的层次感，常常需要将一些重要的段落从新的一栏开始。这种排版要求可以通过在文档中插入分栏符来实现，其操作步骤如

图 1-46 所示。

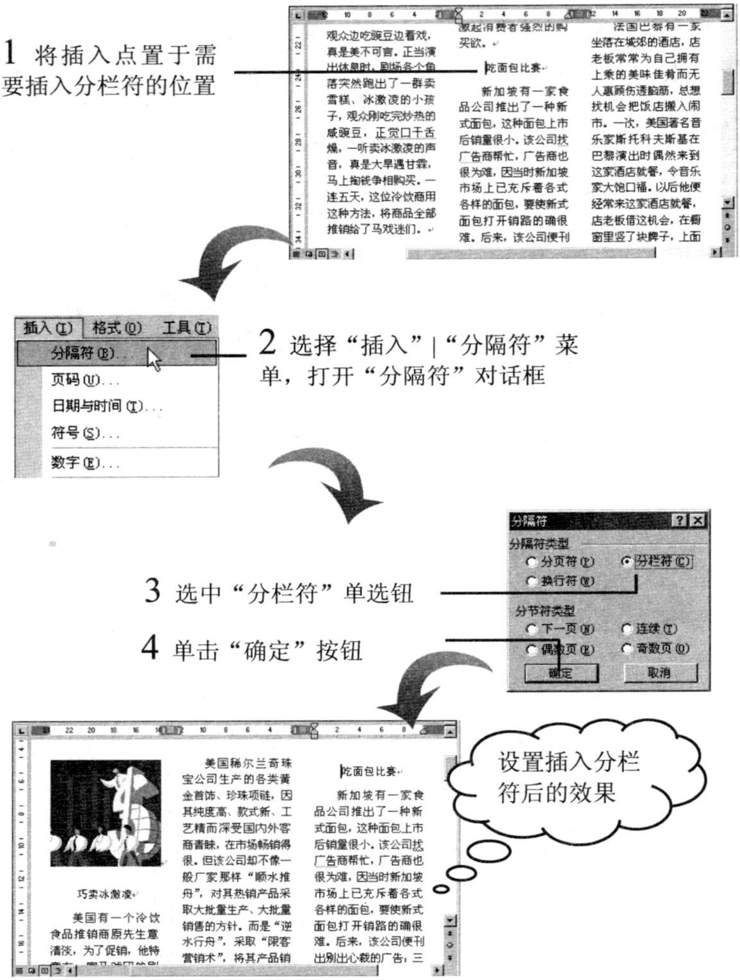

图 1-46　插入分栏符

1.3.3　为文档添加页眉和页脚

页眉和页脚分别位于文档页面的顶部或底部的页边距中，常常用来插入标题、页码、日期等文本或公司徽标等图形与符号。用户可以将首页的页眉或页脚设置成与其他页不同的形式，也可以对奇数页和偶数页设置不同的页眉和页脚。在页眉和页脚中还可以插入域，如在页眉和页脚中插入时间、页码，就是插入了一个提供时间和页码信息的域。当域的内容被更新时，页眉页脚中的相关内容就会发生变化。

1. 页眉和页脚工具栏

单击“视图”菜单中的“页眉和页脚”命令，Word 会自动打开“页眉和页脚”工具栏，利用该工具栏可以方便地创建或查看页眉与页脚，如图 1-47 所示。该工具栏的按钮名称及功能如表 1-2 所示。

图 1-47　“页眉和页脚”工具栏

表 1-2　“页眉和页脚”工具栏中按钮的名称及功能

按　钮	名　称	功　能
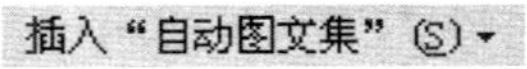	插入自动图文集	在页眉或页脚中插入自动图文集词条
	插入页码	在页眉或页脚中插入当前页的页码。当添加或删除页时，此页码会自动更新。
	插入页数	在页眉或页脚中插入当前文档的总页码数

（续表）

按　钮	名　称	功　能
	页码格式	打开“页码格式”对话框，在此对话框中可设置插入的页码格式
	插入日期	在页眉或页脚中插入系统日期，以便打开或打印文件时显示当前日期
	插入时间	在页眉或页脚中插入自动更新的时间域，以便打开或打印文件时显示当前时间
	页面设置	打开“页面设置”对话框，用来设置页边距、纸张大小、纸张来源或版式等
	显示/隐藏文档正文	在编辑页眉或页脚时，显示或隐藏正文
	在页眉和页脚间切换	在页眉或页脚区之间切换
	同前	创建与前一节相同的页眉或页脚
	显示前一项	将插入点移至上一页眉或页脚
	显示下一项	将插入点移至下一页眉或页脚
关闭(C)	关闭	关闭页眉/页脚编辑状态，返回正文编辑状态

2. 插入页码

页码是一种内容最简单，但使用最多的页眉或页脚。由于页码通常都被放在页眉区或页脚区，因此，只要在文档中设置页码，实际上就是在文档中加入了页眉或页脚。设置页码之后，Word 可以在后续的所有页上自动添加页码。设置页码的操作步骤如图 1-48 所示。

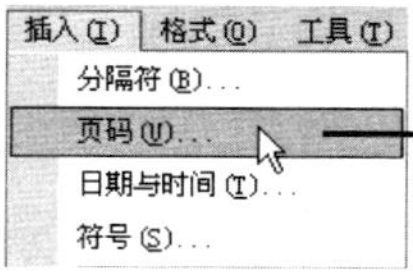

1 将插入点置于要设置页码的文档或节中，然后选择“插入”|“页码”菜单，打开“页码”对话框

在“位置”下拉列表框中可以选择一种页码出现在页面中的位置

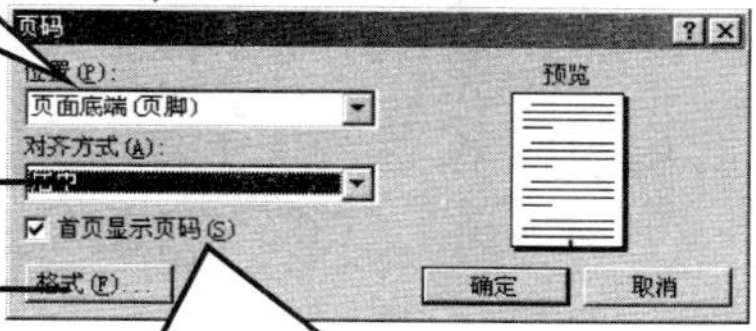

2 在“对齐方式”下拉列表框中选择一种页码的对齐方式

3 单击“格式”按钮

通过选中或取消“首页显示页码”复选框，可以显示或隐藏首页的页码

若选中该复选框，表示在页码格式中包含章节号

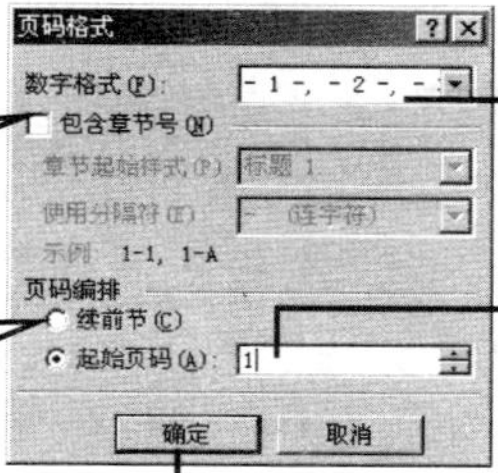

4 在“数字格式”下拉列表框中选择一种页码的格式

5 在“起始页码”编辑框中输入该章节的起始页码

若文档被分成了若干节，选中该单选钮，可将所有节的页码设置成彼此连续的页码

6 单击“确定”按钮

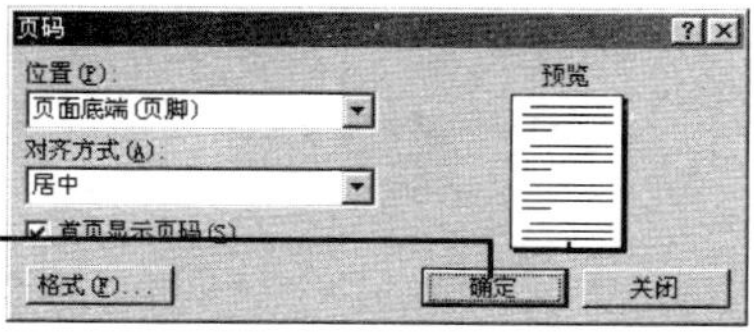

7 单击“确定”按钮

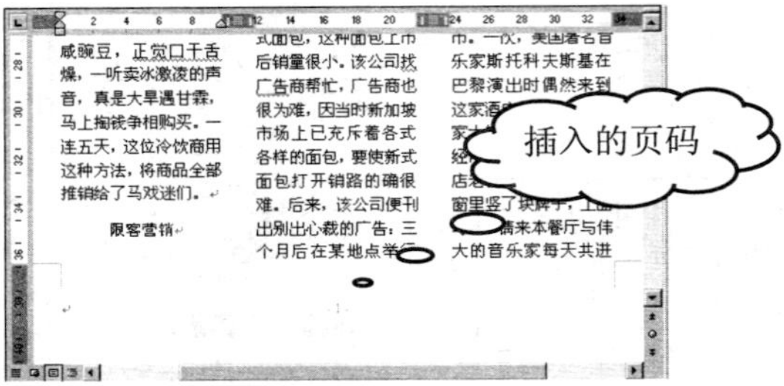

图 1-48　插入页码

3. 创建页眉和页脚

要创建页眉和页脚，用户只需在某一个页眉（或页脚）中输入要放置在页眉（或页脚）的内容，Word 会把它们自动加到每一页上。页眉和页脚的格式基于页眉和页脚样式，就像修改其他样式一样，用户可改变它们的默认外观，可以修改这些样式。为了应用方便，在很多情况下，页眉和页脚通常被设计成模板的一部分。不过，页眉和页脚只有在页面视图或打印预览中才是可见的。

由于页眉和页脚与文档的正文处于不同的层次上，因此，在编辑页眉和页脚时不能编辑文档正文。同样，在编辑文档正文时也不能编辑页眉和页脚。

创建页眉和页脚的操作步骤如图 1-49 所示。

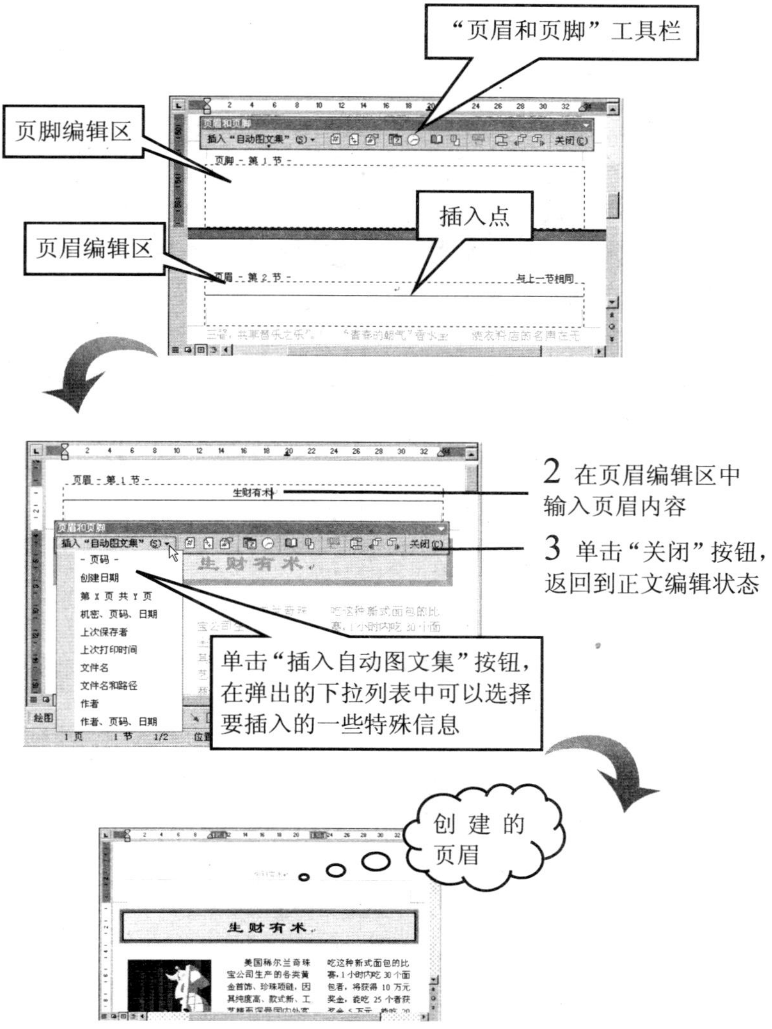
“页眉和页脚”工具栏
页脚编辑区
插入点
页眉编辑区
2 在页眉编辑区中输入页眉内容
3 单击“关闭”按钮，返回到正文编辑状态
单击“插入自动图文集”按钮，在弹出的下拉列表中可以选择要插入的一些特殊信息
创建的页眉
生财有术

图 1-49　创建页眉和页脚

提示

- 默认情况下，插入点位于页眉或页脚的中间位置，用户可使用“格式”工具栏上的对齐按钮来修改插入点在页眉或页脚编辑区的位置。
- 若要为文档增加页脚，可首先单击“页眉和页脚”工具栏中的“在页眉和页脚间切换”按钮切换到页脚，然后在“页脚”编辑区中输入所需的页脚。
- 如果用户不希望为首页设置页眉和页脚，或者希望为奇偶页设置不同的页眉和页脚，可选择“文件”|“页面设置”菜单，然后在“页面设置”对话框的“版式”选项卡中选中“首页不同”和“奇偶页不同”复选框。

4. 修改或删除页眉、页脚

创建页眉和页脚后，用户还可以方便地修改或删除已经设置在页眉和页脚中的内容，或页眉中的横线，其操作步骤如图 1-50 所示。

1 双击页眉或页脚区，进入页眉或页脚编辑区

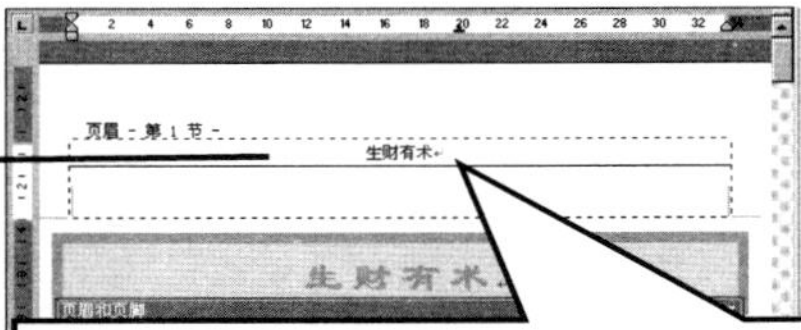

若要删除页眉或页脚编辑区中的内容，只需将其选中，然后按 Delete 键即可将选中的页眉或页脚内容删除

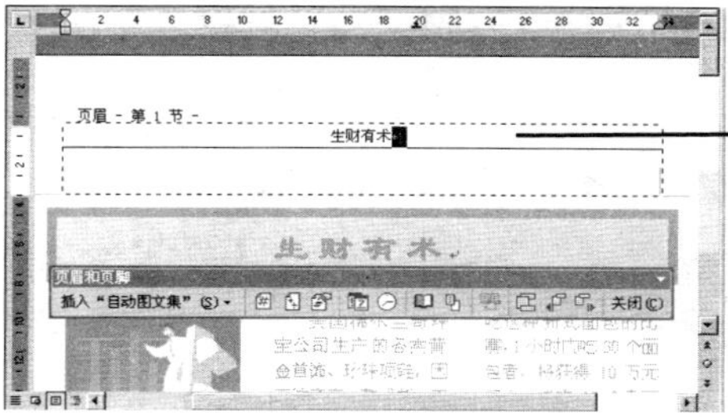

2　选中页眉区横线上一行的段落标记

3　选择“格式”|“边框和底纹”菜单，打开“边框和底纹”对话框

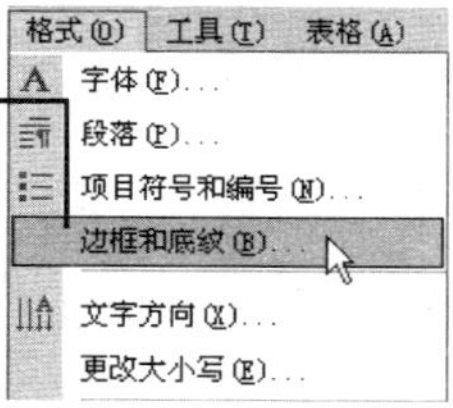

4　选择“边框”选项卡

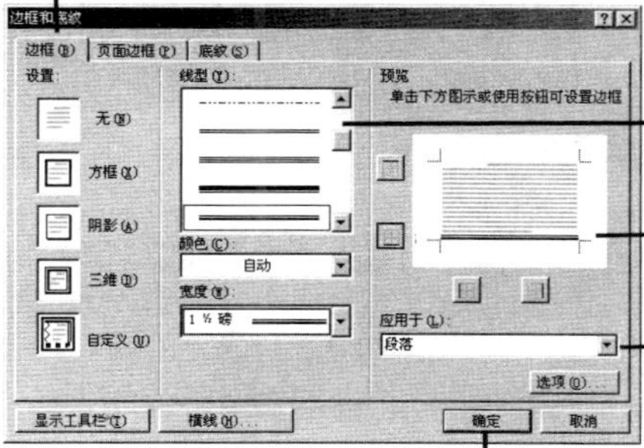

5　为页眉线选择一种线型和宽度

6　单击“预览”图示中的下边框线

7　在“应用于”列表框中选择“段落”

8　单击“确定”按钮

9 单击“关闭”按钮，返回到文档中

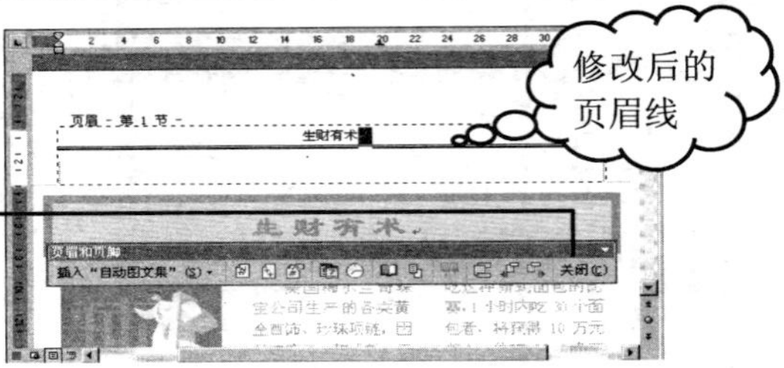

图 1-50　修改页眉和页脚

- 如果要删除页眉线，可选择“设置”区下的“无”选项，或单击“预览”区中的（下框线）按钮即可。
- 如果只希望删除首页页眉中的页眉线，则应选中“页面设置”对话框中的“首页不同”复选框。
- 此外，进入页眉或页脚编辑区后，单击“常用”工具栏中的“表格和边框”按钮，利用打开的“表格和边框”工具栏，也可修改或删除页眉线。

1.3.4　设置纸张大小、页边距和每页行列数

页面设置包括对纸张大小、页边距、字符数/行数、纸张来源和版面等设置，这些设置是打印文档之前必须要做的准备工作，这就相当于在写字前先挑选一张尺寸合适的纸，并设计好书写的格式。用户可以使用 Word 默认的页面设置，也可以根据需要重新设置或随时修改这些选项。设置页面既可以在输入文档之前，也可以在输入过程中或文档输入之后进行。

下面我们通过创建一个标准 16 开、39×39 版面的文档来说明

页面设置的步骤及方法，如图 1-51 所示。

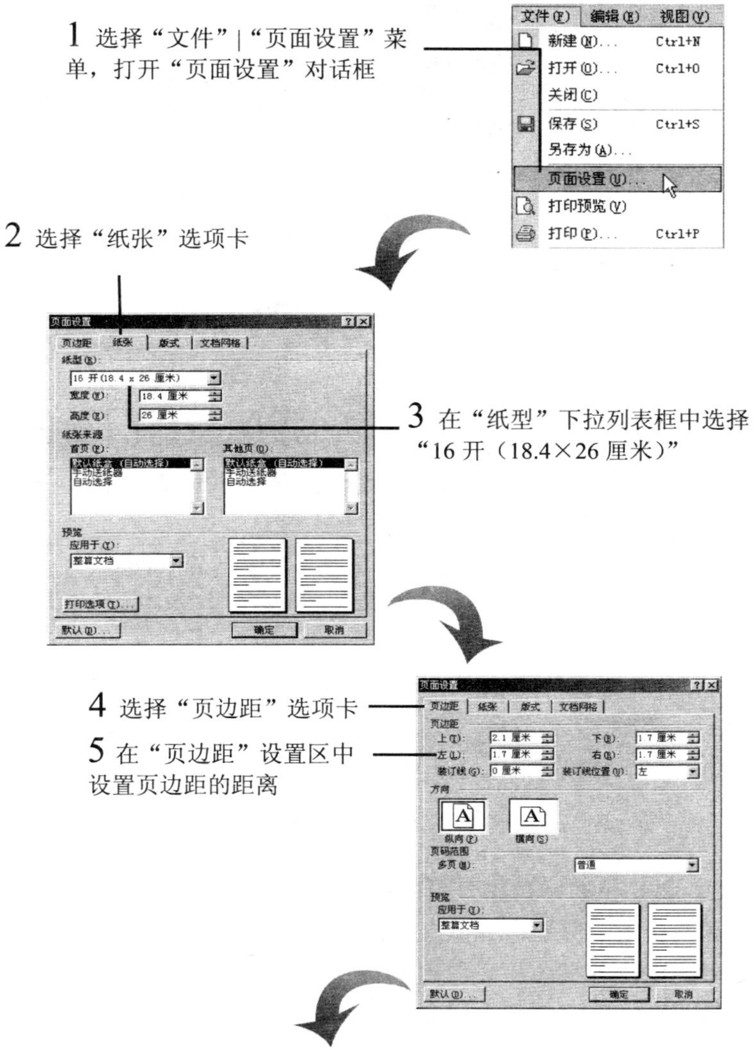

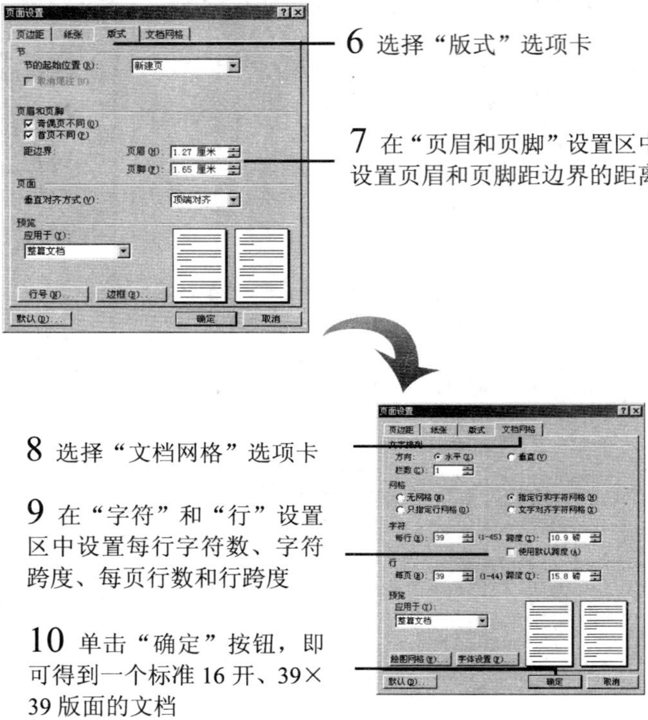
6 选择“版式”选项卡
7 在“页眉和页脚”设置区中设置页眉和页脚距边界的距离
8 选择“文档网格”选项卡
9 在“字符”和“行”设置区中设置每行字符数、字符跨度、每页行数和行跨度
10 单击“确定”按钮，即可得到一个标准16开、39×39版面的文档

图 1-51　页面属性设置

1.4　图文混排

图像是对图片、图形、从电子表格中转换来的图表以及艺术字、公式、组织结构图等图形对象的总称，本章将介绍在 Word 中创建或引用图像的多种方法。作为一个优秀的字处理软件，Word 可以实现对各种图形对象的绘制、缩放、存储、插入和修饰等多种操作，还可以把图形对象与文字结合在一个版面上，实现图文

混排，轻松地设计出图文并茂的文档。大多数图像只有在页面视图下是可见的，因此，当用户对任何图形对象操作时，Word会自动切换到页面视图方式下。

1.4.1 在文档中插入图形

利用Word绘图工具栏上的绘图工具，用户可轻松、快速地绘制出各种外观专业、效果生动的图形。对绘制出来的图形，可以重新调整其大小，进行旋转、翻转、添加颜色等修改，还可以将绘制的图形与其他图形组合，制作出各种更复杂的图形。

在Office XP中，系统提供了一种所谓的绘图画布。当插入图形时，系统将自动打开一个绘图画布，可在其中绘制一个或多个图形。如果在绘图画布外单击并拖动，则可不使用绘图画布。如果将图形绘制在了绘图画布中，则用户可通过控制绘图画布的“文字环绕”属性，控制其中图形的文字环绕属性。此外，用户还可为绘图画布设置填充颜色、边线颜色；可通过调整绘图画布的尺寸，统一缩放其中图形的尺寸；可自由地将图形从绘图画布中拖出，或者将图形从绘图画布外拖入画布。

1. 绘图工具栏中各工具的意义

单击“常用”工具栏中的“绘图”按钮，即可显示如图1-52所示的“绘图”工具栏。该工具栏中的各按钮名称及其功能如表1-3所示。用户可以根据需要把“绘图”工具栏移到屏幕的任意位置，也可以将它固定在文档窗口的某一侧。

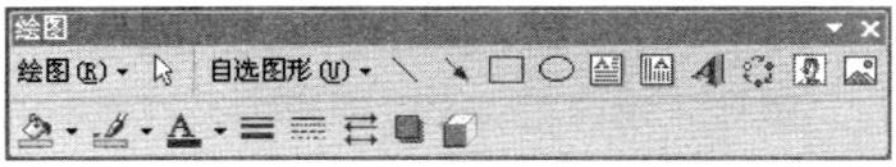

图1-52 绘图工具栏

表 1-3 “绘图”工具栏中的按钮名称及其功能

按　钮	按钮名称	功　能
	绘图	打开“绘图”菜单，菜单中包含多个对图像进行操作的命令及下拉菜单
	选择对象	用以选择一个或多个图形对象
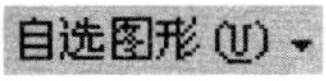	自选图形	提供多种自选图形工具，从中可选择所需的自选图形
 	直线　箭头	单击或拖动鼠标可绘制一条直线或箭头
 	矩形　椭圆	单击或拖动鼠标可绘制一个矩形（椭圆），按住 Shift 键拖动鼠标可绘制一个正方形（圆）
 	文本框	单击或拖动鼠标可绘制一个横（竖）排文本框
	插入艺术字	插入图形化的文字
	插入组织结构图或其他图示	插入组织结构图，用于显示层次关系
	插入剪贴画	打开“插入剪贴画”对话框
	插入图片	打开“插入图片”对话框
	填充颜色	在所选对象的内部填充某种颜色或填充效果
	线条颜色	将所选线条设置为某种颜色
	字体颜色	将所选字符设置为某种颜色
	线型	将所选线条设置为某种线型宽度
	虚线线型	将所选线条设置为某种虚线线型

（续表）

按　钮	按钮名称	功　能
	箭头样式	将所选线条设置为某种箭头形状
	阴影样式	将所选对象设置为某种阴影格式
	三维效果样式	将所选对象设置为某种三维格式

2. 绘制图形的步骤

利用“绘图”工具栏，可以绘制出各种形状的图形。制作比较小的图形时，可以使用“常用”工具栏上的显示比例放大显示以看清图形的细节，如图 1-53 所示。

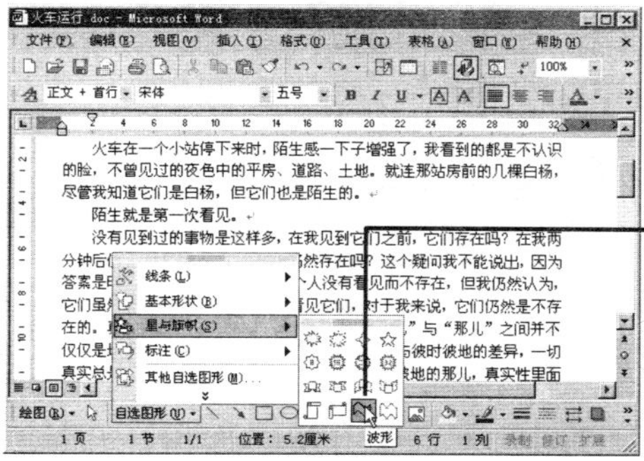

1 在“绘图”工具栏中单击其中的直线、箭头、矩形、椭圆按钮，或单击“自选图形”按钮，然后从弹出的菜单中选择所需的图形类型

2 选中绘图图形后，系统将自动打开绘图画布编辑窗口与“绘图画布”工具栏

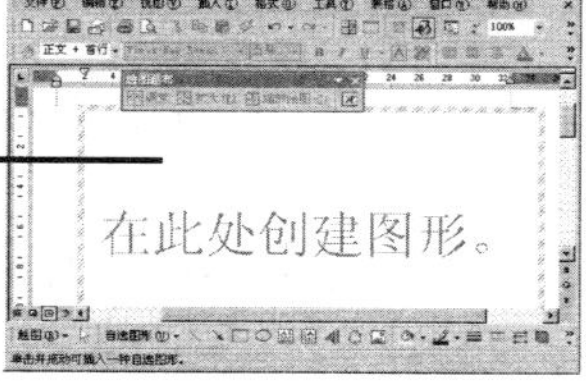

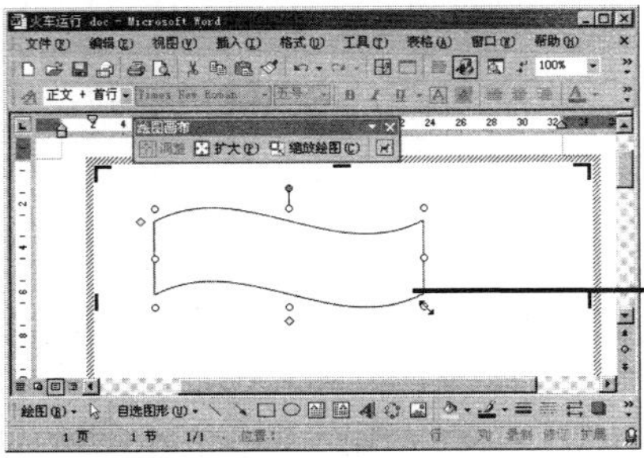

3 如果希望在绘图画布区绘制图形，可直接在该区域单击绘制默认尺寸的图形，或单击并拖动绘制指定尺寸的图形

4 单击绘图画布边框，选中绘图画布，然后单击“绘图画布”工具栏中的文字环绕按钮，并从弹出的菜单中选择“紧密型环绕”

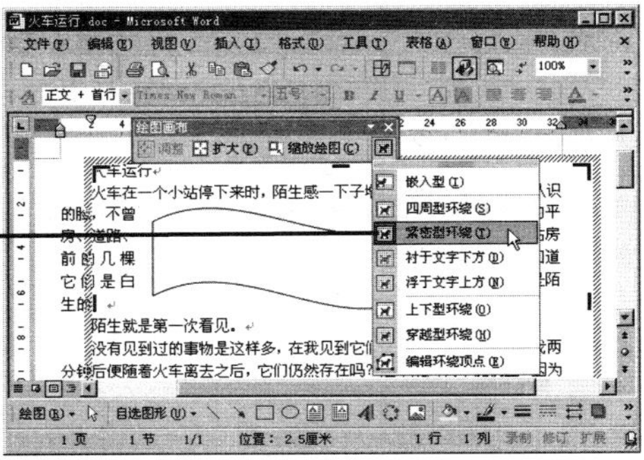

图 1-53　插入图形

提示

- 创建图形时如果不想插入画布，可选择“工具”菜单中的“选项”命令，然后在“常规”选项卡中取消“插入‘自选图形’时自动创建画布”复选框。
- 绘制图形时，如果在拖动鼠标时按住 Shift 键，可保持图形的宽、高比例不变，从而使图形不扭曲失真。若要绘制对称图形，可在拖动时按住 Ctrl 键。绘制直线时，按住 Shift 键拖动鼠标，可限制此直线与水平线的夹角为 15 度、30 度、45 度等。

3. 在图形中添加文字

在创建的各类图形中，除了直线、箭头等线条图形外，其他所有封闭图形都允许向其中添加文字，其操作步骤如图 1-54 所示。

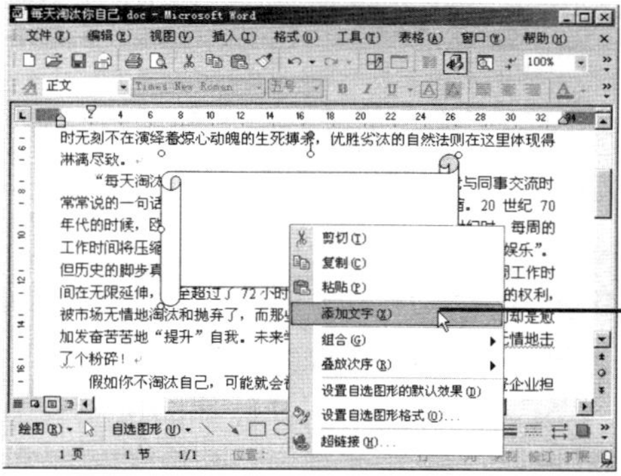

1 用鼠标右键单击绘制的图形，并从弹出的快捷菜单中选择“添加文字”

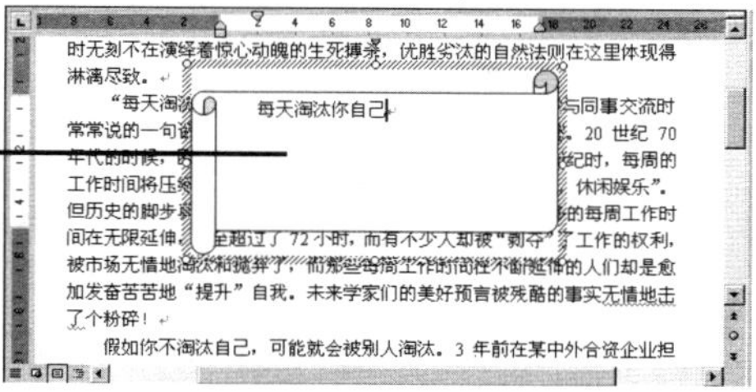

2 在此输入所需的文字

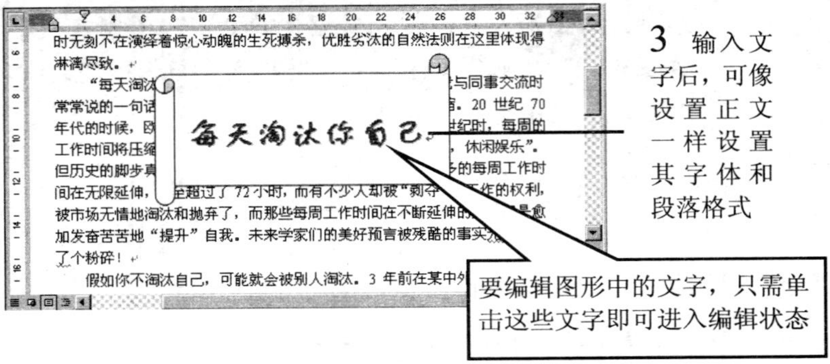
每天淘汰你自己
3 输入文字后，可像设置正文一样设置其字体和段落格式
要编辑图形中的文字，只需单击这些文字即可进入编辑状态

图 1-54　在图形中输入文字

4. 图形移动、旋转、对齐及尺寸、形状调整

如果用户对绘制出来的图形不满意，可以利用图形的“调整控制点”或“设置自选图形格式”对话框改变图形的尺寸。

选中一个图形后，其四周将出现一组控制点。将光标移至这些控制点，光标将呈↔ ↕ ↘ ↙形状，单击并拖动即可调整图形尺寸，如图 1-52 所示。

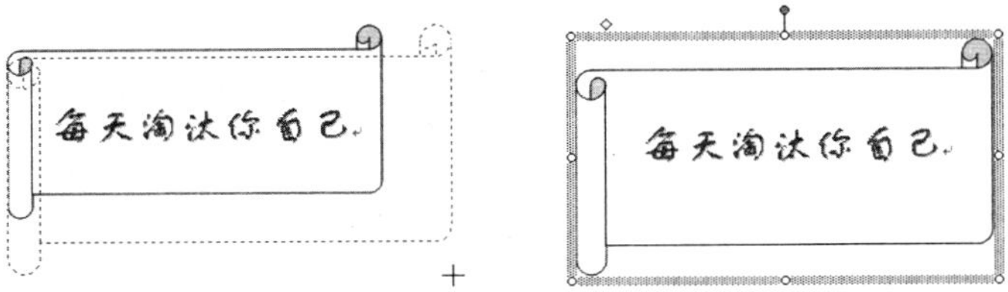
每天淘汰你自己
每天淘汰你自己

图 1-55　控制图形

此外，右击图形可打开图形编辑快捷菜单，从中选择“设置自选图形格式”可打开“设置自选图形格式”对话框。利用该对话框中的“大小”选项卡，可精确设置图形的尺寸和旋转角度。

要移动图形位置，可在单击选中图形后将光标移至图形编辑区。当光标呈✥形状时，单击并拖动即可。

要旋转图形对象，可在单击选中图形后，将光标移至其绿色圆点处。待光标将呈带箭头的环形后，单击并拖动即可，如图 1-56 所示。

此外，单击“绘图”工具栏中的“绘图”工具，从弹出的菜单中选择“旋转或翻转”中的适当菜单项，也可旋转或翻转对象。其中，当选中“自由旋转”菜单时，将在图形的四个角点出现绿色旋转控制点。将光标移至这些点上方时，光标将变为环形箭头形状，此时，单击并拖动也可旋转图形对象，如图 1-56 所示。要结束图形的旋转状态，可在图形区域外单击即可。

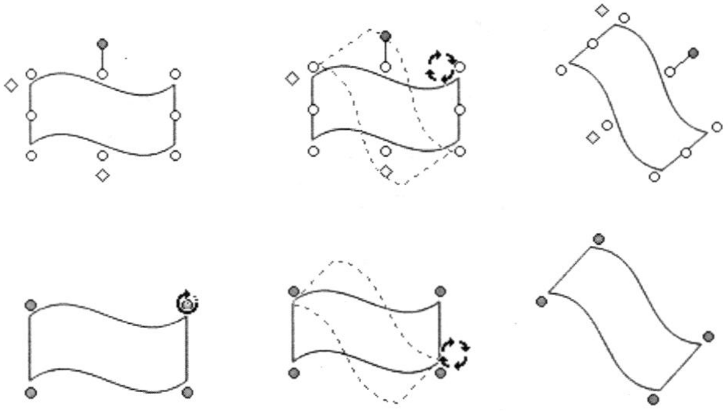

图 1-56　旋转图形

要对齐图形对象，可首先单击选中第一个图形对象，然后按住 Shift 键单击选中其他对象。接下来单击“绘图”工具栏中的“绘图”工具，然后从弹出的菜单中选择“对齐或分布”中的菜单项即可。

此外，对于某些图形而言，当选中该图形时，该图形周围会出现一个或多个黄色的菱形块——称为图形的“调整控制点”，随意拖动该点即可将图形改变成各种各样的形状，如图 1-57 所示。

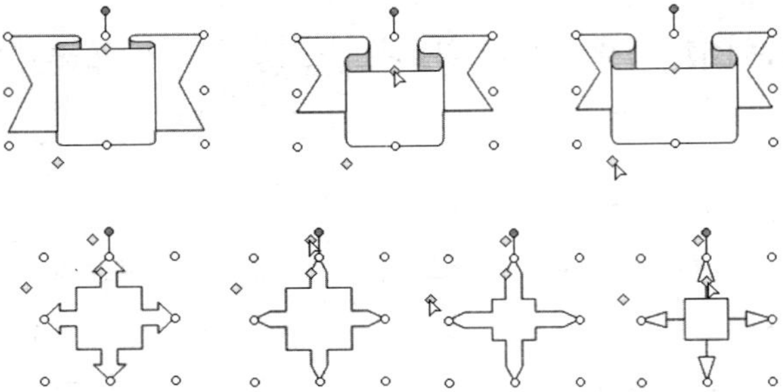

图 1-57　调整控制点改变图形形状

5. 改变任意线条图形的形状

利用自选图形绘制的图形中，大部分都有“调整控制点”，而用“线条”类型中的绘图工具绘制的图形没有调整控制点，但仍然可以修改其形状，其操作步骤如图 1-58 所示。

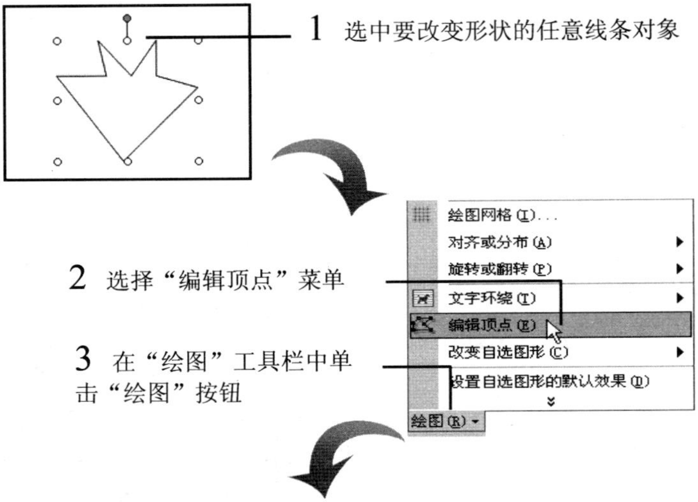

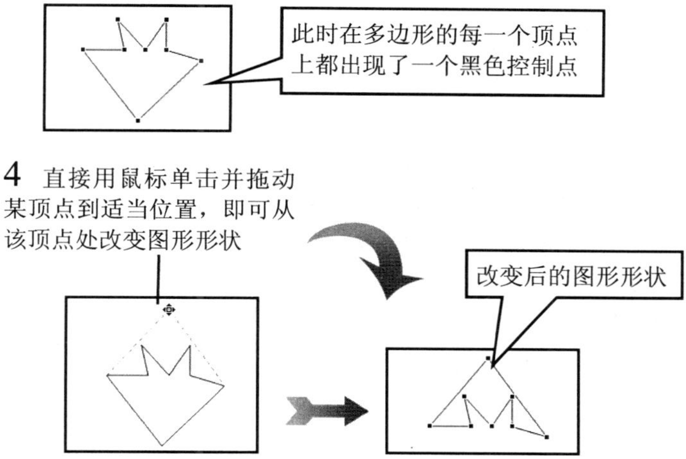
此时在多边形的每一个顶点
上都出现了一个黑色控制点
4 直接用鼠标单击并拖动
某顶点到适当位置，即可从
该顶点处改变图形形状
改变后的图形形状

图 1-58　绘制任意形状

提 示

※ 如要在多边形的某个边上增加一个顶点，则在要添加顶点的地方单击，即可生成一个新顶点。如果要删除一个顶点，按住 Ctrl 键，再单击要删除的顶点即可。

※ 此外，将光标指向某个顶点后单击鼠标右键，可打开如图 1-59 所示的快捷菜单，单击其中的命令可改变顶点的类型。

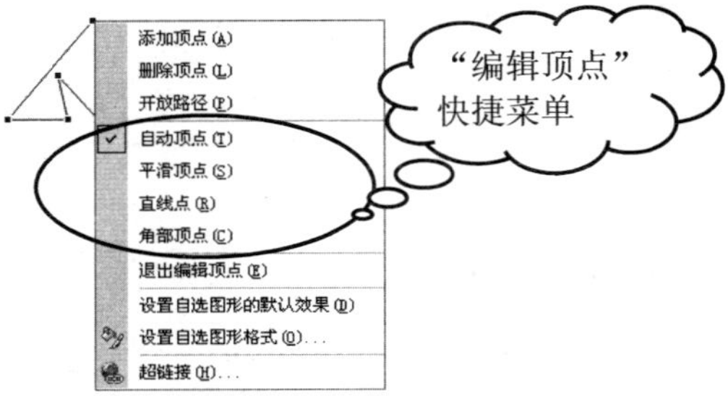

图 1-59　编辑点右键菜单

6. 多个图形的组合与分解

当文档中某个页面上插入了多个自选图形时，为了统一调整其位置、尺寸、线条和填充效果，可将其组合为一个图形单元。

要组合图形，只需选中所有要参与组合的图形，然后右击其中任何一个已选中的图形，此时将打开一个快捷菜单，从中选择“组合”菜单项中的“组合”命令，即可将选定图形组合为一个图形对象，如图 1-60 所示。

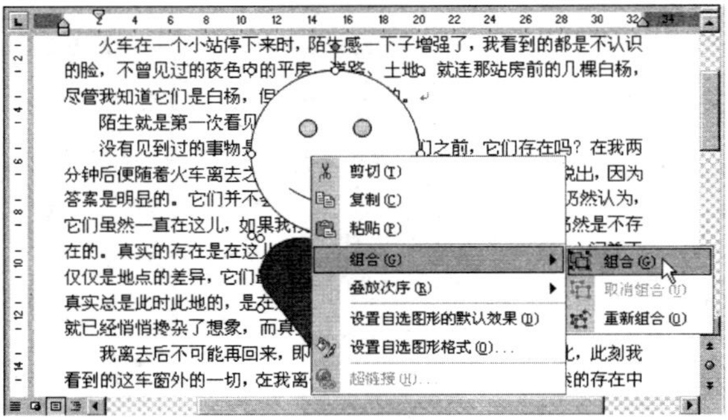

将选定图形组合
为一个图形对象

图 1-60　组合图形

要取消组合，可右击组合图形对象，然后从弹出的快捷菜单中选择“组合”|“取消组合”菜单。

7. 移动或复制图形对象

在 Word 中，绘制的图形对象出现在图形层中，因此可以在文档中随意移动图形。要移动图形，只需选定图形，并将光标移到该图形上，待光标变为✥形状时，单击并拖动鼠标到目标位置即可。

提示

※ 若在拖动图形对象的同时按住 Shift 键，可限制图形只能沿横向或纵向移动。

如果在移动图形对象的同时按住 Ctrl 键，即可将选定的图形对象复制到新位置。此外，也可以使用“编辑”菜单中的“复制”和“粘贴”命令，将选定的图形复制并粘贴到指定位置。

8. 调整图形的叠放次序

用户可通过在文档中放置多个图形来制作更加符合要求的图

形，而通过调整图形之间和图形与文字之间的叠放次序，可获得更为灵活的效果。

要调整图形之间和图形与文字之间的叠放次序，可右击选定图形，然后选择快捷菜单中“叠放次序”菜单项中的子菜单项，如图 1-61 所示。

提示

❋ 要选择位于文字之下的图形，可单击图形的未被文字遮挡的部分。或者选中位于该图形前后的某个图形后，反复按 Tab 键来选中该图形。

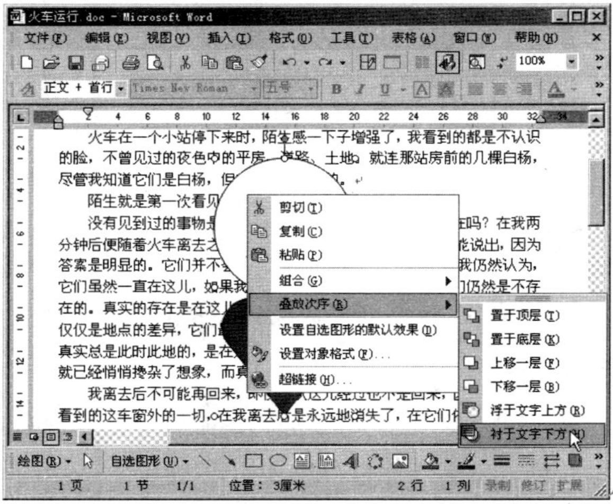

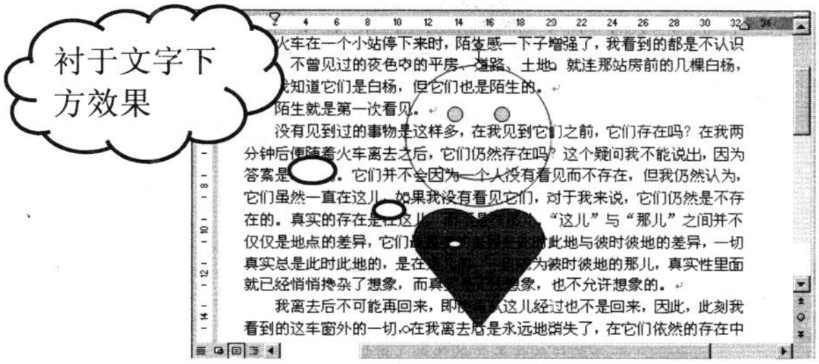

图 1-61　调整图形叠放次序

9. 设置图形的填充颜色和边线类型

右击选定图形，从快捷菜单中选择“设置自选图形格式”，打开“设置自选图形格式”对话框。在该对话框中，可通过“颜色和线条”选项卡设置图形的填充颜色、线条类型和粗细，并能调节填充颜色的透明度，如图 1-62 所示。

此外，利用“绘图”工具栏中的、、和工具，用户也可方便地设置图形的填充颜色或图案、边线颜色和图案、边线粗细和类型等。

※ 正像前面介绍的那样，用户可以将文档背景设置为过渡颜色、纹理、图案或图片。同样，用户也可为图形设置填充颜色、过渡颜色、纹理、图案或图片等。此外，用户还可为图形选择图案边线类型，不过，只有当边线较粗时才能看到设置效果，如图 1-63 所示。

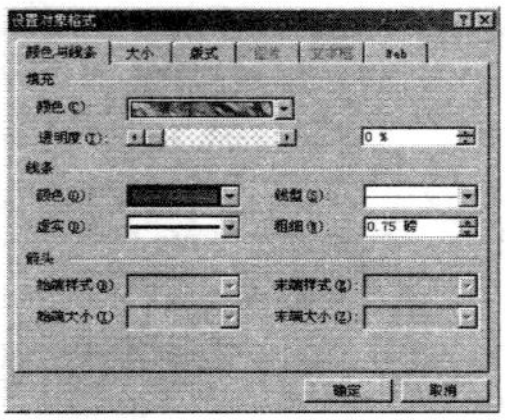

图 1-62　设置图形填充色及边框

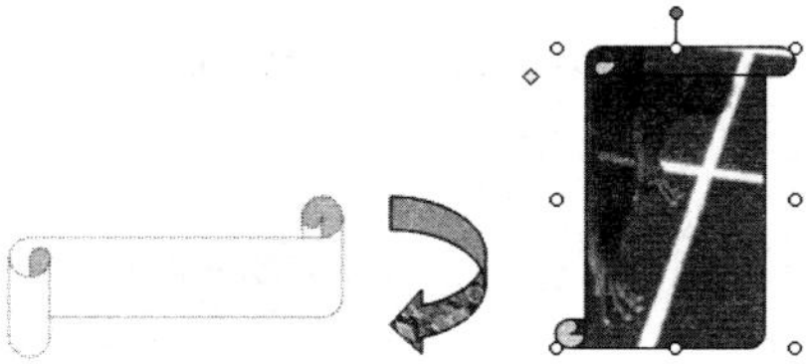

图 1-63　设置填充色及填充图

10. 为图形设置阴影和立体效果

利用绘图工具栏的“阴影”按钮和“三维效果”按钮，还可为图形添加边线阴影和制作立体效果。其方法是，首先单击选中图形，然后单击绘图工具栏的相应工具，并从中选择相应的设置，如图 1-64 所示。

图 1-64　设置阴影和立体效果

提示

※ 只有部分图形可添加立体效果。

11. 设置图形与周围文字之间的关系

在“设置自选图形格式”对话框中，利用“版式”选项卡可设置图形与周围文字之间的位置关系，如图1-65所示。

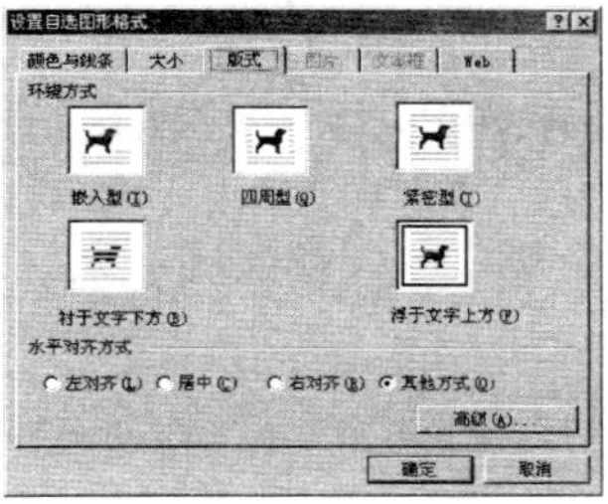

图1-65　设置图文绕排格式

默认情况下，当用户绘制一个新图形时，图形浮于文字上方。图1-66显示了图形与周围文字之间的几种典型位置关系。

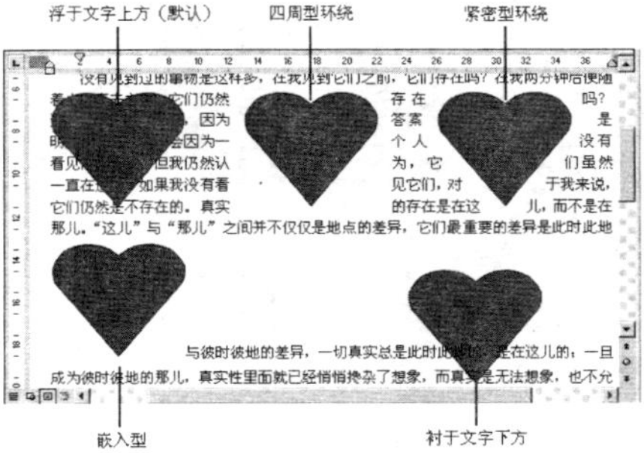

图1-66　图文绕排

若单击“设置自选图形格式”对话框中的“高级”按钮，系统将打开“高级版式”对话框。该对话框包括了“图片位置”和“文字环绕”两个选项卡，利用这两个选项卡，用户可对图形位置和环绕方式进行更多的选择。例如，用户可设置图形的水平和垂直对齐方式，是否允许对象随文字移动，选择穿越型环绕方式等。

此外，单击“绘图”工具栏中的“绘图”工具，然后从弹出的菜单中选择“文字环绕”中的菜单项，也可方便地调整图形与周围文字之间的关系。而且当用户选择某种环绕方式时，还可通过选择“绘图”工具菜单中的“文字环绕”|“编辑环绕顶点”来修改环绕顶点。选择该菜单项后，将在选定图形四周显示环绕线和若干环绕控制点，单击环绕线上某处并拖动（此时将在该位置新增环绕控制点），或单击并拖动环绕控制点即可改变环绕形状，如图 1-67 所示。

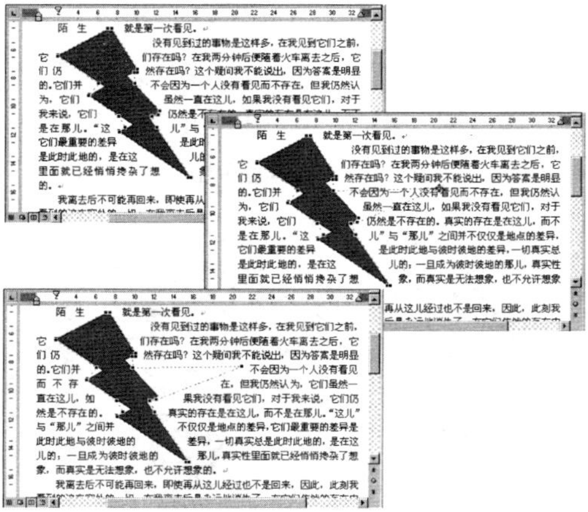

图 1-67　文字环绕

12. 图形的精确定位

用户在编制文档时，如果需要对文档中的图形或图片进行注释，可能会发现有时很难精确定位注释引线的位置。这是因为，默认情况下，Word 中图形的位置是由绘图网格来定位的。也就是说，Word 将页面按设定水平间距和垂直间距划分为一个网格，图形必须与网格对齐。或者说，图形必须按设定间距移动。

因此，为了精确定位图形的位置，用户必须调整网格尺寸。为此，可单击“绘图”工具栏中的“绘图”按钮，然后从弹出的菜单中选择“绘图网格”命令，打开“绘图网格”对话框，如图 1-68 所示。

在“绘图网格”对话框中，可利用以下的选项来设置网格或显示网格：

- 在“对齐”选项区，选中“对象与网格对齐”复选框，可按照网格交叉点设置对象位置；选中“对象与其他对象对齐”复选框，则按照其他对象位置对齐选中的对象。

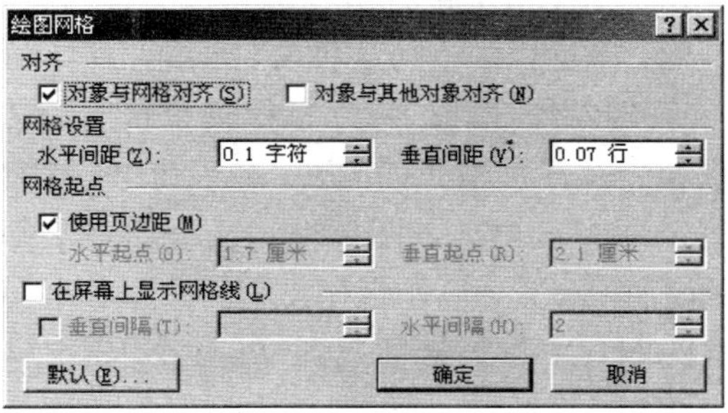

图 1-68　定位图形

- 在“网格设置”区指定网格的“水平间距”和“垂直间距”，可设置绘图网格，但这样设置的网格线是不可见的。
- 选中“在屏幕上显示网格线”复选项，可按照指定的“水平间距”或“垂直间距”在屏幕上显示网格线。如果指定的网格间距与在“网格设置”区的设置相同，则可将网格线全部显示出来。如果在“在屏幕上显示网格线”区中不选择“垂直间隔”选项，则只显示“行”网格。

➢ 在“网格起点”区选中“使用页边距”复选框，则网格以文档中上边距和左边距线的交叉点为默认的网格起点。

1.4.2 在文档中插入图片

用户可以很方便地在 Word 文档中插入图片，图片可以是一个剪贴画或一幅图画。在文档中添加一些图片，可以使文档更加生动形象。

1. 插入图片的步骤

不同的绘图软件包、扫描仪或图形工具总是以各自独有的方式生成图像文件。因此，来源不同的图形对象常常具有不同的文件格式。在 Word 中要引用某种格式的图片文件，并将其以 Word 文档的形式存储，需要有一个与这种文件格式相对应的转换器（也称为过滤器）。许多制作图片的程序都提供了自己的转换器，Word 之所以能识别和处理多种格式的图片，是因为 Word 自带了多种图片文件转换器。所有在“插入图片”对话框的“文件类型”下拉列表中列出的文件格式，在 Word 中都已经安装了转换器，用户可以将这些格式的图片文件直接插入到 Word 文档中。

通过选择“插入”|“图片”菜单中的适当选项，可插入来自剪贴画库、图片文件、扫描仪或数码相机中的图片。与以前的版本相比，Word 2002 中的剪贴画库种类更齐全，内容更丰富，画面更漂亮，操作也更方便。下面首先介绍在文档中插入剪贴画的步骤，如图 1-69 所示。

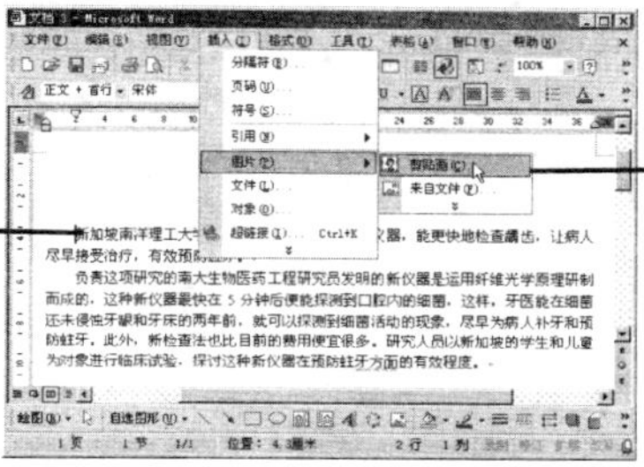

1 将插入点置于文档中要插入剪贴画的位置

2 选择“插入”|“图片”|“剪贴画”菜单，打开“剪贴画”任务空格

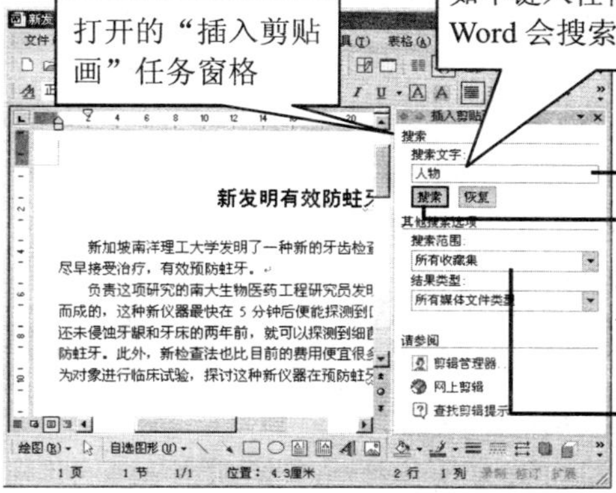

打开的“插入剪贴画”任务窗格

如不键入任何关键字，则 Word 会搜索所有剪贴画

3 在“搜索文字”编辑框中输入剪贴画的类型

5 单击“搜索”按钮，系统会自动搜索要查找的类型

4 在“搜索范围”下拉列表框中选中“所有收藏集”复选框

显示搜索的结果

6 单击需要插入到文档中的剪贴画

如需要选择其他类型的剪贴画，可单击该按钮回到“插入剪贴画”任务窗格的初始状态

插入到文档中的剪贴画
如果未找到合适的剪贴画，可在“请参阅”任务区单击“剪辑管理器”超链接，打开剪辑管理器对话框

7 在该对话框中找到合适的剪辑后，将该剪辑拖入文档即可

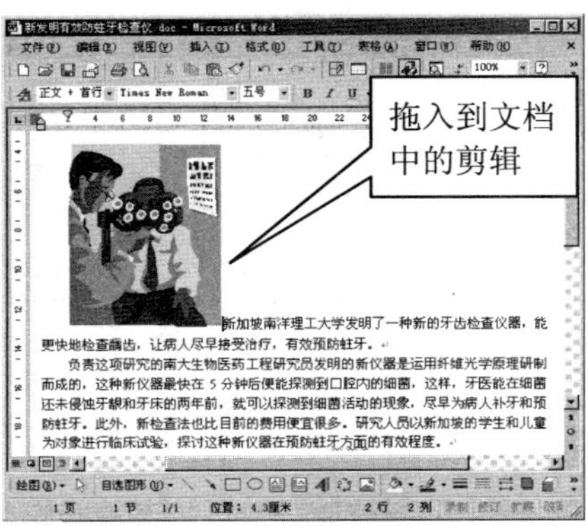
拖入到文档中的剪辑

图 1-69　插入图片

提示

- ❋ 剪辑与剪贴画是不同的，所谓剪贴画实际上是 WMF 格式的图形文件，而剪辑包含了各种类型的图像文件、声音文件及电影文件。也就是说，剪贴画实际上是剪辑的子集。因此，用户可使用剪辑管理器向文档中添加剪贴画、图片、声音等各种类型的对象。
- ❋ 在初次使用剪贴画时，系统会自动对计算机中的各种文件进行搜索，从而创建一个收藏集，以便用户后面进行选择。

在文档中有三种插入图片文件的方式：直接插入方式、链接方式、插入和链接方式。用户必须以某种插入方式来插入一个“来自文件”的图片，其操作步骤如图 1-70 所示。

1 将插入点置于文档中要插入图片的位置

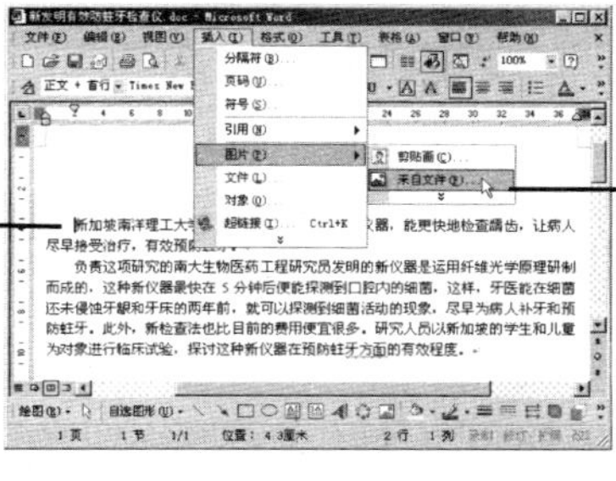

2 选择“插入”|“图片”|“来自文件”菜单，打开“插入图片”对话框

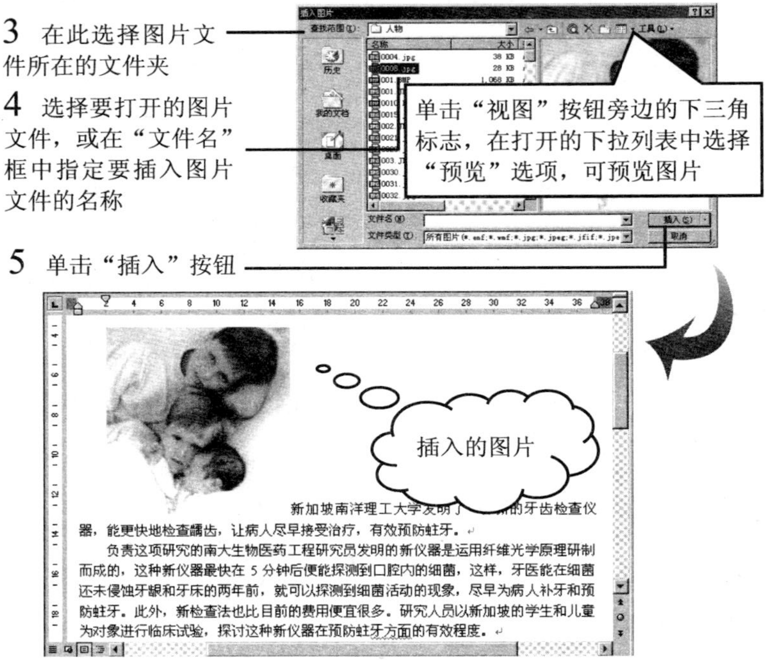
3 在此选择图片文件所在的文件夹
4 选择要打开的图片文件，或在“文件名”框中指定要插入图片文件的名称
5 单击“插入”按钮
单击“视图”按钮旁边的下三角标志，在打开的下拉列表中选择“预览”选项，可预览图片
插入图片
插入的图片
新加坡南洋理工大学发明了一种新的牙齿检查仪器，能更快地检查龋齿，让病人尽早接受治疗，有效预防蛀牙。
负责这项研究的南大生物医药工程研究员发明的新仪器是运用纤维光学原理研制而成的，这种新仪器最快在 5 分钟后便能探测到口腔内的细菌，这样，牙医能在细菌还未侵蚀牙龈和牙床的两年前，就可以探测到细菌活动的现象，尽早为病人补牙和预防蛀牙。此外，新检查法也比目前的费用便宜很多。研究人员以新加坡的学生和儿童为对象进行临床试验，探讨这种新仪器在预防蛀牙方面的有效程度。

图 1-70　插入外部图像

用户也可以单击“插入图片”对话框中的“插入”按钮旁边的下三角标志，在打开的下拉列表中选择一种插入方式：

- 单击“插入”命令，即可将选定的图片文件插入到当前文档中，并成为文档的一部分。当保存文档时，插入的图片会随文档一起保存。以后当提供这个图片的文件发生变化时，文档中的图片不会自动更新。该命令等同于单击“插入”按钮。
- 单击“链接文件”命令，图片以“链接方式”被当前文档所“引用”。这时，插入的图片仍然保存在源图片文件之中，当前文档只保存了这个图片文件所在的位置信息。以链接方式插入图片不会使文档的长度增加许多，也不会影响在文档中查看并打印该图片。当提供这个图片的文件被改变后，被“引用”到该文档中的图片也会自动更新。

- 单击“插入和链接”命令，图片被“复制”到当前文档的同时，还建立了和源图片文件的“链接”关系。当保存文档时，插入的图片会随文档一起保存，这可能使文档的长度显著增大。当提供这个图片的文件发生变化后，文档中的图片会自动更新。

此外，使用 Windows 的剪贴板还可以将一些由其他软件绘制的图片复制到 Word 文档中。只需在原绘图软件（如 Windows 中的“画图”软件）中选择要插入的图片，并将该图片复制到 Windows 剪贴板中，再在 Word 文档中单击要放置图片的位置，并选择“编辑”菜单中的“粘贴”或“选择性粘贴”命令即可。

2. “图片”工具栏中各工具的意义

当把不同的图片插入到文档中后，用户可以根据需要对其进行必要的修改，使之能够与文档完美配合。例如，改变它的大小、剪掉不需要的部分或者将它制作成文本后面的水印等等。用户有时可能还要根据打印图片的情况做其他的修改，以使打印效果最好。“图片”工具栏专门帮用户进行这些修改。

通常情况下，选中一幅图片时，“图片”工具栏会自动弹出来，如图 1-71 所示。如果该工具栏未弹出，可在任意一个工具栏上单击鼠标右键，在弹出的快捷菜单中选择“图片”即可。单击“图片”工具栏上的“关闭”按钮，可关闭该工具栏，以后再选中图片时，该工具栏将不再弹出。“图片”工具栏中的按钮及其功能如表 1-4 所示。

图 1-71　图片工具栏

表 1-4　“图片”工具栏的按钮及其功能

按　钮	按钮名称	功　能
	插入图片	在文档中插入图片，相当于“图片”命令中的“来自文件”
	颜色	控制图像颜色。图像颜色包括自动、灰度、黑白、水印
	增加对比度	增大图片黑白对比度
	降低对比度	减小图片黑白对比度
	增加亮度	增强图片的亮度
	降低亮度	减弱图片亮度
	裁剪	裁剪图片
	向左旋转	每次操作可以使图片基于当前角度，向左旋转 90°
	线型	用来改变边框的线型
	压缩图片	通过对颜色丰富的图片应用 JPEG 压缩来减小文件大小
	文字环绕	用来设置正文文字与图像的位置关系
	设置图片格式	用来设置图片的格式
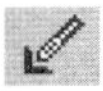	设置透明色	用来设置图片的透明色
	重设图片	把图像恢复成刚插入时的样子

3. 图片移动、尺寸调整、加框和裁剪

要修改一个图片，首先要选中它。单击图片的任何位置，即可选中该图片。图片被选中后，四周会出现一些控制点。将鼠标移到所选图片上，当鼠标指针变成 ✥ 形状时拖动鼠标，可随意移动所选图片的位置。

移动鼠标到所选图片的某个控制点上，当鼠标指针变成 ↔ ↕ ↘ ↙时，拖动鼠标可以改变该图片的形状和大小。在拖动尺寸控制点时，如果按住 Shift 键，可使图像在长、宽方向上等比例缩放。

要为图片添加边框，可选择“格式”|“边框和底纹”菜单，然后通过打开的“边框和底纹”对话框进行设置。

与图形不同，用户还可对插入文档的图片进行裁剪，其操作步骤如图 1-72 所示。

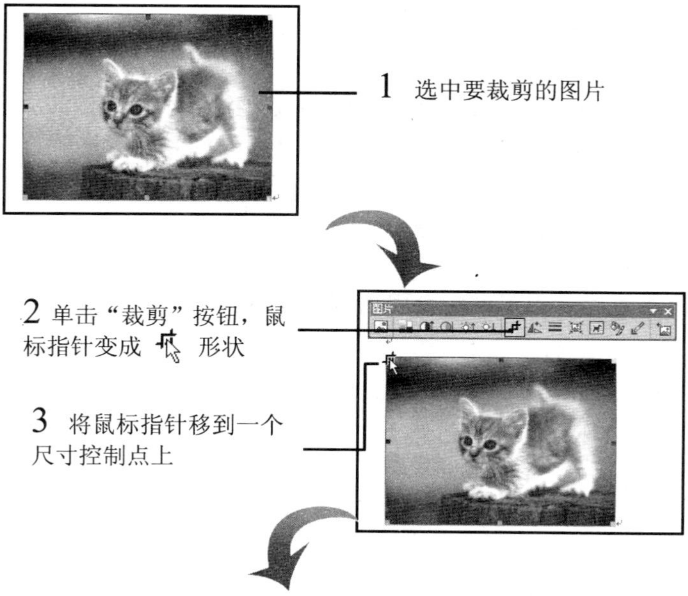
1 选中要裁剪的图片
2 单击“裁剪”按钮，鼠标指针变成 形状
图片
3 将鼠标指针移到一个尺寸控制点上

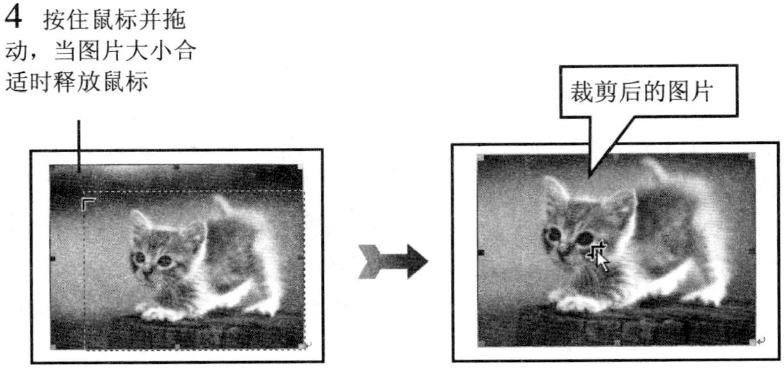
4 按住鼠标并拖动，当图片大小合适时释放鼠标
裁剪后的图片

图 1-72　图片编辑

若要结束对图片的裁剪操作，再次单击“裁剪”按钮即可。

提示

※ 若要裁剪一边，可向内拖动该边上的中心控制点；若要同时相等地裁剪两边，可在向内拖动任一边上中心控制点的同时，按住 Ctrl 键；若要同时相等地裁剪四边，可在向内拖动角控制点的同时按住 Ctrl 键。

4. 设置图片与周围文字之间的位置关系

和图形一样，图片与周围文字之间的位置关系也有嵌入型、四周型以及紧密型等几种环绕方式。默认情况下，图片是以嵌入型方式插入到文档中的，此时可将图片作为普通文字对待，如图 1-73 所示。

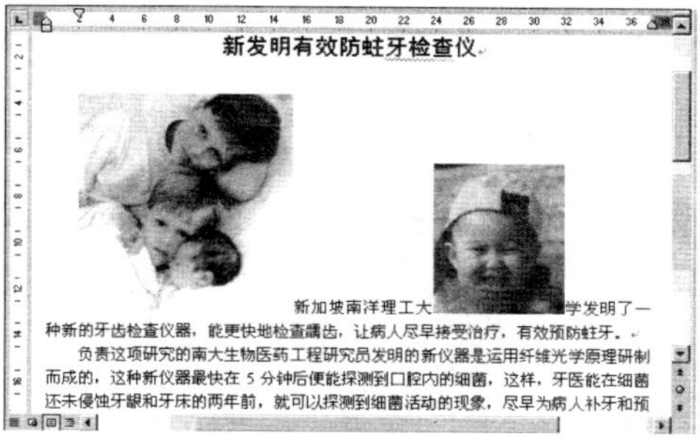
新发明有效防蛀牙检查仪
新加坡南洋理工大学发明了一种新的牙齿检查仪器，能更快地检查龋齿，让病人尽早接受治疗，有效预防蛀牙。
负责这项研究的南大生物医药工程研究员发明的新仪器是运用纤维光学原理研制而成的，这种新仪器最快在 5 分钟后便能探测到口腔内的细菌，这样，牙医能在细菌还未侵蚀牙龈和牙床的两年前，就可以探测到细菌活动的现象，尽早为病人补牙和预

图 1-73 定位图文

此外，在 Word 2002 中，当用户将图片的文字环绕方式设置为四周型环绕、紧密型环绕等类型时，还可旋转图片，如图 1-74 所示。

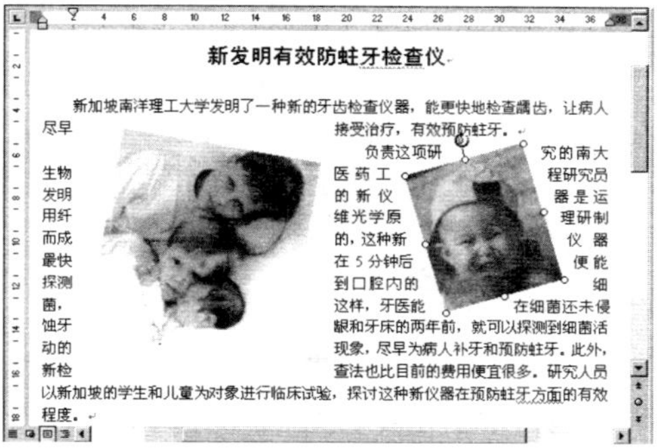
新发明有效防蛀牙检查仪
新加坡南洋理工大学发明了一种新的牙齿检查仪器，能更快地检查龋齿，让病人
尽早
生物
发明
用纤
而成
最快
探测
菌，
蚀牙
动的
新检
接受治疗，有效预防蛀牙。
负责这项研
究的南大
医药工
程研究员
的新仪
器是运
维光学原
理研制
的，这种新
仪器
在 5 分钟后
便能
到口腔内的
细
这样，牙医能
在细菌还未侵
龈和牙床的两年前，就可以探测到细菌活
现象，尽早为病人补牙和预防蛀牙。此外，
查法也比目前的费用便宜很多。研究人员
以新加坡的学生和儿童为对象进行临床试验，探讨这种新仪器在预防蛀牙方面的有效
程度。

图 1-74 图文环绕

由上图可以看出，对于普通格式的图片及剪贴画，当选择“紧密型环绕”类型时，其效果是不同的。如果希望改变普通图片的环绕方式，可在“文字环绕”工具下拉列表中选择“编辑环绕顶点”，然后进行调整，如图 1-75 所示。由下图可以看出，位于环绕顶点外的区域将被作为文档背景。

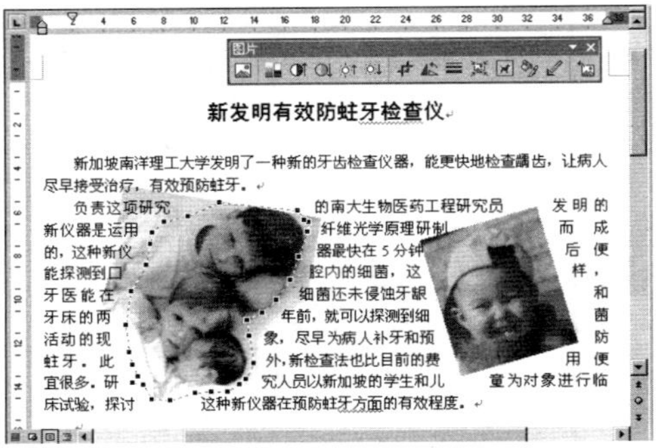
图片
新发明有效防蛀牙检查仪
新加坡南洋理工大学发明了一种新的牙齿检查仪器，能更快地检查龋齿，让病人尽早接受治疗，有效预防蛀牙。

图 1-75　编辑环绕令

提示

※ 事实上，无论图片当前处于何种状态，当在“文字环绕”工具下拉列表框中选择“编辑环绕顶点”时，图片的文字环绕方式都将自动被设置为紧密型环绕方式。

5. 为图片设置透明色

对于非剪贴画的图片而言，当用户将其设置为浮于文字上方时，还可通过设置图片中的某种颜色为透明色，来使其下面的某些文字显露出来，其操作步骤如图 1-76 所示

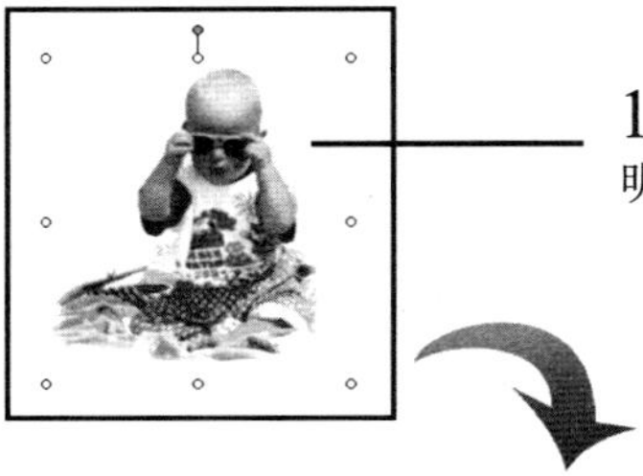
1 选中要设置透明色的图片

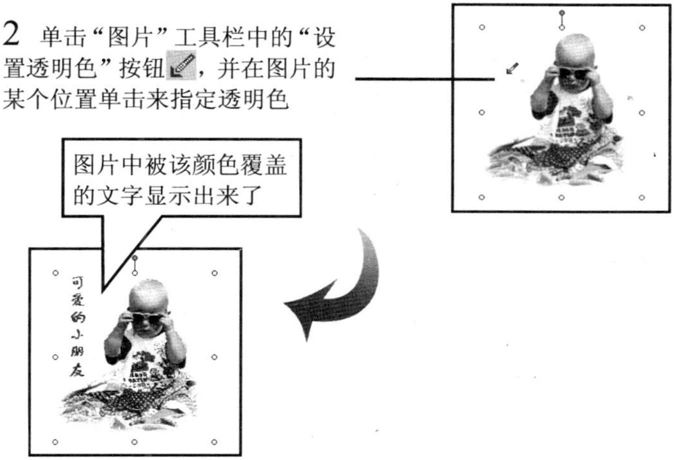
2 单击“图片”工具栏中的“设置透明色”按钮，并在图片的某个位置单击来指定透明色
图片中被该颜色覆盖的文字显示出来了
可爱的小朋友

图 1-76　透明处理

1.5　文档打印

虽然电子邮件和 Web 文档极大地促进着无纸化办公的快速发展，但打印文档仍然被普遍使用。在 Word 中，可只打印文档内容，亦可连同文档的相关信息（如文档属性、域代码、隐藏文字等）一起打印。

1.5.1　打印预览

利用 Word 的打印预览功能，用户可以在正式打印前就看到文档被打印后的效果，如果不满意，可以在打印前进行必要的修改。

与页面视图相比，打印预览视图可以更真实地表现文档外观。在打印预览视图中，可任意缩放页面的显示比例，也可同时显示多个页面。用户还可以在打印预览视图中，通过单击“放大镜”

按钮，直接修改文档。

用打印预览视图检查版面的操作步骤如图 1-77 所示。

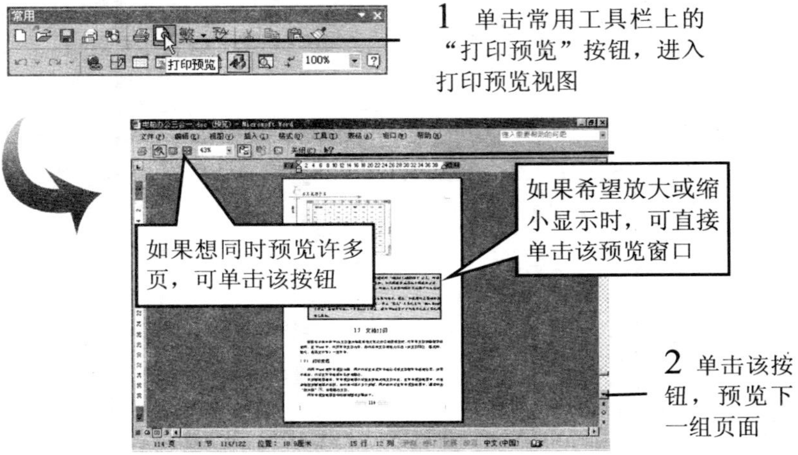
常用
打印预览
100%
1 单击常用工具栏上的“打印预览”按钮，进入打印预览视图
如果想同时预览许多页，可单击该按钮
如果希望放大或缩小显示时，可直接单击该预览窗口
2 单击该按钮，预览下一组页面

图 1-77　打印预览

1.5.2　打印的多种方式

在 Word 中，有多种打印文档的方式，用户不仅可以按指定范围打印文档，还可以打印多份、多篇文档或将文档打印到文件。此外，Word 2002 还提供了更具灵活性的可缩放文件打印方式。

1. 快速打印

直接单击“常用”工具栏上的“打印”按钮，可以按默认的设置将整个文档快速地打印一份。当 Word 进行后台打印时，在任务栏上会显示打印的进度。

2. 一般打印

如果要打印当前页或指定页，或要设置其他的打印选项，可按如图 1-78 所示的步骤进行。

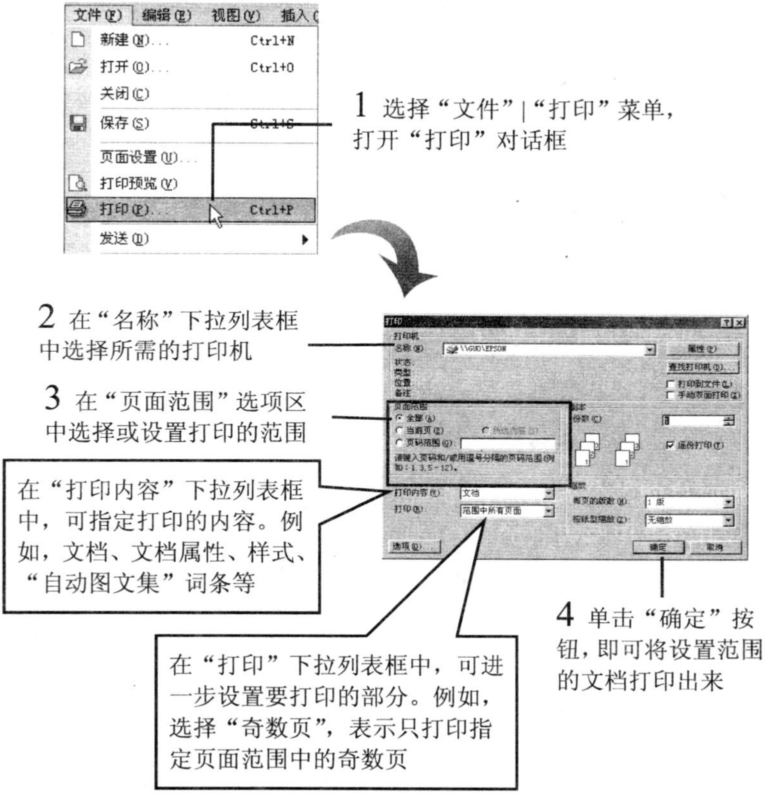
文件(F) 编辑(E) 视图(V) 插入(
新建(N)... Ctrl+N
打开(O)... Ctrl+O
关闭(C)
保存(S)
页面设置(U)...
打印预览(V)
打印(P)... Ctrl+P
发送(D)
1 选择“文件”|“打印”菜单，打开“打印”对话框
2 在“名称”下拉列表框中选择所需的打印机
3 在“页面范围”选项区中选择或设置打印的范围
在“打印内容”下拉列表框中，可指定打印的内容。例如，文档、文档属性、样式、“自动图文集”词条等
在“打印”下拉列表框中，可进一步设置要打印的部分。例如，选择“奇数页”，表示只打印指定页面范围中的奇数页
4 单击“确定”按钮，即可将设置范围的文档打印出来

图 1-78　设置打印属性

提示

※ 如果用户只想将选定的部分文档打印出来，可选择“文件”|“打印”菜单，在打开的“打印”对话框中的“页

面范围”选项区中选中“所选内容”单选钮即可。

3. 双面打印

在使用送纸盒或手动进纸的打印机进行双面打印时，利用“人工双面打印”功能可大大提高打印速度，避免打印过程中的手工翻页操作。如先打印 1、3、5、7、9……页，然后把打印了单面的纸放回纸盒再打印 2、4、6、8、10……页。

4. 打印多份文档

如果要将一个文档打印多份，可在“打印”对话框“副本”选项区的“份数”编辑框中输入要打印的份数。另外，还可以对打印的方式进行设置，如果要一份一份地打印文档，可选中“逐份打印”复选框。

5. 打印多篇文档

如果要打印多篇文档，可选择“文件”菜单中的“打开”命令，或单击“常用”工具栏中的“打开”按钮，在打开的“打开”对话框中选中要打印的多个文档（配合 Shift 键和 Ctrl 键），然后单击鼠标右键，从弹出的快捷菜单中选择“打印”菜单（参见图 1-79），即可一次连续地打印出多篇文档。

图 1-79　多个文档打印

6. 可缩放的文件打印

在 Word 2002 中，文档可以按照缩小或放大的比例进行打印。在“打印”对话框的“缩放”区中，从“每页的版数”下拉列表框中设置每页纸上将打印的版数，可在每张纸上打印多页文件内容。如果文件页面大于或小于打印纸张，可从“按纸型缩放”下拉列表框中选择打印文件的纸型，可使文件按照纸张大小缩放后打印。这项功能对于需要预览多页文档输出结果，或是经常要调整文档输出格式的用户来说，可以大大提高打印效率。

1.5.3 设置打印机属性和打印设置

在打印时，总要碰上一些问题，如打印出来的文字太淡，不能横向打印或是分辨率不高等。要解决这些问题，就需要设置打印机的属性。

在“打印”对话框中单击“属性”按钮可打开“属性”对话框，在该对话框中可设定打印的纸张大小、打印方向、打印质量以及打印的浓度等等。修改了打印机的属性后，以后的打印都将按此设置进行。

此外，用户还可在“打印”对话框中单击“选项”按钮，设置与打印文档有关的选项，如是否使用后台打印、逆页序打印，以及打印哪些附加信息等。

1.5.4 暂停和终止打印

在打印过程中，如果要暂停打印，应首先打开“打印机”窗口，然后双击当前默认的打印机图标，在打开的打印机窗口中，选中正在打印的文件，然后单击右键，在打开的快捷菜单中选择“暂停打印”命令，如图 1-80 所示。如果在打开的快捷菜单中选择“取消打印”，则可取消打印文档。

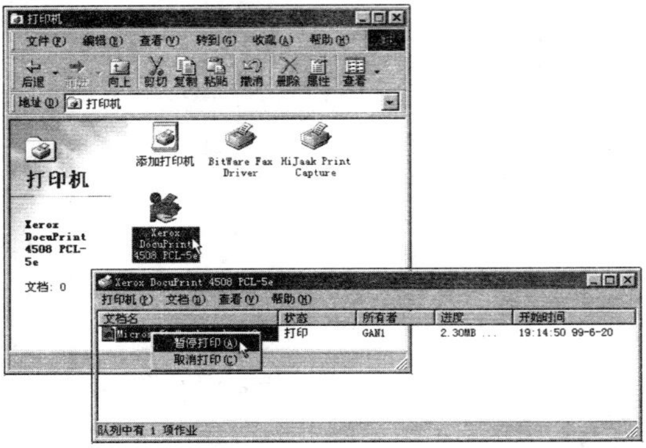

图 1-80　控制打印

如果用户使用的是后台打印，用户只需双击任务栏上的打印机图标即可取消正在进行的打印作业。此外，单击任务栏上的打印机图标，在弹出的“打印机”对话框中选择“清除打印作业”命令，也可立刻取消打印作业。不过即使打印状态信息在屏幕上消失了，打印机还会在终止打印命令发出前打印出几页内容，这是因为许多打印机都有自己的内存（缓冲区）。用户可以查看一下自己的打印机，并找到快速清除其内存的方法。

第 2 章　电子表格制作与应用

Excel 2002 也是 Office XP 软件包中重要的办公软件之一，主要用于制作电子表格。Excel 2002 具有人工智能特性，可以对各种问题提供针对性很强的帮助和指导；具有强大的数据综合管理与分析功能，可以把数据用各种统计图的形式形象地表示出来；提供了丰富的函数和强大的决策分析工具，可以简便快捷地进行各种数据处理、统计分析和预测决策分析等。

2.1　初识 Excel 2002

在本节中，我们首先向读者简要介绍 Excel 2002 的操作界面、一些基本概念，例如工作簿、工作表和单元格等。

2.1.1　熟悉 Excel 界面

图 2-1 是 Excel 2002 启动后的工作界面。由该图可以看出，Excel 2002 的窗口中主要包括标题栏、菜单栏、工具栏、编辑栏、工作簿窗口、任务窗格与状态栏等。有关这些组成元素的作用，已在前面进行了介绍，故此处不再加以说明。下面只对工作簿窗口进行简单的介绍。

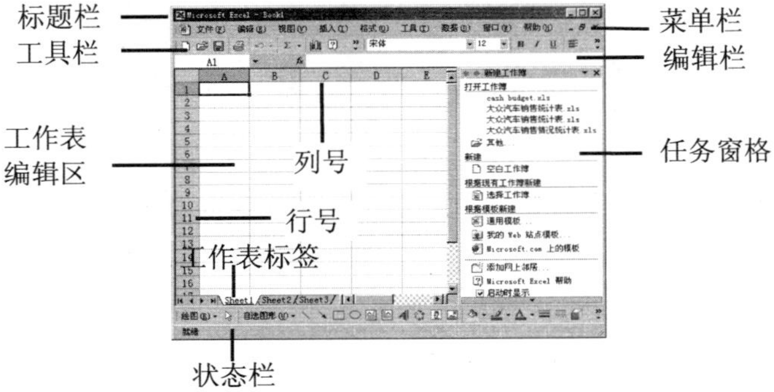

图 2-1　Excel 2002 启动界面

工作簿窗口位于 Excel 2002 窗口的中央区域，它由若干个工作表构成。当启动 Excel 2002 时，系统将自动打开一个名为 Book1 的工作簿窗口。默认情况下，工作簿窗口处于最大化状态，与 Excel 2002 窗口重合。单击菜单栏中右侧的“还原窗口”按钮🗗，将使工作簿窗口处于还原状态，此时菜单栏右侧的三个按钮就会消失，如图 2-2 所示。

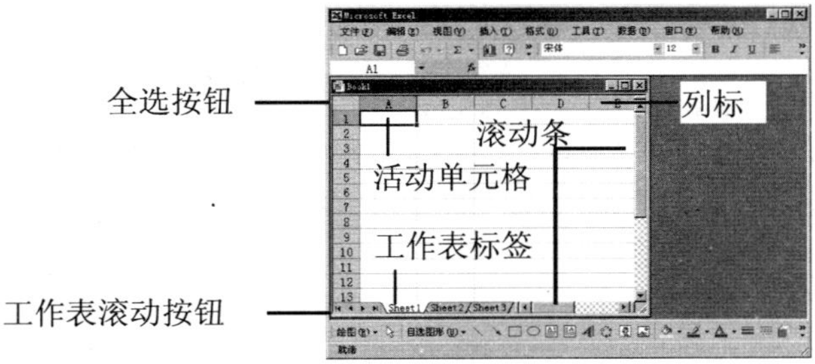

图 2-2　Excel 2002 启动界面

从上图可以看出，工作簿窗口主要由工作表、工作表标签以及滚动条等组成。

2.1.2　工作簿与工作表

Excel 中用于保存表格内容的文件被称为工作簿，其扩展名为.xls。每一个工作簿可包含若干个工作表，默认情况下包括了 3 个工作表。在 Excel 中，创建、打开和保存工作簿的方法与操作 Word 文档的方法完全相同。例如，用户可根据工作簿模板创建新工作簿，或将某些常用的工作簿保存为模板等。

工作表位于工作簿窗口的中央区域，由行号、列标和网格线构成。工作表也称作电子表格，它是 Excel 用来存储和处理数据的最主要的文档。

位于工作表左侧的灰色编号区为各行行号，位于工作表上方的灰色字母区为各列列标。每一个工作表是由 65536 行和 256 列组成。行和列相交形成单元格，它是存储数据和公式及进行运算的基本单位。Excel 用列标、行号来表示某个单元格，例如，C3 代表第 3 行第 C 列处的单元格。

在工作表中，其中有一个单元格由粗边框线包围（如 2.2.1 小节中第 2 个图中的 A1），该单元格称为当前单元格或活动单元格，并且其对应的行号和列标以不同的颜色显示。如果想使某单元格成为当前单元格，只要用鼠标单击它即可。在当前单元格粗边框的右下角有一个小黑方块，称为填充柄，通过拖动此填充柄可以自动填充单元格数据。在第一次拖动填充柄后，在其右下角就会出现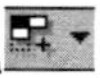图标。在此图标的右边有一黑色下三角符号，单击就会弹出如图 2-3 所示的菜单，用户可根据需要选择填充方式。

此外，单击某行“行号”按钮，可选定该行的所有单元格；单击某列“列标”按钮，可选定该列的所有单元格；单击左上角行号和列标相交处的“全选”按钮，可选定整个工作表。

图 2-3　选定单元格

提示

※ 默认情况下，工作表带有淡灰色的网格线，它只用于辅助编辑，而在打印时不显示。如果想取消网格线，可选择“工具”|“选项”菜单，在打开的“选项”对话框中选择“视图”选项卡，并在该选项卡中取消“网格线”复选框的选取。

2.1.3　工作表标签

工作表标签位于工作簿窗口的底端，用来表示工作表的名称。通过单击某个标签，可以指定相应的工作表为当前工作表，当前工作表标签以白底黑字含下划线显示。如 2.2.2 小节中的图的当前工作表标签为 Sheet1。

此外，当工作簿中含有较多的工作表时，单击标签左侧的滚动按钮，可以滚动显示不同的工作表标签，而向左或向右拖动标签右侧的分隔条可减少或增加显示的标签个数。

2.2　输入数据与公式

Excel 2002 是以工作表方式进行数据运算和数据分析的，因此，要使用 Excel 处理数据，应首先创建或打开工作簿，将需要处理的数据、有关的计算公式等输入到工作表中，然后根据要求完成相应的数据运算和数据分析工作。

2.2.1　输入数据与公式

要在指定的单元格中输入数据，应首先单击选定该单元格，然后输入数据。例如，启动 Excel 时，系统将自动创建一个名为 Book1 的空工作簿。在当前工作表 Sheet 1 中，用鼠标单击单元格 D1，输入“工资表”，则输入的内容出现在单元格 D1 中。同时，编辑栏中也显示输入的内容，如图 2-4 所示。

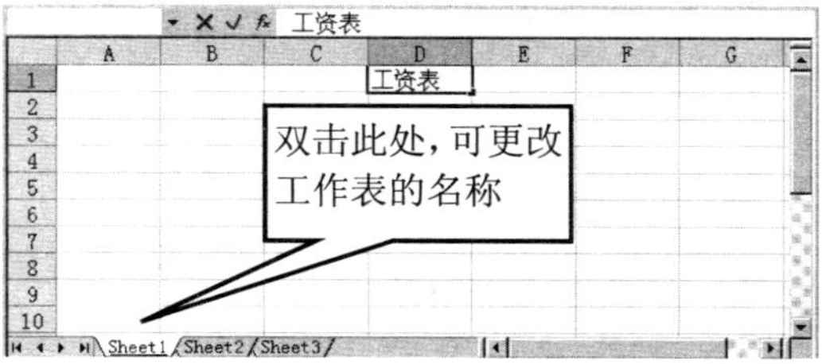

图 2-4　输入内容

如果输入有错，可以按 Back Space 键将其删除，再重新输入。输入或编辑完一个单元格的内容后，可按回车键确认，同时当前单元格自动下移；也可以单击编辑栏中的输入按钮 ✓ 加以确认，此时当前单元格不变。当然，也可以单击编辑栏中的取消按钮 ✕ 取消本次输入。

1．输入数值型数据

在 Excel 中，数值型数据是使用最多，也是最为复杂的数据类型。数值型数据由数字 0~9、正号、负号、小数点、分数号/、百分号%、指数符号 E 或 e、货币符号￥或$、千位分隔号等组成。输入数值型数据时，Excel 自动将其沿单元格右边对齐。

（1）输入数字

输入正数时，可直接将数字输入到单元格内。如果要输入负数，必须在数字前加负号-，或给数字加上圆括号。例如，输入-65 和（65）都可在单元格中得-65。

如果要输入分数（如 1/5），应先输入 0 和一个空格，然后输入 1/5。如果不输入 0，Excel 会把该数据当作日期格式处理，存储为“1 月 5 日”。

如果要输入百分数数据，可以直接在数值后输入百分号%。例如，要输入 50%，应先输入 50，然后输入%。

如果要输入小数，一般可以直接在指定的位置输入小数点即可。当输入的数据量较大，且都具有相同的小数位数时，可以利用“自动设置小数点”功能来进行设置，其操作步骤如图 2-5 所示。

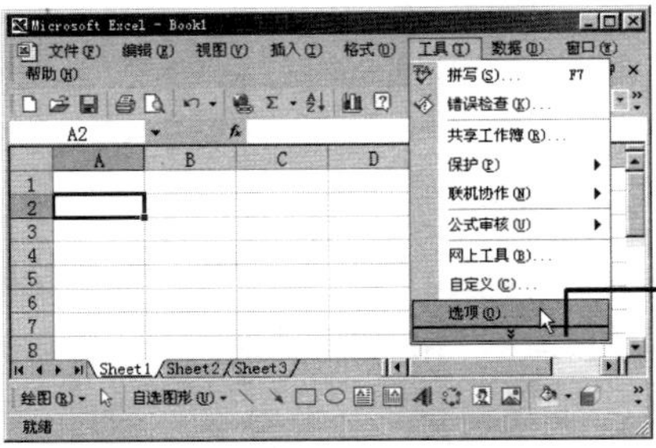

1 选择“工具”|“选项”菜单，打开“选项”对话框

2 选择“编辑”选项卡

3 选中“自动设置小数点”复选框，并在“位数”框中输入所需的位数。例如，输入“3”

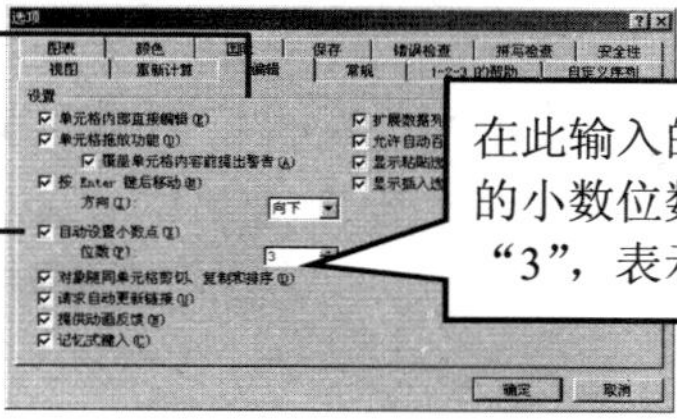

在此输入的数字表示保留的小数位数。例如，输入“3”，表示保留3位小数

4 单击“确定”按钮

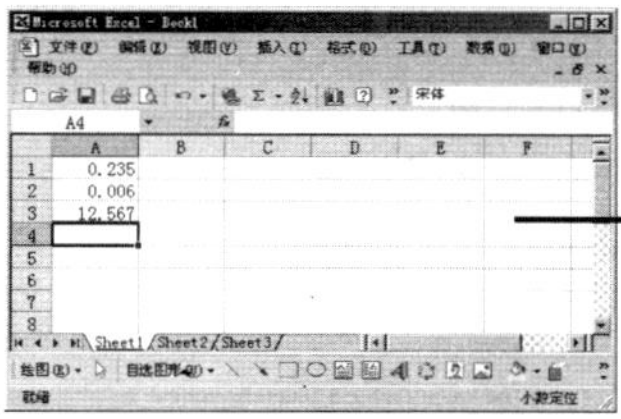

5 在单元格中分别输入235、6、12567，即可变成0.235、0.006、12.567，这样可以免去输入小数点的麻烦

图 2-5　自动设置小数位

提示

※ 一旦设置了小数预留位置，这种格式将始终保留，直到取消“自动设置小数点”复选框为止。另外，如果输入的数据量较大，且后面有相同的零的个数，则可在大数字后自动添零。方法是在“选项”对话框的“编辑”选项卡中的“位数”框中指定一个负数作为需要的零的个数。例如，在“位数”框中输入-2，然后分别在3个单元格中输入36、480和8，则会自动变为3600、48000和800。

（2）输入日期和时间

日期和时间的输入与前面介绍的数字输入不同。Excel 规定了严格的输入格式，如果 Excel 能够识别出所输入的是日期和时间，则单元格的格式将由“常规”数字格式变为内部的日期或时间格式。如果 Excel 不能识别出当前输入的日期或时间，则作为文本处理。

输入日期的操作步骤如图 2-6 所示。

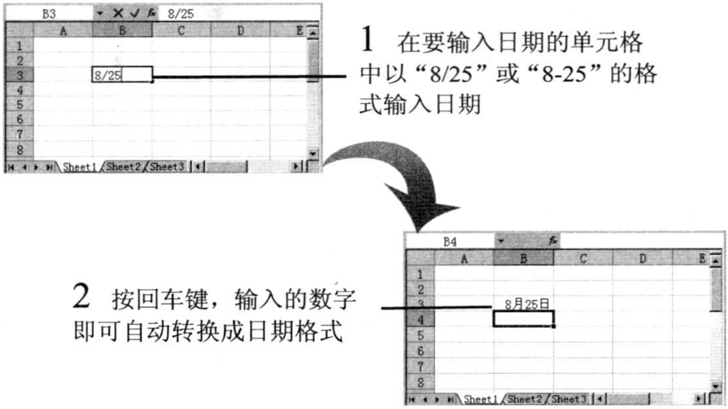
B3
8/25
8/25
1 在要输入日期的单元格中以“8/25”或“8-25”的格式输入日期
B4
8月25日
2 按回车键，输入的数字即可自动转换成日期格式
Sheet1
Sheet2
Sheet3

图 2-6 输入日期

如果以 2002/8/25 的格式输入日期，则系统会以默认的日期表示法之一 2002-8-25 来表示日期。

输入时间时，小时与分钟或秒之间用冒号分隔。若想表示上午或下午，可在输入的时间后面加上 AM 或 PM。例如，输入 3：15：06 PM。也可采用 24 小时制表示时间，即把下午的小时时间加 12。例如，输入 15：15：06。

此外，除了默认的日期、时间格式外，Excel 还提供了许多种时间格式来让用户选择。只要在输入了日期或时间的单元格上单击鼠标右键，从弹出的快捷菜单中选择“设置单元格格式”菜单，打开“单元格格式”对话框，并在该对话框中进行如图 2-7 所示的选择，即可改变日期或时间的格式。

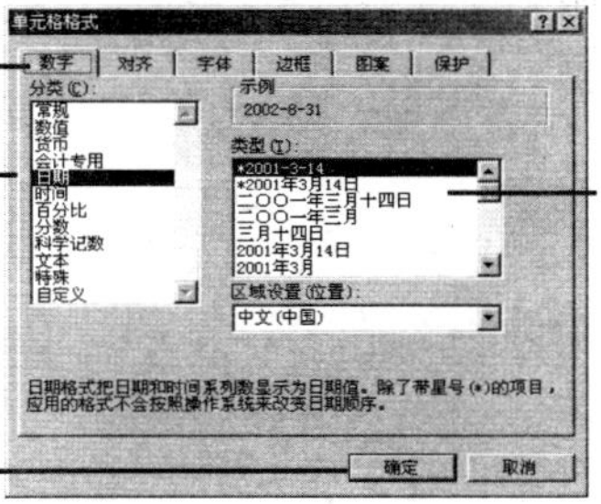

图 2-7　选择日期格式

※ 日期和时间都可以进行加减运算。

2. 输入字符型数据

字符型数据是由字母、汉字或其他字符开头的数据。例如，表格中的标题、名称等。默认情况下，字符型数据沿单元格左边对齐。在 Excel 中，每个单元格最多可包含 32 000 个字符。

如果数据全部由数字组成，例如，邮政编码、学号等，输入时应在数据前输入单引号“'”（如'200 125），Excel 就会将其看作是字符型数据，将它沿单元格左边对齐。

当用户输入的文字过多，超过了单元格宽度，会产生两种结果：

➢ 如果右边相邻的单元格中没有任何数据，则超出的文字会显示在右边相邻单元格中，如图 2-8 所示。

> ➢ 如果右边相邻的单元格已存储数据，那么超出单元格宽度的部分将不显示，如图 2-9 所示。没有显示的部分仍然存在，只要加大列宽或以折行的方式格式化该单元格之后，就可以看到全部的内容。

3. 输入公式

Excel 具有非常强大的计算功能，为用户分析和处理工作表中的数据提供了极大的方便。在公式中，可以对工作表数值进行加、减、乘、除等运算。只要输入正确的计算公式之后，就会立即在单元格中显示计算结果。如果工作表中的数据有变动，系统会自动将变动后的答案算出，使用户能够随时观察到正确的结果。

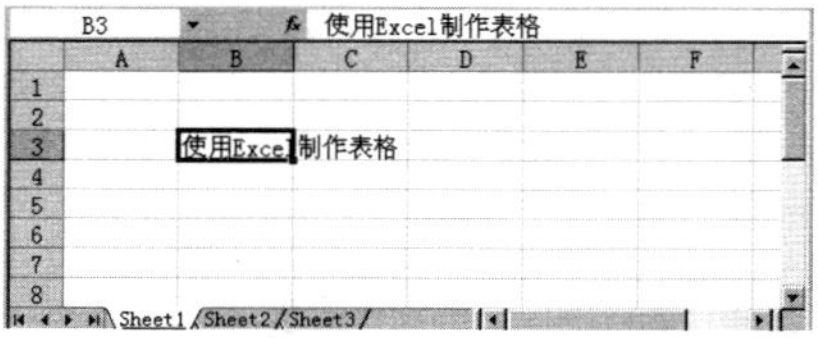

图 2-8　文字越出单元格

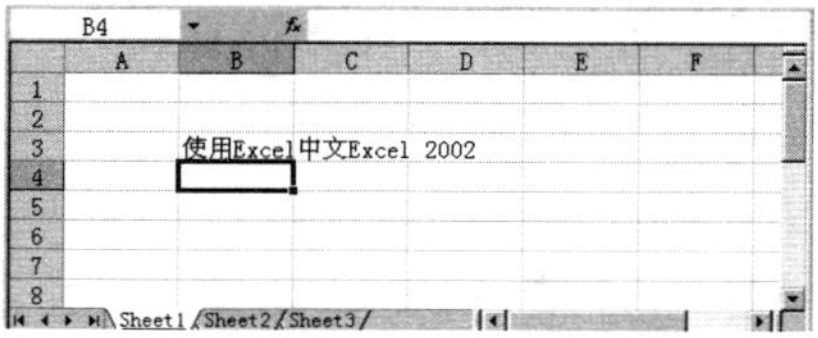

图 2-9　不显示越出内容

公式以一个等号“=”作为开头，在一个公式中可以包含有各种运算符、常量、变量、函数以及单元格引用等。

（1）公式中的运算符

运算符用于对公式中的元素进行特定类型的运算，分为算术运算符、文本运算符、比较运算符和引用运算符四类。

① 文本运算符

文本运算符只有一个是&，利用&可以将文本连接起来，其操作步骤如图 2-10 所示。

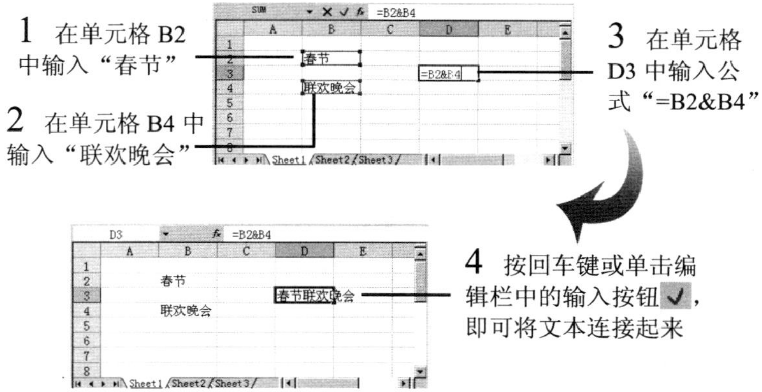
1 在单元格 B2 中输入“春节”
2 在单元格 B4 中输入“联欢晚会”
3 在单元格 D3 中输入公式“=B2&B4”
4 按回车键或单击编辑栏中的输入按钮，即可将文本连接起来
=B2&B4
春节
联欢晚会
春节联欢晚会
Sheet1 Sheet2 Sheet3

图 2-10 使用文本运算符

② 算术运算符和比较运算符

算术运算符可以完成基本的数学运算，如加、减、乘、除等，还可以连接数字并产生数字结果。比较运算符可以比较两个数值并产生逻辑值，即其值只能是 TRUE 和 FALSE 二者之一。表 2-1 列出了算术运算符和比较运算符的含义及示例。

表 2-1 算术运算符和比较运算符

算术运算符	含 义	示 例	比较运算符	含 义	示 例
+	加	8+4	=	等于	B1=C1
−	减	8−4	<	小于	B1< C1
*	乘	8*4	>	大于	B1>C1

（续表）

算术运算符	含　义	示　例	比较运算符	含　义	示　例
/	除	8/4	<>	不等于	B1<>C1
%	百分号	8%	<=	小于等于	B1<=C1
^	乘幂	8^2	>=	大于等于	B1>=C1

③ 引用运算符

引用运算符可以将单元格区域合并计算，它包括冒号、逗号和空格。表 2-2 列出了引用运算符的含义及示例。

表 2-2　引用运算符

引用运算符	含　义	示　例
:（冒号）	区域运算符，对两个引用之间，包括两个引用在内的所有单元格进行引用	A1:A4
,（逗号）	联合运算符，将多个引用合并为一个引用	SUM（A1:A4，B2:C4）
（空格）	交叉运算符，产生对同时隶属于两个引用的单元格区域的引用	SUM（B5:B15 A7:D4）

（2）公式中的运算顺序

如果在公式中同时使用了多个运算符，Excel 将自动按照运算符的优先级进行运算。算术运算符的优先级是先乘幂运算，再乘、除运算，最后为加、减运算。相同优先级的运算符按从左到右的次序进行运算。

如果公式中出现不同类型的运算符混用时，运算次序是：引用运算→算术运算→文本运算→比较运算。如果要改变计算次序，可把公式中要先计算的部分加上圆括号。

例如，（8-3）*8/2^3 = 5*8/2^3

= 5*8/8

= 40/8

= 5

（3）公式的输入

输入公式的操作类似于输入文字。用户可以在编辑栏中输入公式，也可以在单元格里直接输入公式。其中，在单元格中输入公式的操作步骤如图 2-11 所示。

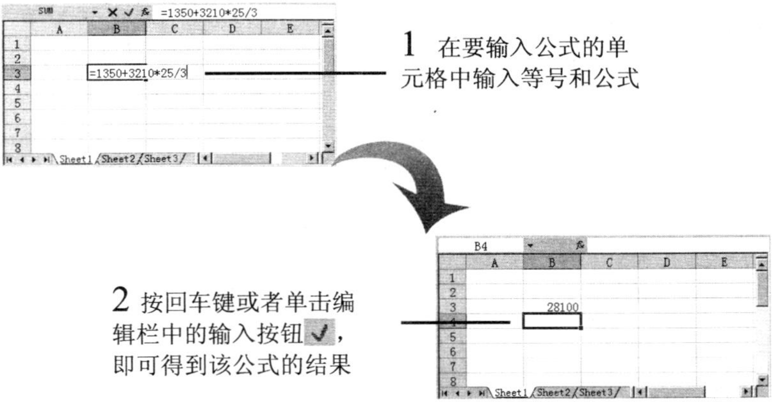
=1350+3210*25/3
1 在要输入公式的单元格中输入等号和公式
B4
28100
2 按回车键或者单击编辑栏中的输入按钮，即可得到该公式的结果

图 2-11 输入公式

提示

※ 如果输入的公式包含函数，用户可单击编辑栏中的的函数按钮 f_x，打开“插入函数”对话框。它有助于用户输入工作表函数以及编辑公式。

4. 单元格引用

单元格引用代表工作表的单元格或单元格区域，并指明公式中所使用的数据的位置。通过单元格引用，可以在公式中使用工作表不同部分的数据，或者在多个公式中使用同一单元格或区域的数值。还可以引用同一个工作簿不同工作表的单元格或区域、不同工作簿的单元格或区域、甚至其他应用程序中的数据。根据处理的需要可以采用相对引用、绝对引用和混合引用三种方法来标识。

（1）相对引用

单元格相对引用是指用单元格所在的列标和行号作为其引用。例如，B6 引用了第 B 列与第 6 行交叉处的单元格。

相对引用的特点：将相应的计算公式复制或填充到其他单元格时，其中的单元格引用会自动随着移动的位置相对变化。例如，将 A5 单元格的公式=SUM（A1：A4）（等价于=A1+A2+A3+A4）复制到单元格 B5、C6 中，其公式内容会相应地变为=SUM（B1：B4）、=SUM（C2：C5）。当用户需要大量使用类似的公式时，可以使用相对引用，先输入一个公式，然后将公式复制到其他的相应单元格即可。

例如，先在单元格区域 B2：B6 分别输入 20、54、10、5、42，在 C2：C6 中分别输入 32、12、51、47、58。然后在单元格 B7 中输入公式=SUM（B2：B6），最后单击编辑栏中的输入按钮 ✓，结果如图 2-12 所示。

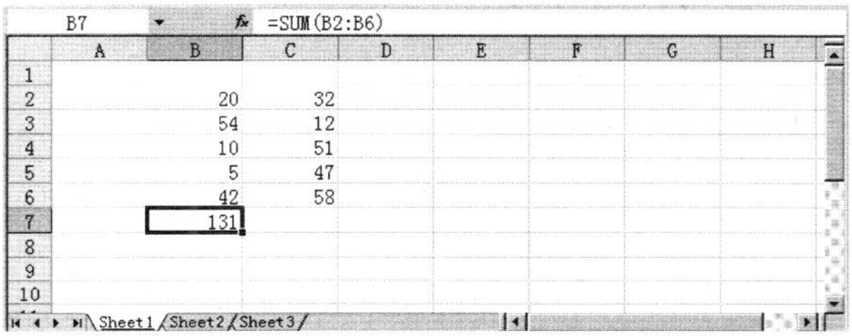

图 2-12　使用求和公式

如果先单击图 2-12 中单元格 B7，然后单击常用工具栏中的“复制”按钮，可将公式复制下来，此时单元格 B7 四周出现虚边框。再单击单元格 C7，单击“常用”工具栏中的“粘贴”按钮，即可将公式粘贴过来，如图 2-13 所示。

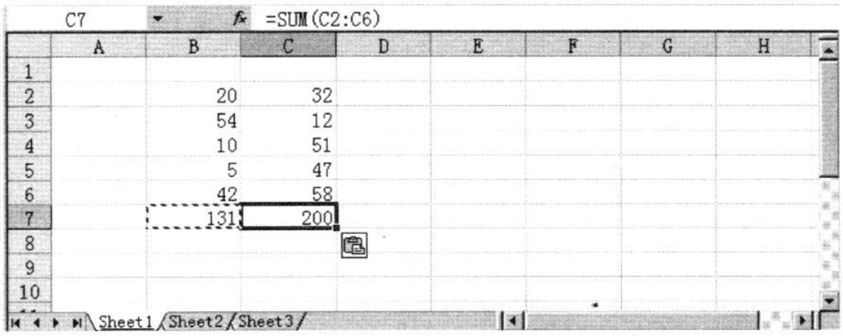

图 2-13　粘贴公式

可以看出，由于公式从 B7 复制到 C7，即位置向右移动了一列，因此公式中的相对引用也相应地从 B2：B6 改变为 C2：C6。

提示

※ 按 Esc 键可清除单元格四周的虚边框。

使用单元格区域相对引用时，由单元格区域的左上角单元格相对引用和右下角单元格相对引用组成，中间用冒号分隔。例如，B3：F5 表示以单元格 B3 为左上角，以单元格 F5 为右下角的矩形区域。

（2）绝对引用

所谓绝对引用，就是在列标和行号前分别加上符号$。例如，$B$2 表示单元格 B2 绝对引用，而$B$2：$E$5 表示单元格区域 B2：E5 绝对引用。

绝对引用与相对引用的区别如下：

复制公式时，若公式中使用相对引用，则单元格引用会自动随着移动的位置相对变化；若公式中使用绝对引用，则单元格引用不会发生变化。

例如，我们把前面相对引用图中的单元格 B7 的公式改为 =SUM($B$2:$B$6)，然后将该公式复制到单元格 C7 中，结果如图 2-14 所示。

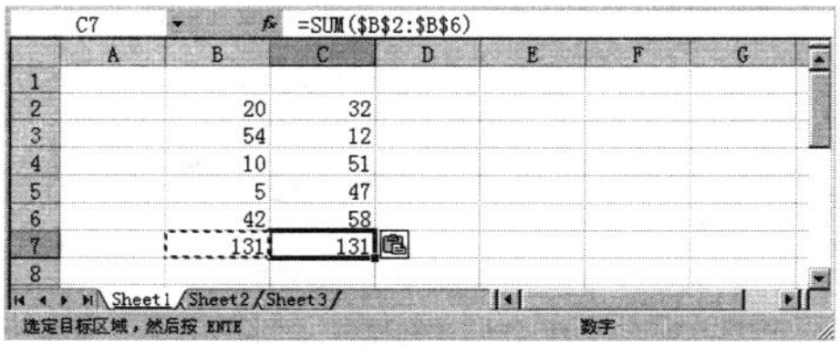

图 2-14　参数在粘巾过程上自动变化

（3）混合引用

单元格混合引用是指“行”采用相对引用而“列”采用绝对引用；或“行”采用绝对引用而“列”采用相对引用。例如，$A2、A$2 均为混合引用。

例如，我们把前面相对引用图中的单元格 B7 的公式改为

=SUM($B2+$B3+B4+B5+B6)，然后将公式复制到单元格 C8 中，结果如图 2-15 所示。

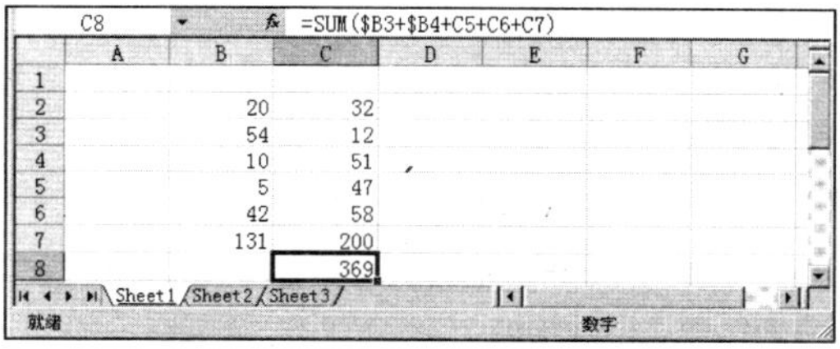

图 2-15　混合引用

从上图可以看出，由于单元格 B2 和 B3 使用了混合引用，当复制到单元格 C8 时，公式相应改变为“=SUM($B3+$B4+C5+C6+C7)”。此时由于$B2、$B3 中的列号为绝对引用，故列号不变，而行号为相对引用，故行号被改变。

实际上，在使用 Excel 的过程中，由于相关的公式都是位于同一行或是同一列，一个公式的复制或填充都是按行或按列进行，因此混合引用是非常方便的。

※ 有时为了引用更加方便，可以给单元格或单元格区域命名或创建行（或列）标志。方法是：先选定要命名或创建行（或列）标志的单元格或单元格区域，单击“插入”菜单，选择“名称”命令，然后选择“定义”或“标志”子命令即可完成相应的工作。名称和标志都表示绝对引用。

5. 设置数据输入限制条件

在建立工作表的过程中，有些单元格中输入的数据没有限制，而有些单元格中输入的数据具有有效范围。为了保证输入的数据都在其有效范围内，用户可以使用 Excel 提供的“有效数据”命令为单元格设置条件。

（1）给单元格或区域设置数据有效范围

在 Excel 中，单元格的默认有效数据为任何数值。在实际工作中，我们常常需要给一些单元格或区域定义有效数据范围，其操作步骤如图 2-16 所示。

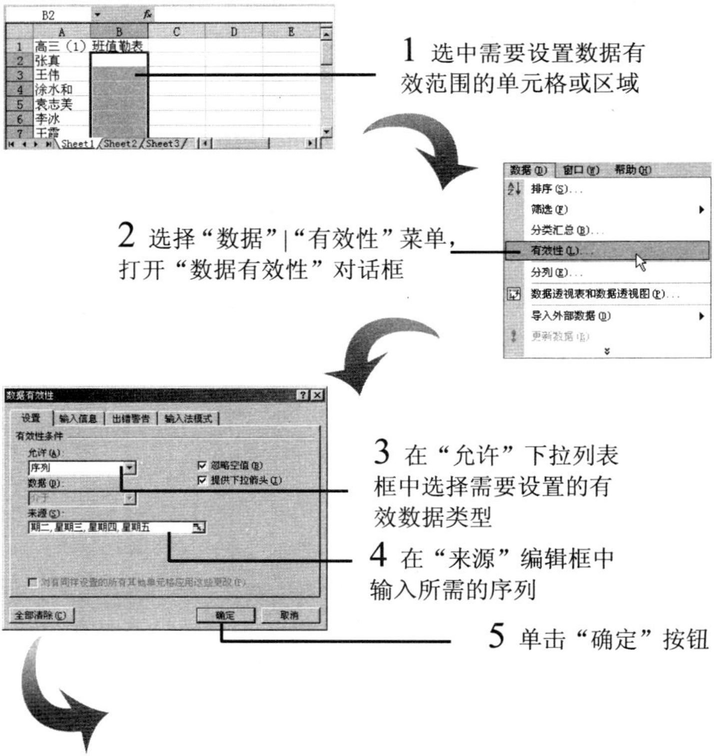
1 选中需要设置数据有效范围的单元格或区域
2 选择“数据”|“有效性”菜单，打开“数据有效性”对话框
3 在“允许”下拉列表框中选择需要设置的有效数据类型
4 在“来源”编辑框中输入所需的序列
5 单击“确定”按钮

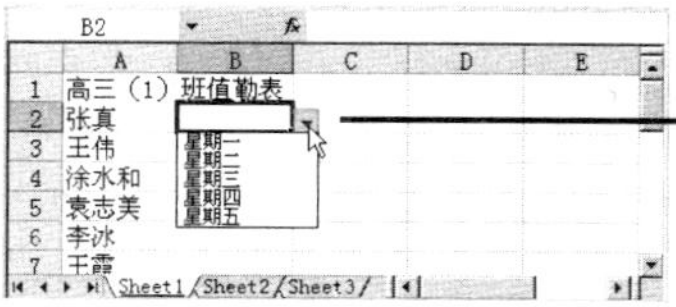

6 单击被设置了有效数据范围的单元格或区域，并单击其旁边的下三角按钮，然后从给出的有效数据列中选择一个所需的数据

图 2-16　设置限制条件

※ 如果用户在被设置了有效数据范围的单元格或区域中输入了其他数据（有效数据以外），Excel 将发出警告。

（2）给单元格或区域设置输入信息

在给单元格或单元格区域设置了有效数据范围后，我们便不能在其中输入超出数据范围的数据。而有时会忘记所设置的数据范围，对于这种情况，如果给单元格或单元格区域设置了输入信息，就可以根据输入信息的提示来向其中输入数据，其操作步骤如图 2-17 所示。

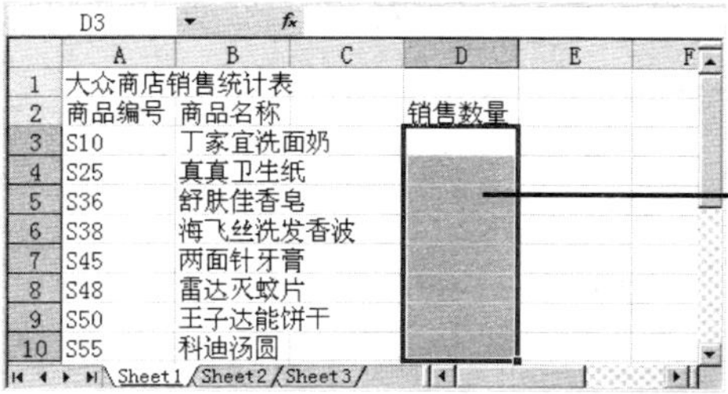

1 选中需要显示信息的单元格或区域

2 选择“数据”|“有效性”菜单，打开“数据有效性”对话框

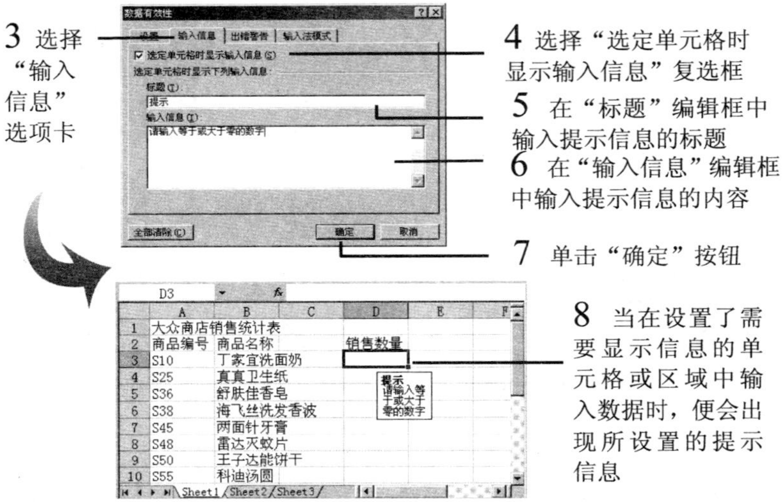

图 2-17　设置输入提示

若要清除某些单元格或单元格区域的有效数据范围或提示信息，只需选中设有有效数据范围或提示信息的单元格，然后选择“数据”|“有效性”菜单，在打开的“数据有效性”对话框中单击“全部清除”按钮，再单击“确定”按钮即可，如图 2-18 所示。

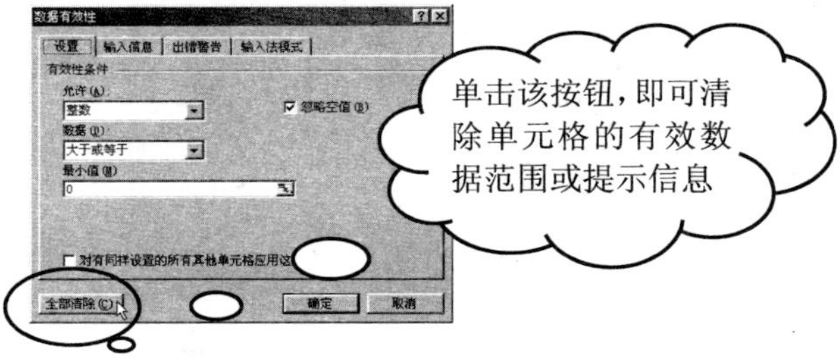

图 2-18　清除提示设置

2.2.2　自动填充数据

在输入数据和公式的过程中，如果输入的数据具有某种规律，用户可以通过拖动当前单元格填充柄，或使用“编辑”菜单中的“填充”命令以各种方式来自动填充数据。

1. 以相同的数据填充相邻的单元格

如果使用“编辑”菜单中的“填充”命令来填充相同的数据，则可按如图 2-19 所示的步骤进行。

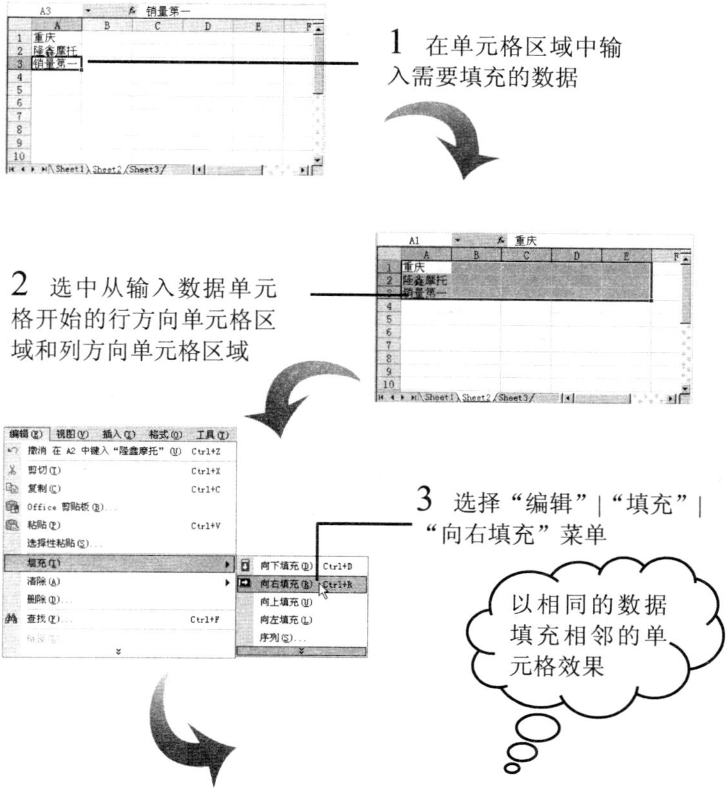
1 在单元格区域中输入需要填充的数据
2 选中从输入数据单元格开始的行方向单元格区域和列方向单元格区域
3 选择“编辑”|“填充”|“向右填充”菜单
以相同的数据填充相邻的单元格效果

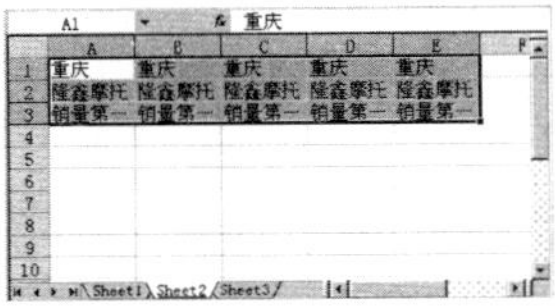

图 2-19　填充相邻单元格

如果要使用单元格填充柄来填充相同的数据，可按如图 2-29 所示的步骤进行。

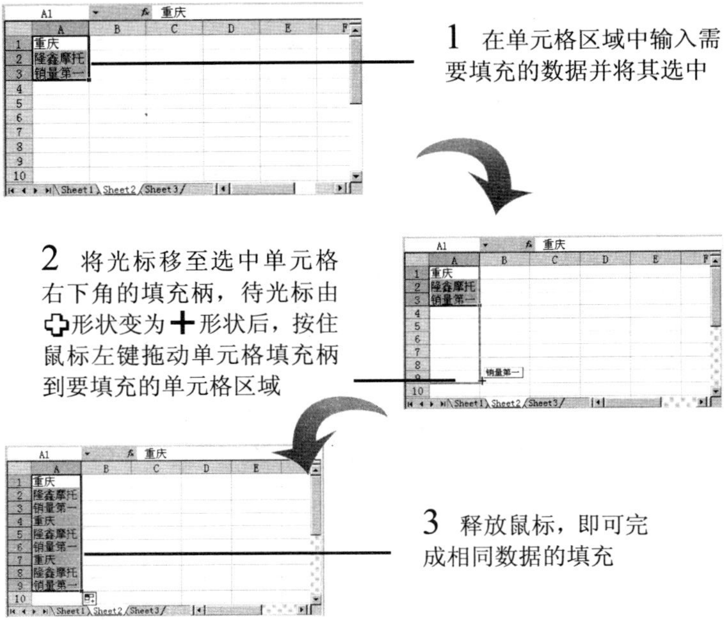
1 在单元格区域中输入需要填充的数据并将其选中
2 将光标移至选中单元格右下角的填充柄，待光标由✚形状变为＋形状后，按住鼠标左键拖动单元格填充柄到要填充的单元格区域
3 释放鼠标，即可完成相同数据的填充

图 2-20　使用自动填充

※ 使用单元格填充柄来填充相同的数据时，如果数据是日期、时间、星期等，则必须在拖动单元格填充柄的同时按住 Ctrl 键。

2. 数据序列的自动填充

在 Excel 中，用户除了可以在相邻单元格中填充相同数据外，还可使用自动填充功能快速输入具有某种规律的数据序列。

（1）时间和日期等可扩展序列的自动填充

如果在起始单元格中包含 Excel 可扩展序列中的数字、日期或时间段，那么在使用单元格填充柄进行填充操作时，相邻单元格的数据将按序列递增或递减方式填充。例如，若在起始单元格中输入“一月”，那么使用填充功能可快速在相邻单元格中填入“二月，三月，四月，…”等。

Excel 可扩展序列是 Microsoft Excel 提供的默认自动填充序列，包括数字、日期、时间以及文本数字混合序列等。25

25

列出了部分 Excel 可扩展序列。

表 2-3　部分 Excel 可扩展序列

初始值	扩展序列
8:00	9:00，10:00，11:00，…
Mon	Tue，Wed，Thu，…
Jan	Feb，Mar，Apr ，…

（续表）

初始值	扩展序列
2002.8.12	2002.8.13，2002.8.14，2002.8.15，…
星期一	星期二，星期三，星期四，…
一月	二月，三月，四月，…
产品 1	产品 2，产品 3，产品 4，…
产品 1、延期交货	产品 2、延期交货，产品 3、延期交货，产品 4、延期交货，…

对于时间和日期等可扩展序列的填充，其操作步骤如图 2-21 所示。

1 在需要输入序列的单元格中输入序列的初始值，并将其选中
2 向指定方向拖动单元格区域右下角的填充柄，此时 Excel 会自动填充序列的其他值
自动填充的时间和日期序列

图 2-21 自动填充序列

（2）等差序列

对于等差序列的自动填充，可以采用输入前两个数据的方法来实现，其操作步骤如图 2-22 所示。

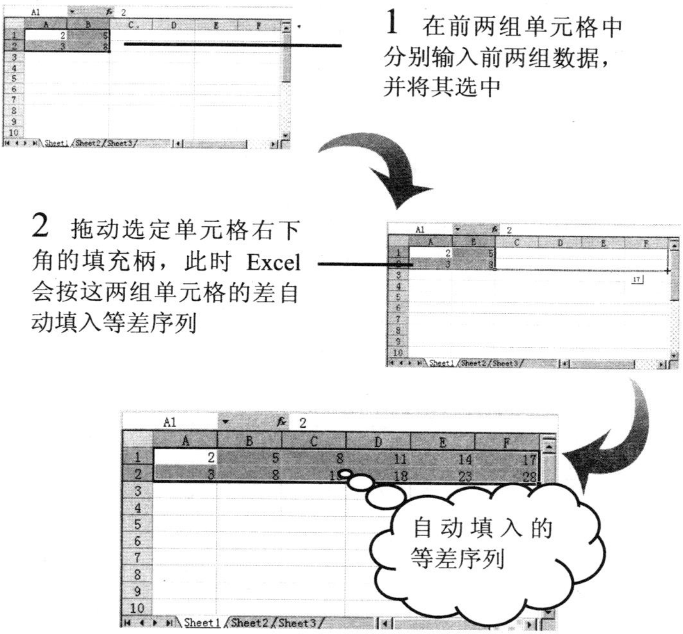
1 在前两组单元格中分别输入前两组数据，并将其选中
2 拖动选定单元格右下角的填充柄，此时 Excel 会按这两组单元格的差自动填入等差序列
自动填入的等差序列

图 2-22　自动填充等差序列

（3）等比序列

对于等比序列的自动填充，可以利用 Excel 提供的填充序列命令来实现。例如，要在单元格区域 A1：A9 中输入等比序列 5、10、20、40、80、…，可按如图 2-23 所示的步骤进行。

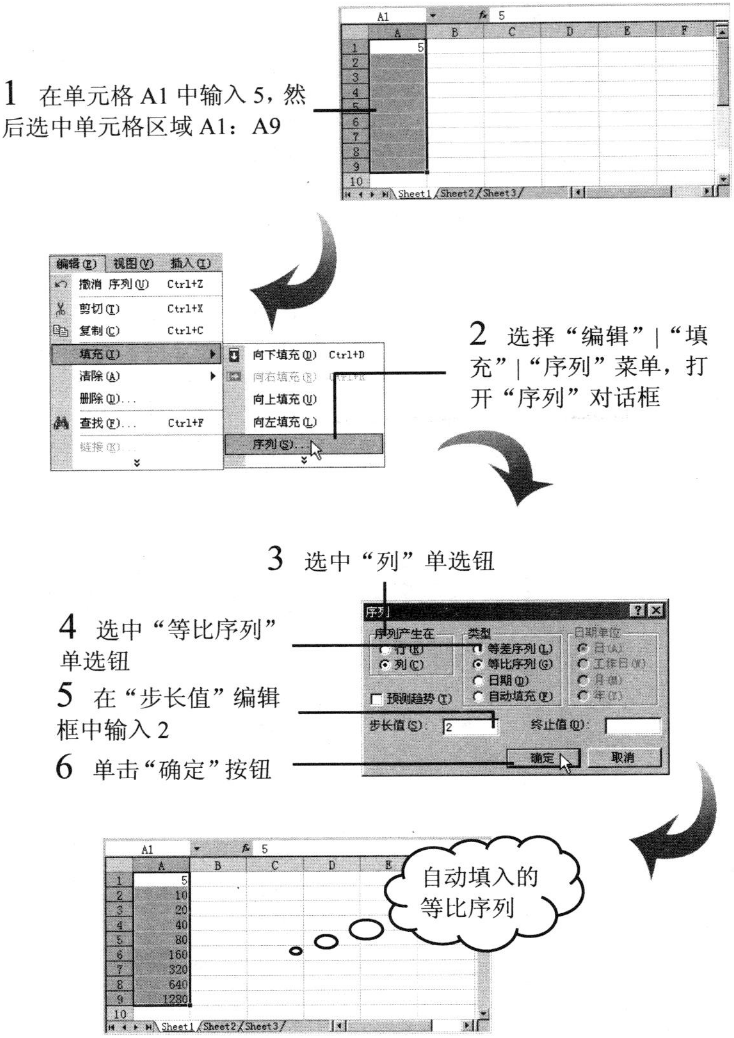
1 在单元格 A1 中输入 5，然后选中单元格区域 A1：A9
2 选择“编辑”|“填充”|“序列”菜单，打开“序列”对话框
3 选中“列”单选钮
4 选中“等比序列”单选钮
5 在“步长值”编辑框中输入 2
6 单击“确定”按钮
自动填入的等比序列

图 2-23　自动填充等比序列

提示

※ 等差序列、日期也同样可以采用填充序列命令来实现。

（4）自定义自动填充序列

在 Excel 中，还允许用户自定义自动填充序列，该序列也可以像 Excel 可扩展序列一样进行自动填充。自定义自动填充序列可采用两种方式。

如果用户已在工作表的某单元格区域中输入了某个序列，可按如图 2-24 所示的步骤将该序列添加到系统的自定义序列中。

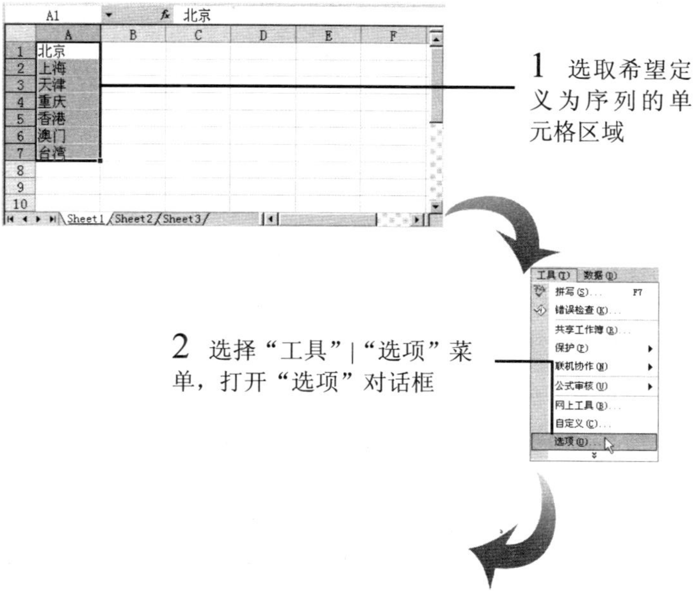

3 选择“自定义序列”选项卡

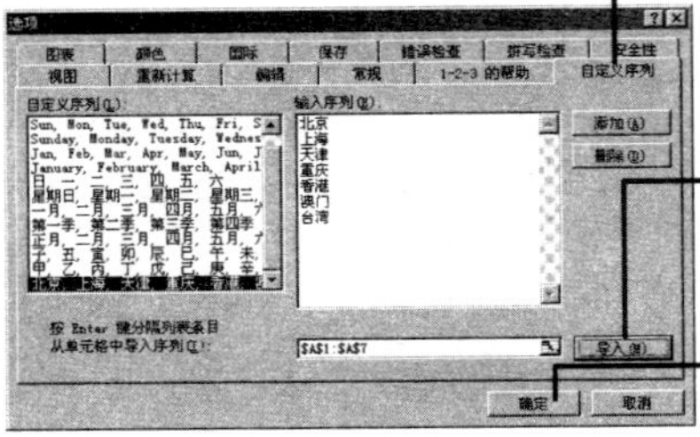

4 单击“导入”按钮，将选取的序列导入到“自定义序列”列表框中

5 单击“确定”按钮

图 2-24　设置自动填充序列

提示

※ 在自定义序列中，序列中的每一个数据的第一个字符不能是数字。

※ 如果想删除自定义序列，选择“自定义序列”列表框中想删除的序列，单击“删除”按钮即可。但是，不能删除系统内置序列。

如果用户希望利用“选项”对话框输入自定义序列，可按如图 2-25 所示的步骤进行。

自定义序列的使用方法与默认序列的使用方法完全相同。例如，当用户在上图所示的“自定义序列”列表框中添加了城市名序列“北京”、“上海”、“天津”、“重庆”、“香港”、“澳门”以及“台湾”后。当用户想在工作表中输入该序列时，只要在第一个单元格中输入“北京”，然后拖动右下角的填充柄，即可自动填充“上海”、“天津”、“重庆”、“香港”、“澳门”以及“台湾”。

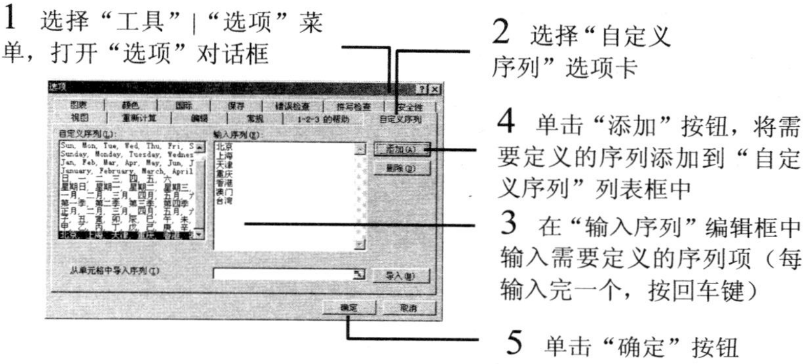
1 选择“工具”|“选项”菜单，打开“选项”对话框
2 选择“自定义序列”选项卡
4 单击“添加”按钮，将需要定义的序列添加到“自定义序列”列表框中
3 在“输入序列”编辑框中输入需要定义的序列项（每输入完一个，按回车键）
5 单击“确定”按钮

图 2-25 添加序列内容

3. 公式自动填充

与常量数据填充一样，使用填充柄也可以完成公式的自动填充。利用相对引用和绝对引用的不同特点，配合自动填充操作，可以快速地建立成批公式。

例如，图 2-25 列出了自动填充公式的示例。其中，C9 和 D9 单元格中的计算公式分别为：C3+C4+C5+C6+C7+C8 和 D3+D4+D5+D6+D7+D8。因为这些公式非常类似，因此，可使用自动填充功能快速完成公式的输入。

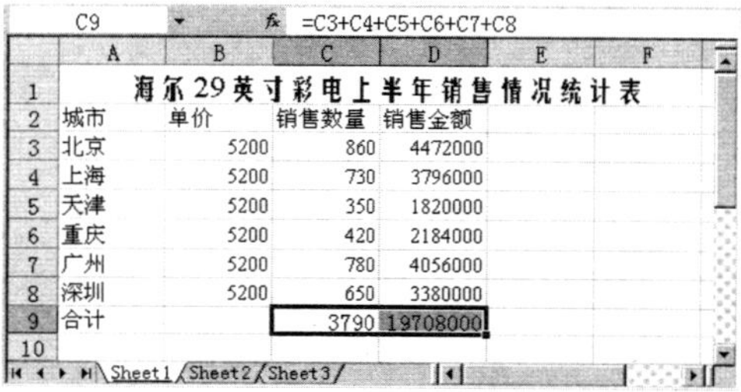
C9 =C3+C4+C5+C6+C7+C8

	A	B	C	D	E	F
1	海尔29英寸彩电上半年销售情况统计表					
2	城市	单价	销售数量	销售金额		
3	北京	5200	860	4472000		
4	上海	5200	730	3796000		
5	天津	5200	350	1820000		
6	重庆	5200	420	2184000		
7	广州	5200	780	4056000		
8	深圳	5200	650	3380000		
9	合计		3790	19708000		
10						

Sheet1 / Sheet2 / Sheet3

图 2-26 自动填充公式

使用自动填充功能快速完成公式的输入的操作步骤如图 2-27 所示。

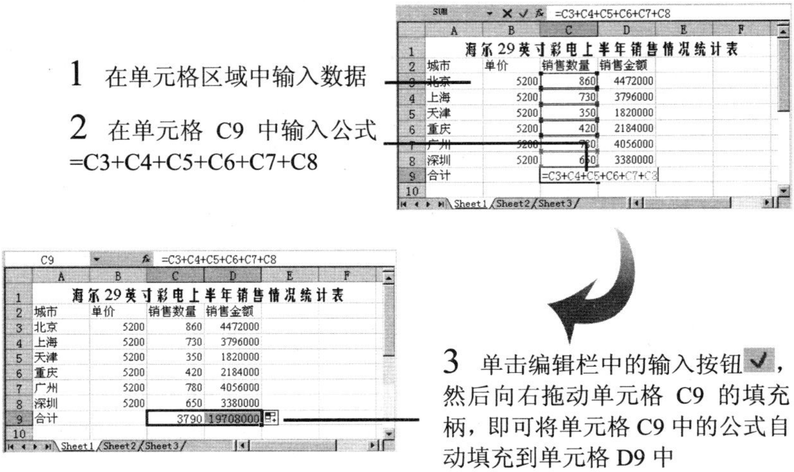
=C3+C4+C5+C6+C7+C8
海尔29英寸彩电上半年销售情况统计表
1 在单元格区域中输入数据
2 在单元格 C9 中输入公式 =C3+C4+C5+C6+C7+C8
3 单击编辑栏中的输入按钮，然后向右拖动单元格 C9 的填充柄，即可将单元格 C9 中的公式自动填充到单元格 D9 中

图 2-27 公式自动填充

2.2.3 使用函数

用户在做数据分析工作时，常常要进行大量而又繁杂的运算，Excel 提供的几百个内部函数将成为你的帮手。

每个函数由一个函数名和相应的参数组成。参数位于函数名的右侧并用括号括起来，它是一个函数用以生成新值或完成运算的信息。大多数参数的数据类型都是确定的，可以是数字、文本、逻辑值、数组、单元格引用或表达式等等。参数的具体值由用户提供。

有些函数非常简单，不需要参数。例如，用户在一个单元格中输入=TODAY（），Excel 就会在单元格里显示当天的日期。当用户每次打开包含该函数的工作表时，单元格中的日期就会更新。

如果函数以公式形式出现，则必须在函数名前键入等号=。此外，有些函数在使用时，必须按要求输入有效数据。例如，要计算一笔贷款的每月还款数目，用户在使用函数 PMT（rate，nper，pv，fv，type）时，必须按顺序正确输入利率、贷款期数、现值、未来值和借贷类型等有效数据。

1. 函数的分类

Excel 提供了丰富的函数，按照其功能可以分为以下几类：

- 数据库函数：分析和处理数据清单中的数据。
- 日期与时间函数：在公式中分析和处理日期值和时间值。
- 统计函数：对数据区域进行统计分析。
- 逻辑函数：用于进行真假值判断或者进行复合检验。
- 信息函数：用于确定保存在单元格中的数据类型。
- 查找和引用函数：对指定的单元格、单元格区域返回各项信息或运算。
- 数学和三角函数：处理各种数学计算。
- 文本函数：用于在公式中处理文字串。
- 财务函数：对数值进行各种财务运算。
- 工程函数：对数值进行各种工程上的运算和分析。

表 2-4 列出了 Excel 提供的常用函数。

表 2-4　Excel 提供的常用函数

函　数	格　式	功　能
SUM	=SUM(number1,number2,...)	返回单元格区域中所有数字的和
AVERAGE	=AVERAGE(number1 ,number2 ,...)	计算所有参数的算术平均值

(续表)

函　数	格　式	功　能
IF	=IF(logical_test,value_if_true,value_if_false)	执行真假值判断，根据对指定条件进行逻辑评价的真假，而返回不同的结果
HYPERLINK	=HYPERLINK(link-_location,friendly_name)	创建快捷方式，以便打开文档或网络驱动器，或连接 Internet
COUNT	=COUNT (value1,value2, …)	计算参数表中的数字参数和包含数字的单元格的个数
MAX	=MAX(number1,number2, …)	返回一组参数的最大值，忽略逻辑值及文本字符
SIN	=SIN(number)	返回给定角度的正弦值
SUMIF	=SUMIF(range,criteria,sum_range)	根据指定条件对若干单元格求和
PMT	=PMT(rate,nper,pv,fv,type)	返回在固定利率下，投资或贷款的等额分期偿还额
STDEV	=STDEV(number1,number2, …)	估算基于给定样本的标准方差

2. 输入函数

Excel 提供了两种输入函数的方法，一种是直接输入法，另一种是使用“插入函数”命令输入函数。

（1）直接输入法

如果用户对某些函数非常熟悉，可采用直接输入法，其操作

步骤如图 2-28 所示。

2　单击编辑栏中的输入按钮✓或按回车键，此时在输入函数的单元格中将显示公式运算结果

1　单击要输入函数的单元格，然后依次输入等号、函数名、左括号、具体参数、右括号

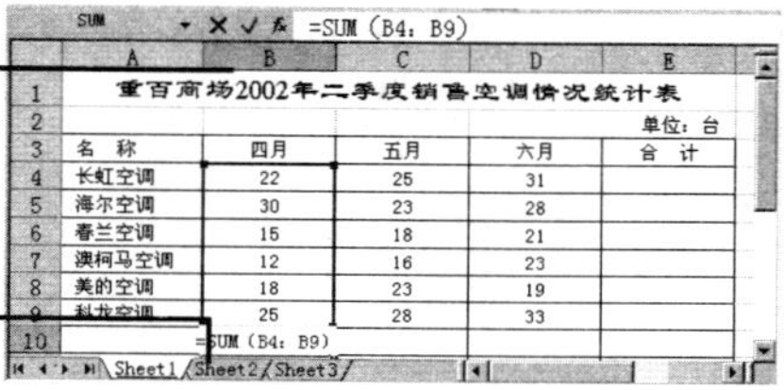

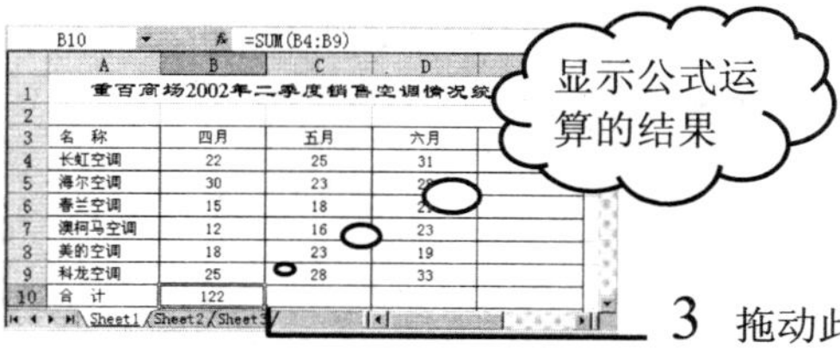

3　拖动此填充柄计算出其他月份的总和

4　根据同样的方法，计算出各种空调二季度的销售台数和总台数

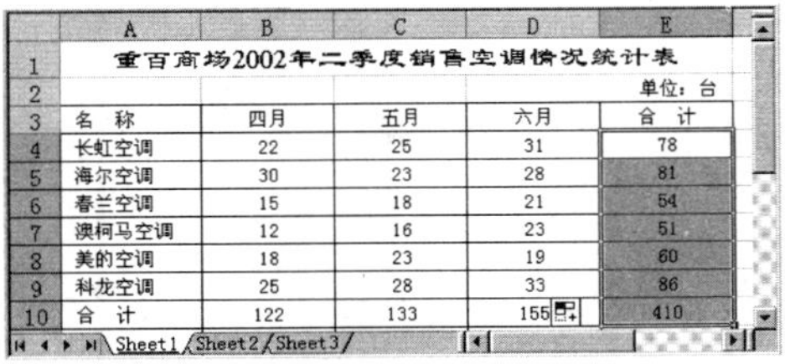

	A	B	C	D	E
1	重百商场2002年二季度销售空调情况统计表				
2					单位：台
3	名　称	四月	五月	六月	合　计
4	长虹空调	22	25	31	78
5	海尔空调	30	23	28	81
6	春兰空调	15	18	21	54
7	澳柯马空调	12	16	23	51
8	美的空调	18	23	19	60
9	科龙空调	25	28	33	86
10	合　计	122	133	155	410

图 2-28　直接输入函数

（2）使用“插入函数”命令

Excel 中的函数众多，而且其中的许多函数又不经常使用，故用户在使用时，很可能遇到既不知道函数的拼写又不清楚其所属类别等诸如此类的问题。而在 Excel 2002 中提供了解决此类问题的方法。只要用户在插入函数时对将要做的工作做一简短的描述，Excel 2002 的智能功能就会搜索到用户所需要的函数。

下面我们继续以上面的表格为例，使用“插入函数”命令，计算每个月销售空调的平均数，其操作步骤如图 2-29 所示。

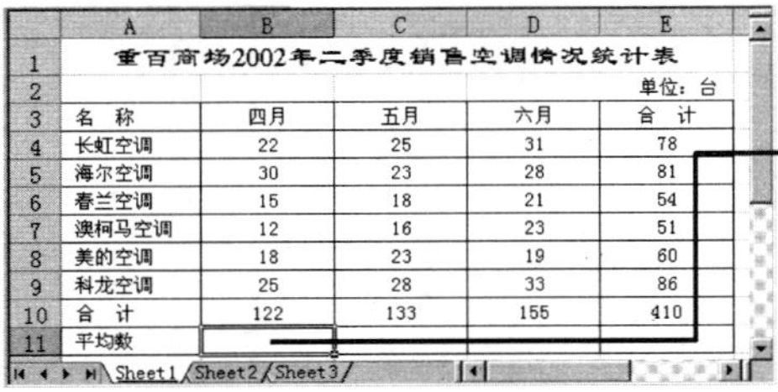

	A	B	C	D	E
1	重百商场2002年二季度销售空调情况统计表				
2					单位：台
3	名　称	四月	五月	六月	合　计
4	长虹空调	22	25	31	78
5	海尔空调	30	23	28	81
6	春兰空调	15	18	21	54
7	澳柯马空调	12	16	23	51
8	美的空调	18	23	19	60
9	科龙空调	25	28	33	86
10	合　计	122	133	155	410
11	平均数				

1　选定要输入函数的单元格

2　选择“插入”|“函数”菜单，或单击“常用”工具栏上的“插入函数”按钮 fx，打开“插入函数”对话框

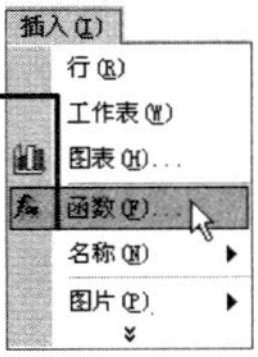

若用户对将要使用的函数不熟悉，可先在“搜索函数”编辑框中输入一条简短的说明来描述想做什么，然后单击“转到”按钮，所需要的函数就会显示在其下方的“选择函数”列表框中

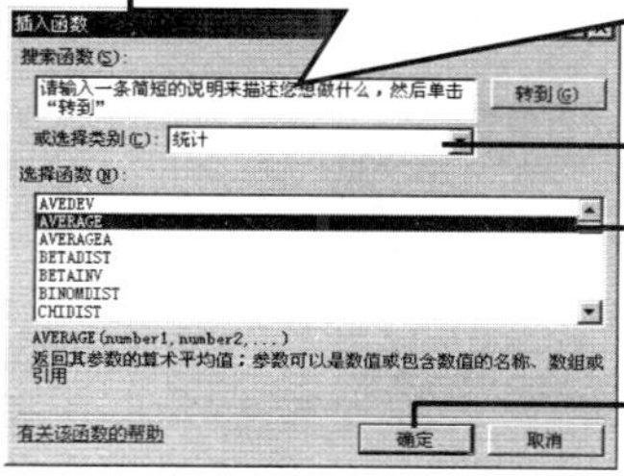

3　在“或选择类别”下拉列表框中选择“统计”

4　在“选择函数”列表框中选择 AVERAGE

5　单击“确定”按钮，打开“函数参数”对话框

6　单击该折叠按钮

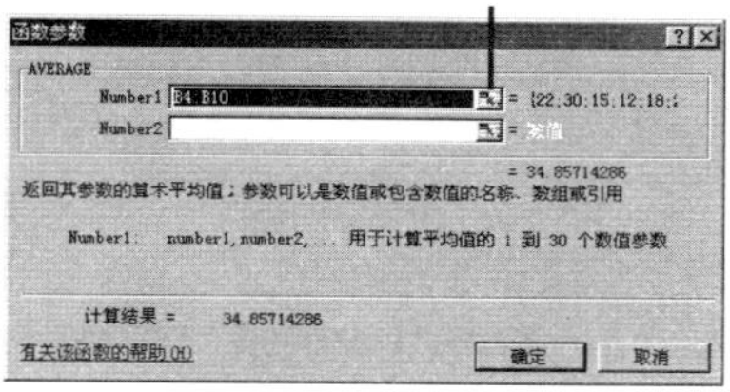

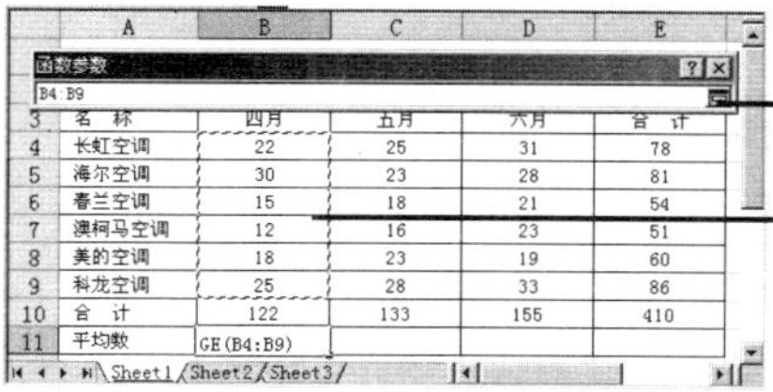

8　单击该折叠按钮

7　选择要求平均值的单元格区域

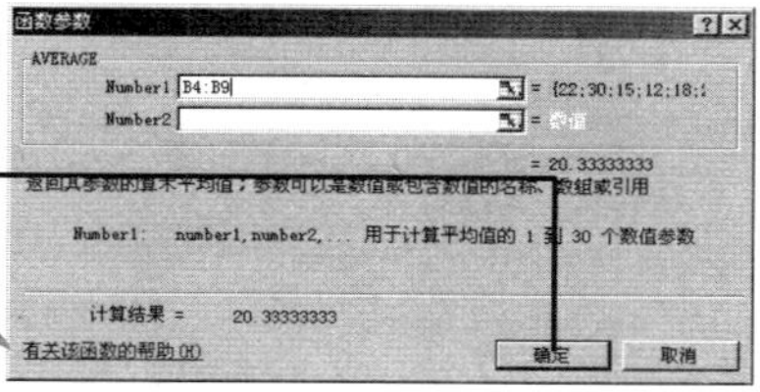

9　单击“确定”按钮

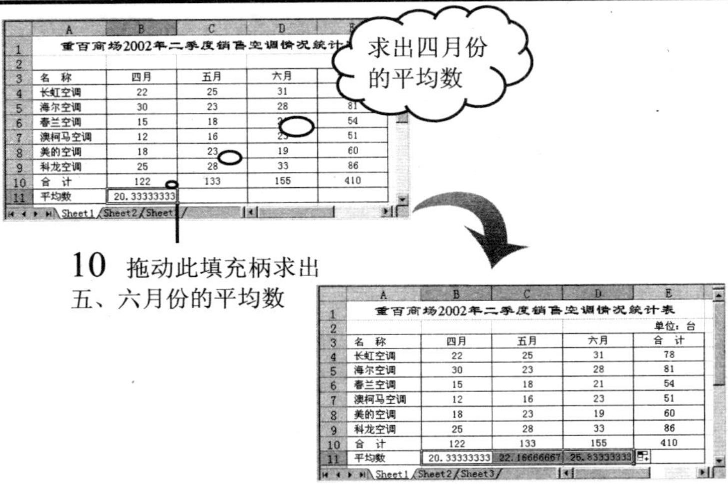

图 2-29　输入函数

（3）利用函数下拉列表输入函数

当用户在公式编辑栏中输入=，位于编辑栏左侧原来用于显示单元格地址的编辑框中将显示函数名称。单击其右侧的▾按钮可打开函数列表，从中单击某个函数即可将其输入，如图 2-30 所示。若希望选择其他函数，可从中选择“其他函数”。

图 2-30　选取函数

3. 获得函数帮助

Excel 提供了大量的有关函数的联机帮助，如果用户在使用时忘记了某个函数的用法或者想查看该函数的使用例子，可使用 Office 助手及时获得函数帮助。

下面以函数 PMT 为例，介绍获得函数帮助的方法，其操作步骤图 2-31 所示。

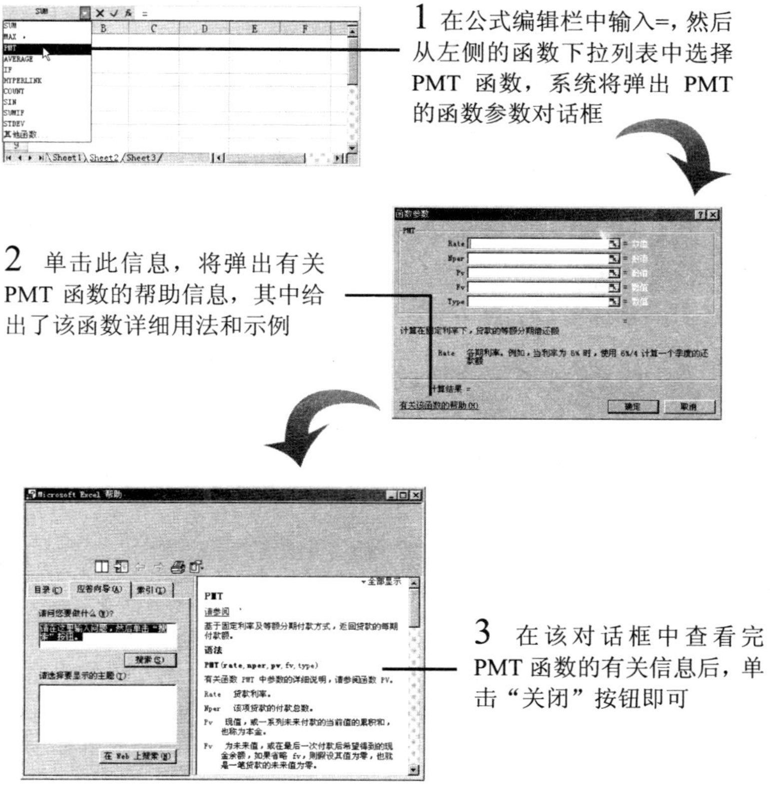
1 在公式编辑栏中输入=，然后从左侧的函数下拉列表中选择 PMT 函数，系统将弹出 PMT 的函数参数对话框
2 单击此信息，将弹出有关 PMT 函数的帮助信息，其中给出了该函数详细用法和示例
3 在该对话框中查看完 PMT 函数的有关信息后，单击“关闭”按钮即可

图 2-31　获取函数帮助

此外，用户还可单击“帮助”菜单中的“Microsoft Office 帮助”命令，从弹出的对话框中输入需要查看的内容，然后单击“搜索”按钮即可。

2.3 编辑工作表

创建工作表之后，用户可以利用 Excel 的编辑功能，对工作表及其数据进行各种操作和处理，以保证工作表数据的准确。本章将详细介绍编辑、复制或移动单元格或区域数据的方法，以及对工作表中数据进行审核的方法。至于对工作表数据的查找和替换，只需简单地选择“编辑”菜单中的“查找”或“替换”即可。

2.3.1 选定当前单元格或单元格区域

Excel 2002 是以工作表的方式进行数据运算和数据分析的，而工作表的基本单元是单元格。因此，在向工作表中输入数据之前，应该先选定当前单元格或单元格区域。

1. 选定单元格

打开工作簿后，用鼠标单击要编辑的工作表标签即为当前工作表。要在当前工作表中选定当前单元格，可使用鼠标、键盘或“编辑”菜单中的“定位”命令来实现。

（1）使用鼠标

移动鼠标，将鼠标指针指到要选定的单元格上，单击鼠标左键，该单元格即为当前单元格。如果要选定的单元格没有显示在窗口中，可以通过移动滚动条使其显示在窗口中，然后再选取。

（2）使用定位命令

除了使用鼠标外，还可以使用定位命令选定单元格，其操作步骤如图 2-32 所示。

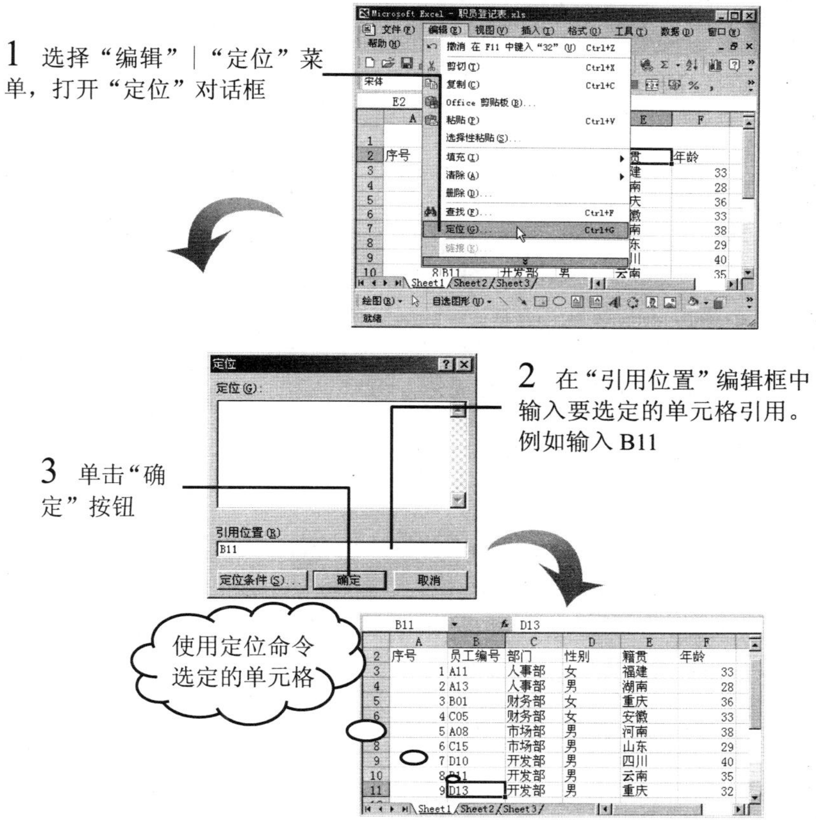
1 选择“编辑”|“定位”菜单，打开“定位”对话框
2 在“引用位置”编辑框中输入要选定的单元格引用。例如输入 B11
3 单击“确定”按钮
使用定位命令选定的单元格

图 2-32 使用定位命令

2. 选定单元格区域

可以使用鼠标或键盘来选定一个单元格区域或多个不相邻的单元格区域。

（1）选定一个单元格区域

如果用鼠标选定一个单元格区域，可按如图 2-33 所示的步骤进行。

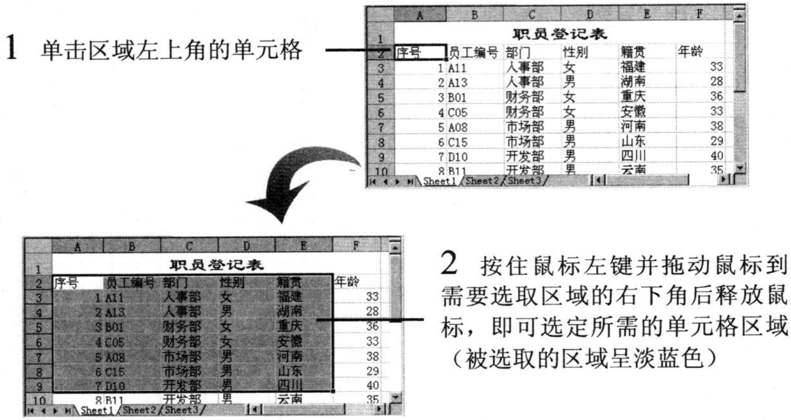
1 单击区域左上角的单元格
职员登记表
2 按住鼠标左键并拖动鼠标到需要选取区域的右下角后释放鼠标，即可选定所需的单元格区域（被选取的区域呈淡蓝色）

图 2-33　选取单元格区域

若想取消选择，可单击工作表中任意单元格。如果指定的单元格区域范围较大，可以使用鼠标和键盘相结合的方法。方法是：

① 用鼠标单击区域的左上角单元格。

② 按住 Shift 键，再单击区域的右下角单元格。

例如，要选择上图中的 A3：F65。首先单击单元格 A3，然后滚动工作表的垂直滚动条，当出现 F65 后，先按住 Shift 键，然后单击单元格 F65 即可。

（2）选定不相邻的单元格区域

如果要选定的单元格区域有多个且不相邻，可按如图 2-34 所示的步骤进行。

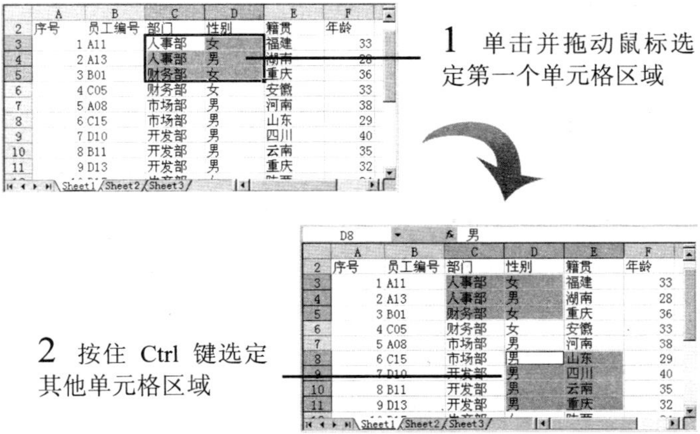
1 单击并拖动鼠标选定第一个单元格区域
2 按住 Ctrl 键选定其他单元格区域

图 2-34 选取字块单元格

另外，在一个工作表中经常选定一些特殊的单元格区域，归纳起来如表 2-5 所示。

表 2-5 特殊的单元格区域及选择方法

单元格区域	选择方法
整行	单击工作表的行号
整列	单击工作表的列标
整个工作表	单击工作表行号和列标的交叉处，即全选按钮
相邻的行或列	单击工作表行号和列标，并拖动行号或列标
不相邻的行或列	单击第一个行号或列标，按住 Ctrl 键，再单击其他的行号或列标

2.3.2 单元格内容的修改

当单元格中输入的内容有误或不完整时，就需要对其进行修改。

1. 修改单元格中的部分数据

修改单元格中的部分数据，可以使用编辑栏或直接在单元格中进行修改。如果要使用编辑栏修改部分数据，可按如图 2-35 所示的步骤进行。

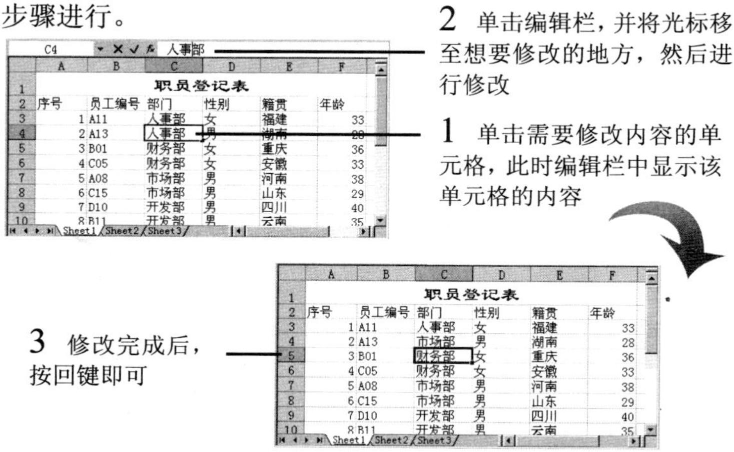
2 单击编辑栏，并将光标移至想要修改的地方，然后进行修改
1 单击需要修改内容的单元格，此时编辑栏中显示该单元格的内容
3 修改完成后，按回键即可
职员登记表

图 2-35　修改内容

如果双击需要修改内容的单元格，则在单元格中出现垂直光标，此时用户可直接在单元格中修改部分数据。

2. 清除单元格的内容

如果想清除某个单元格中的内容，只要单击想要清除内容的单元格，然后按 Delete 键即可。同样，选定某个单元格区域之后，按 Delete 键可清除该单元格区域中的内容。另外，先选定想清除内容的单元格或单元格区域，然后单击鼠标右键，从弹出的快捷菜单中选择“清除内容”命令，也可完成相应的操作。

3. 以新数据覆盖旧数据

如果希望某个单元格中的内容由新数据替代，只要单击要由新数据替代的单元格，然后直接输入新数据即可。

2.3.3　编辑行、列和单元格

在编辑工作表的过程中，有时需要对某行、某列、某单元格或区域进行操作。例如，插入或删除若干行、列等，这时需要采用区域的编辑操作。

1. 插入行、列、单元格或区域

在 Excel 中，用户可以在已经建立的工作表中插入行、列、单元格或区域，以在工作表的适当位置填入新的内容。

（1）插入行或列

如果需要在已输入数据的工作表中插入一行，可按如图 2-36 所示的步骤进行。

同理，选择“插入”菜单中的“列”命令，可在已输入数据的工作表中插入一列。Excel 在当前位置插入一整列，原有的列自动右移。

实际上，用户可以在已输入数据的工作表中一下插入若干行或列。方法是：首先选定需插入若干行或列的单元格区域，或选定区域所在的所有行或列。然后单击“插入”菜单，选择“行”或“列”命令，则 Excel 在当前区域位置插入若干空行或空列，原来区域所在的所有行或列自动下移或右移。

2 选择“插入”|“行”菜单，即可在当前位置插入一空行，原有的行自动下移

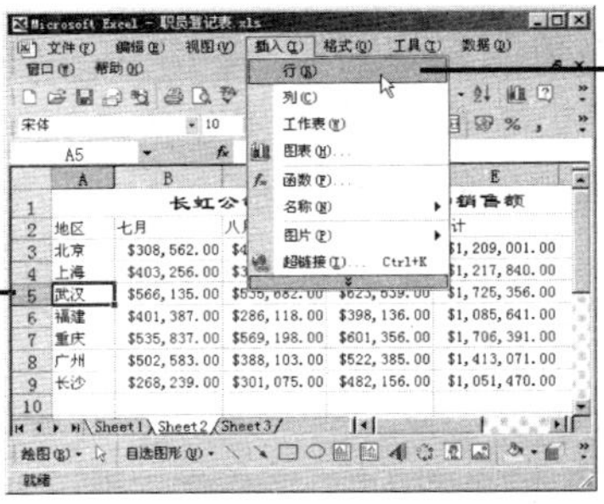

1 选定需插入行的任意单元格，或单击行号选择一整行

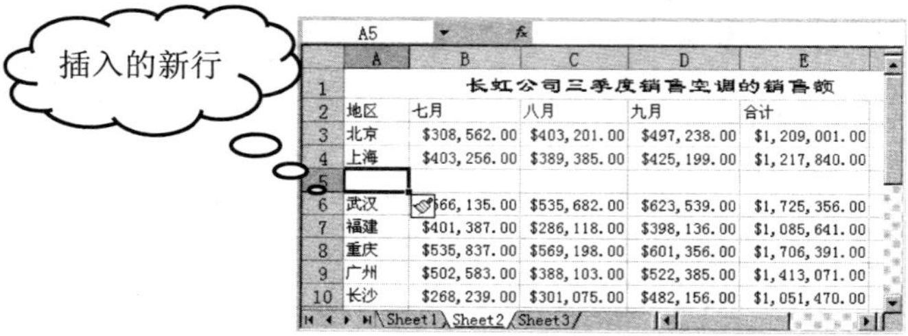

	A	B	C	D	E
1	长虹公司三季度销售空调的销售额				
2	地区	七月	八月	九月	合计
3	北京	$308,562.00	$403,201.00	$497,238.00	$1,209,001.00
4	上海	$403,256.00	$389,385.00	$425,199.00	$1,217,840.00
5					
6	武汉	66,135.00	$535,682.00	$623,539.00	$1,725,356.00
7	福建	$401,387.00	$286,118.00	$398,136.00	$1,085,641.00
8	重庆	$535,837.00	$569,198.00	$601,356.00	$1,706,391.00
9	广州	$502,583.00	$388,103.00	$522,385.00	$1,413,071.00
10	长沙	$268,239.00	$301,075.00	$482,156.00	$1,051,470.00

Sheet1 Sheet2 Sheet3

图 2-36　插入空行

提示

※ 插入行或列的操作也可以使用鼠标右键，只要在弹出的快捷菜单中选择“插入”命令，并在“插入”对话框中选择“整行”或“整列”选项，然后单击“确定”按钮即可。

（2）插入单元格或区域

如果想在工作表中插入单元格或单元格区域，可按如图 2-37 所示的步骤进行。

其中，在“插入”对话框中的四个选项的意义如下：

- “活动单元格右移”：选中该单选钮，插入的单元格出现在所选择单元格的左边。
- “活动单元格下移”：选中该单选钮，插入的单元格出现在所选择单元格的上方。
- “整行”与“整列”：选中该单选钮，在选定单元格上面（左边）插入一行（列）。

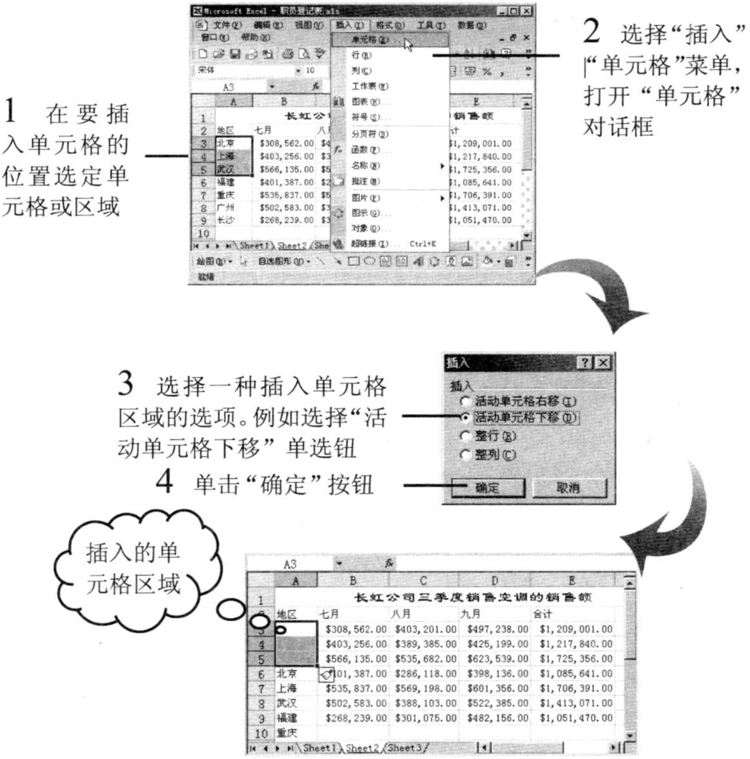
1 在要插入单元格的位置选定单元格或区域
2 选择"插入"|"单元格"菜单，打开"单元格"对话框
3 选择一种插入单元格区域的选项。例如选择"活动单元格下移"单选钮
4 单击"确定"按钮
插入的单元格区域
插入
活动单元格右移(I)
活动单元格下移(D)
整行(R)
整列(C)
确定
取消
长虹公司三季度销售空调的销售额

图 2-37　插入区域

（3）使用鼠标插入行、列、单元格或区域

除了上述使用“插入”菜单中的相应命令来插入行、列、单元格或区域之外，用户还可以使用鼠标来完成相应的插入操作，其操作步骤如图 2-38 所示。

2. 删除或清除行、列、单元格及区域

当工作表某些数据及其位置不再需要时，可以将它们删除。这里的删除与按 Delete 键删除单元格或区域的内容不一样，按

Delete 键仅清除单元格内容，其空白单元格仍保留在工作表中；而删除行、列、单元格或区域，其内容连同位置将一起从工作表中消失，空出的位置由周围的单元格补充。

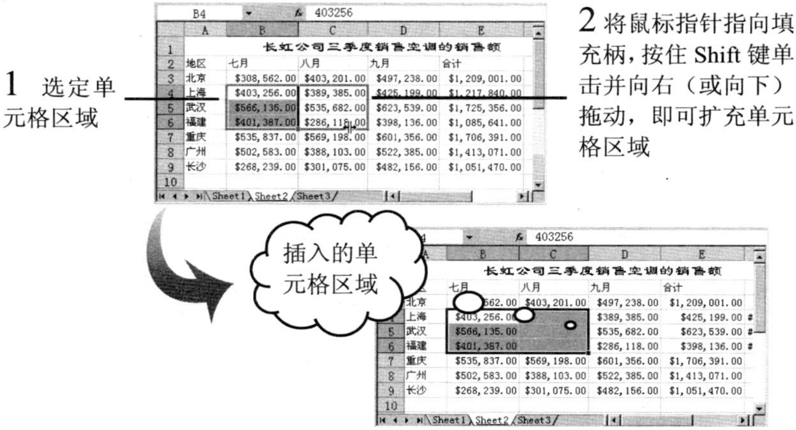
1 选定单元格区域
2 将鼠标指针指向填充柄，按住 Shift 键单击并向右（或向下）拖动，即可扩充单元格区域
插入的单元格区域

图 2-38 插入区块

（1）删除行和列

如果需要在当前工作表中删除某行，可按如图 2-39 所示的步骤进行。

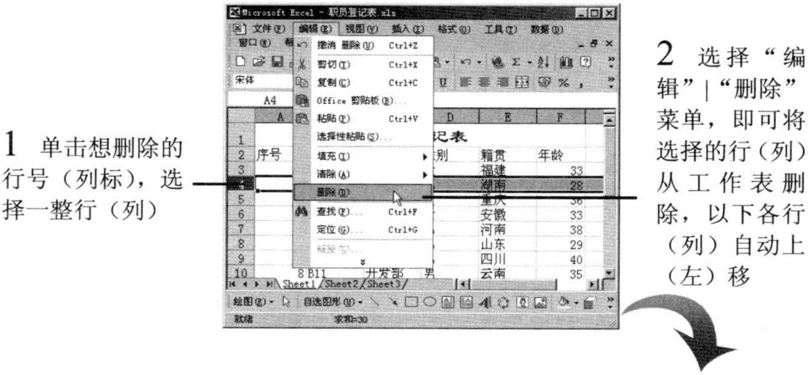
1 单击想删除的行号（列标），选择一整行（列）
2 选择“编辑”|“删除”菜单，即可将选择的行（列）从工作表删除，以下各行（列）自动上（左）移

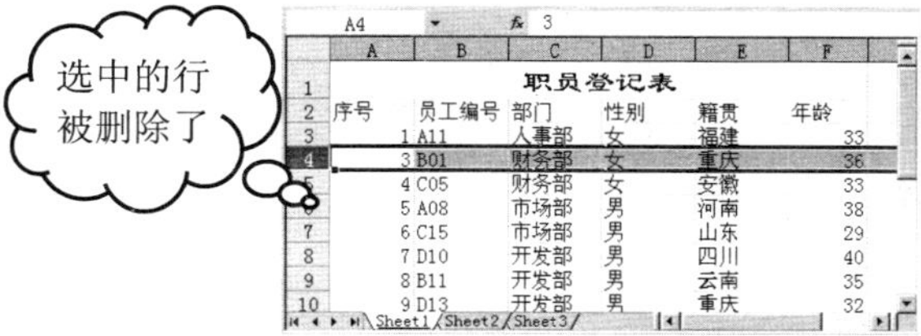

图 2-39　删除行

（2）删除单元格或区域

如果想在当前工作表中删除一个单元格或区域，可按如图 2-40 所示的步骤进行。

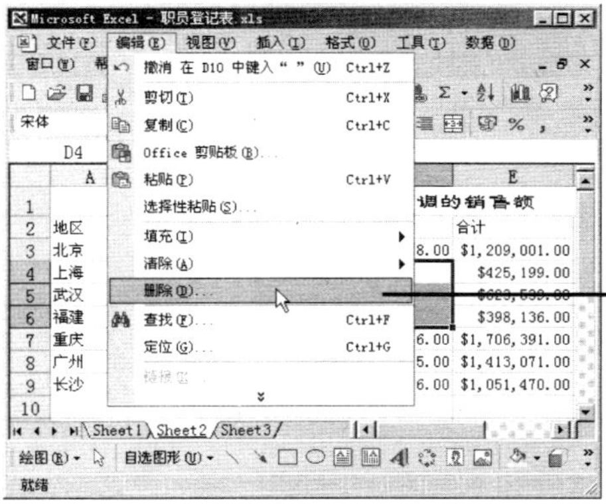

1　选定需要删除的单元格区域，然后选择“编辑”|“删除”菜单，打开“删除”对话框

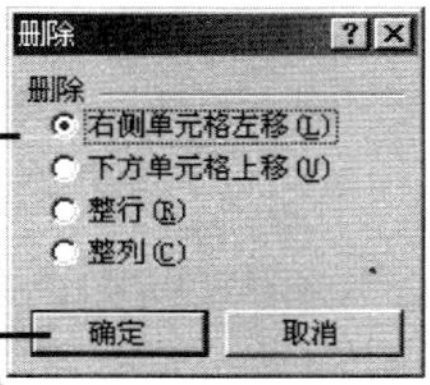

2　选择一种删除单元格区域的选项。例如选择“右侧单元格左移”单选钮

3　单击“确定”按钮

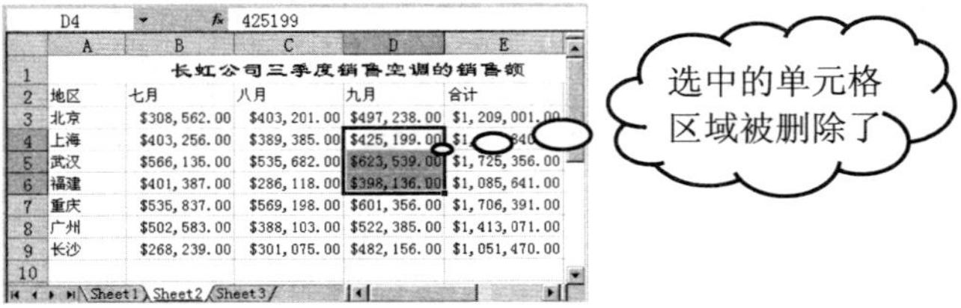

图 2-40　删除区块

其中，在“删除”对话框中的四个选项的意义如下：

- “右侧单元格左移”：选中该单选钮，选定的单元格或区域右侧已存在的数据将补充到该位置。
- “下方单元格上移”：选中该单选钮，选定的单元格或区域下方已存在的数据将补充到该位置。
- “整行”：选中该单选钮，选定的单元格或区域所在的行被删除。
- “整列”：选中该单选钮，选定的单元格或区域所在的列被删除。

（3）使用鼠标删除行、列、单元格或区域

除了上述使用“编辑”菜单中的“删除”命令来删除行、列、单元格或区域之外，用户还可以使用鼠标来完成相应的删除操作。方法是：首先选定要删除行、列、单元格或区域，然后将鼠标指针指向填充柄，按住 Shift 键同时向内拖动，选择区域变成灰色的阴影。释放鼠标左键后，选定区域即被删除。

（4）清除单元格

在编辑工作表的过程中，有时可能只需要删除某个单元格中存储的信息（如内容、格式或批注等），而保留该单元格的位置，这时应执行清除单元格操作，其操作步骤如图 2-41 所示。

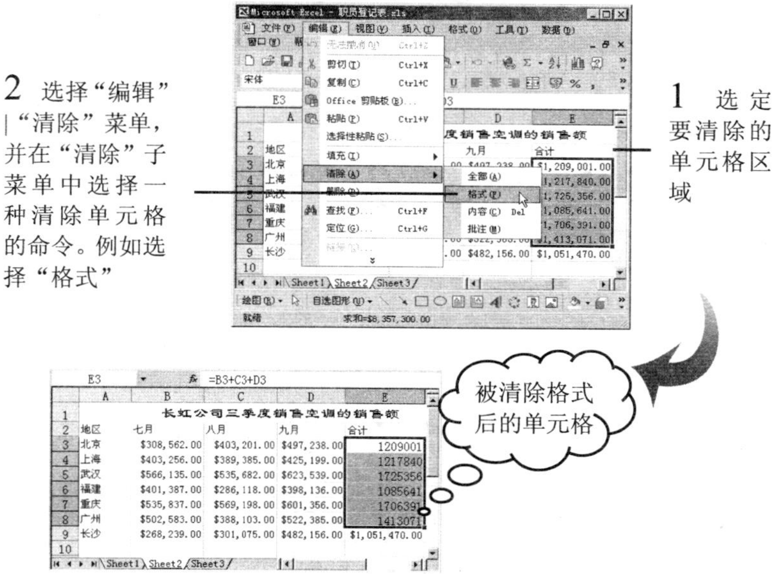
2 选择“编辑”|“清除”菜单，并在“清除”子菜单中选择一种清除单元格的命令。例如选择“格式”
1 选定要清除的单元格区域
被清除格式后的单元格

图 2-41 清除单元格

其中，在“清除”命令子菜单中四个子命令的意义如下：

➢ “全部”：选择该子命令，清除单元格的内容和批注，并将格式置回常规。

➢ “格式”：选择该子命令，仅清除单元格的格式设置，将格式置回常规。

➢ “内容”：选择该子命令，仅清除单元格的内容，不改变其格式或批注。

➢ “批注”：选择该子命令，仅清除单元格的批注，不改变单元格的内容和格式。

此外，如果只想清除单元格或区域中的内容，还可采取如下快速方法：先选择相应的单元格或区域，然后按 Delete 键；或单击鼠标右键，选择快捷菜单中的“清除内容”。

2.3.4 移动和复制单元格或区域数据

移动单元格数据是指将输入在某些单元格中的数据移至其他单元格中，复制单元格或区域数据是指将某个单元格或区域的数据复制到指定的位置，原位置的数据仍然存在。如果原先单元格中含有计算公式，移动或复制到新位置时，公式会因单元格或区域引用变化，生成新的计算结果。

移动或复制单元格或区域数据的方法基本相同，例如，要利用剪贴板复制单元格数据，应在选中单元格数据后单击常用工具栏中的“复制”按钮，然后单击指定位置并单击常用工具栏中的“粘贴”按钮。

1. 通过拖动方法移动和复制单元格数据

当用户在选定单元格中输入内容后，很可能会有数据位置输错的情况。例如，原来应输入到 A3 单元格中的数据，却输入到了 B3 单元格中。此时就必须移动单元格内容了。

要移动单元格内容，应首先单击要移动的单元格或选定单元格区域，然后将光标移至单元格区域边缘，待光标变为形状后，拖动光标到指定位置并释放鼠标即可，如图 2-42 所示。

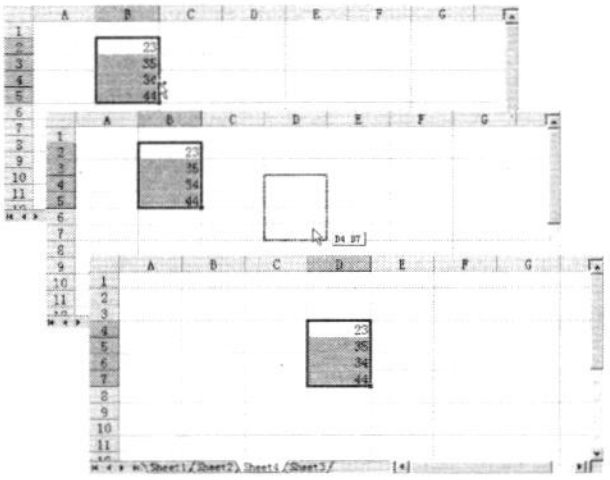

图 2-42　复制、粘贴区块

要复制选定单元格或单元格区域的内容，同样应首先选定要复制数据的单元格或单元格区域，然后将光标移至单元格区域边缘，待光标变为形状后，按下 Ctrl 键拖动光标到指定位置并释放鼠标即可，如图 2-43 所示。

图 2-43 复制、移动区块

※ 用户也可通过选择“编辑”菜单中的“剪切”、“复制”和“粘贴”选项移动和复制单元格内容。此外，如果被移动或复制的单元格中包含公式，这些公式会自动调整，以适应新位置。

2. 使用插入方式复制单元格数据

如果某些单元格的数据需要复制到其他单元格上，并且在复制时又不想覆盖以前已有的数据，此时可以使用插入方式来复制数据，其操作步骤如图 2-44 所示。

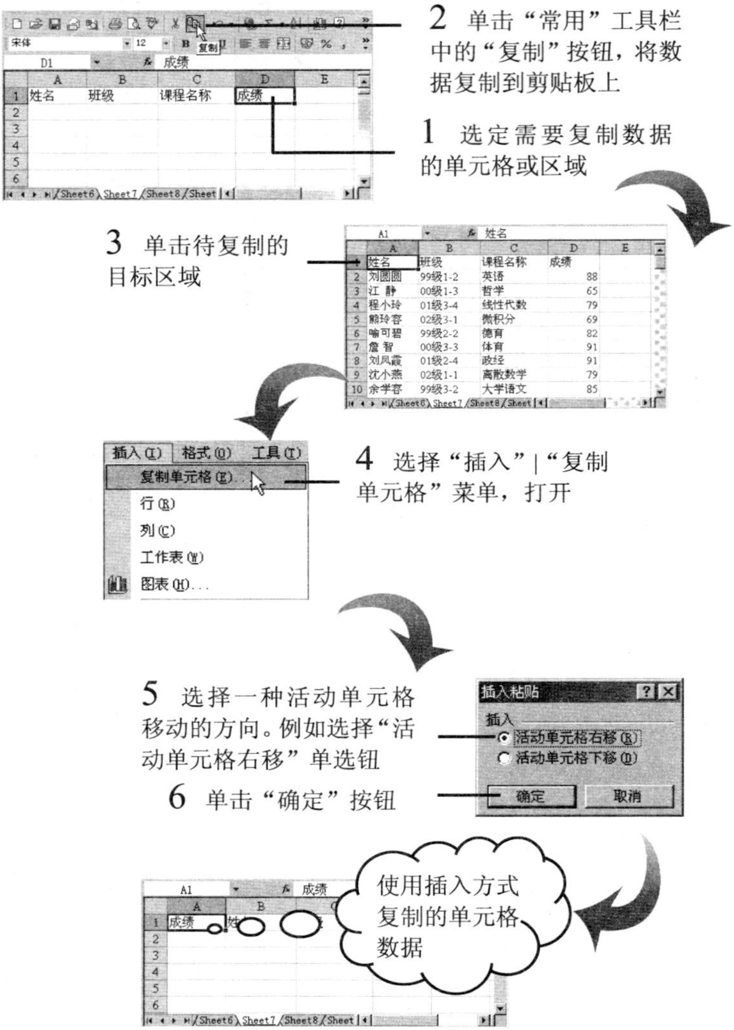
2 单击“常用”工具栏中的“复制”按钮，将数据复制到剪贴板上
1 选定需要复制数据的单元格或区域
3 单击待复制的目标区域
4 选择“插入”|“复制单元格”菜单，打开
5 选择一种活动单元格移动的方向。例如选择“活动单元格右移”单选钮
6 单击“确定”按钮
使用插入方式复制的单元格数据

图 2-44　插入数据块

3. 利用选择性粘贴方法复制单元格特定内容

在进行单元格或单元格区域复制操作时，有时只需要复制其中的特定内容而不是所有内容时，此时可以使用 Excel 提供的“选择性粘贴”命令来完成。例如，要将下图中的行与列位置互换，可以使用转置复制操作来完成，其操作步骤如图 2-45 所示。

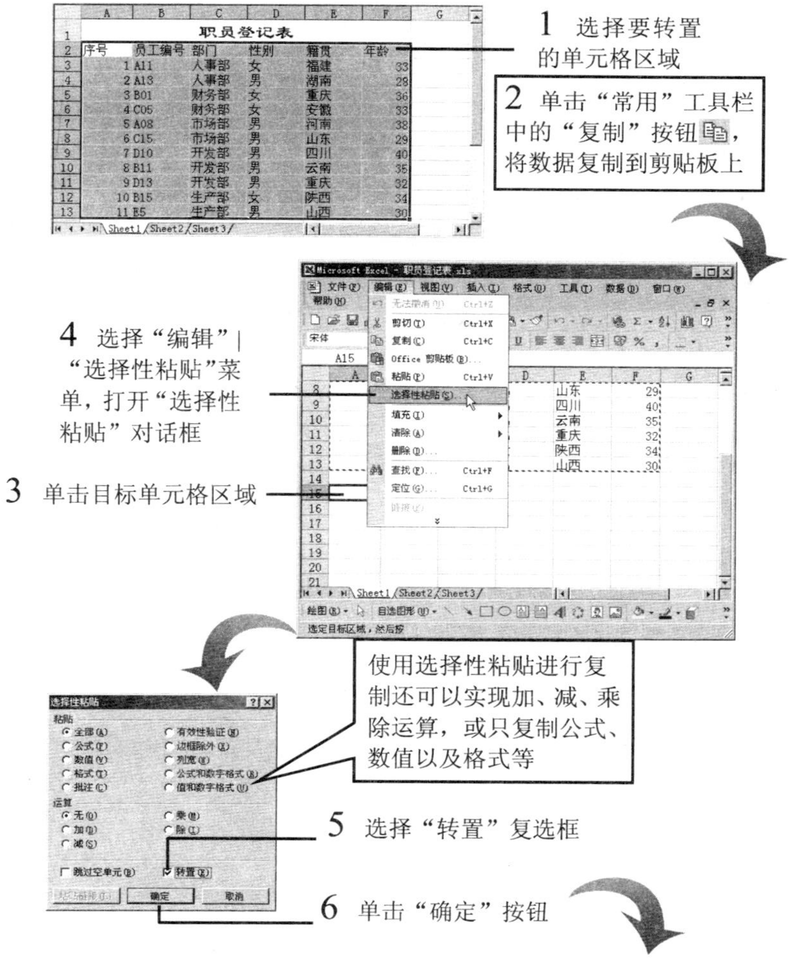
1 选择要转置的单元格区域
2 单击“常用”工具栏中的“复制”按钮，将数据复制到剪贴板上
4 选择“编辑”|“选择性粘贴”菜单，打开“选择性粘贴”对话框
3 单击目标单元格区域
使用选择性粘贴进行复制还可以实现加、减、乘除运算，或只复制公式、数值以及格式等
5 选择“转置”复选框
6 单击“确定”按钮

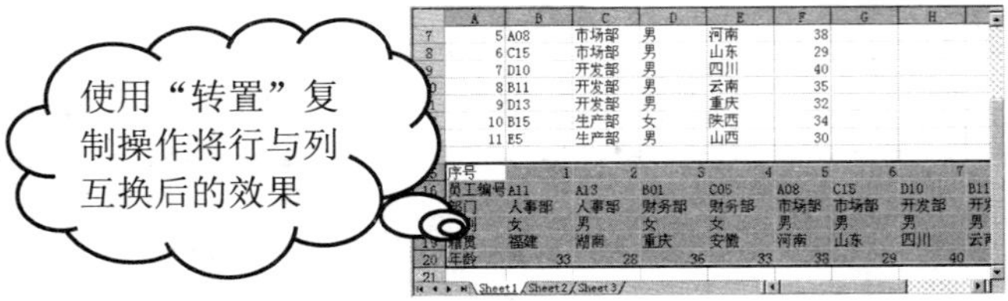
使用“转置”复
制操作将行与列
互换后的效果

图 2-45　复制、粘贴特定块

2.4　美化工作表

建立好工作表之后，在确保内容准确无误的前提下，通常还需要对工作表进行格式化，这样可以使工作表中各项数据更便于阅读并使工作表更加美观。Excel 提供了丰富的格式化命令：设置单元格格式、设置数字格式、改变列宽和行高、添加边框和底纹、自动套用格式和样式等。本节将详细地介绍格式化工作表的操作方法与设置技巧。

2.4.1　设置文本和单元格格式

对工作表中的不同单元格数据可以根据需要设置不同的格式，例如，设置单元格数据类型、文本的对齐方式、字体、单元格的边框和图案等。

1. 设置文本和单元格格式的方法

设置文本和单元格格式通常是通过使用“格式”工具栏、快捷菜单或使用“格式”菜单来完成的。

（1）使用“格式”工具栏

对于简单的格式化工作可直接通过“格式”工具栏上的按钮来进行，例如设置常规字体（宋体、黑体等）、设置对齐方式（居中、两端对齐、合并及居中）等。这种格式化操作的特点是简便、迅速；具体操作步骤如图 2-46 所示。

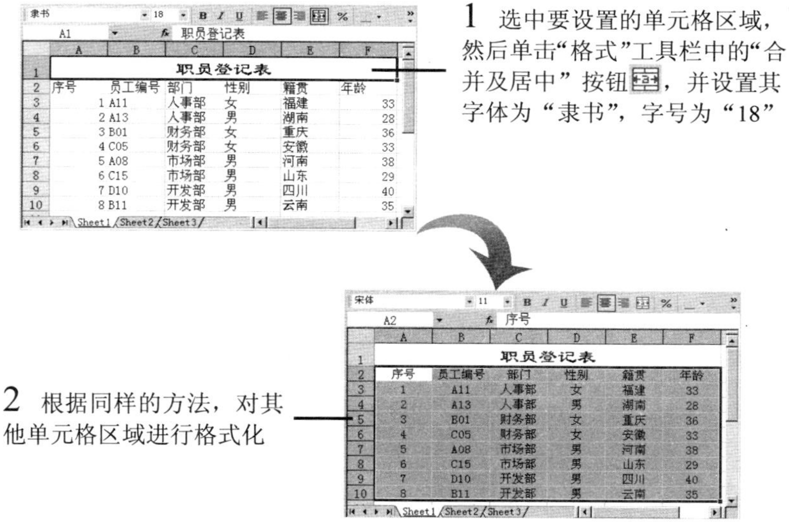
1 选中要设置的单元格区域，然后单击“格式”工具栏中的“合并及居中”按钮，并设置其字体为“隶书”，字号为“18”
2 根据同样的方法，对其他单元格区域进行格式化
职员登记表
序号
员工编号
部门
性别
籍贯
年龄

图 2-46　设置显示格式

提示

❋ “格式”工具栏中提供了字体、字号、对齐方式、货币样式、百分比样式、颜色等 19 种工具按钮。各工具按钮的含义，用户可以通过 Excel 提供的屏幕提示获得。其中字体、字号、边框、填充颜色和字体颜色等按钮含有下拉列表框。

（2）使用“格式”菜单

一般情况下，对于较复杂的格式化工作可以通过执行“格式”

菜单中的命令来完成，例如，用户可设置自定义数字格式，设置多种样式的边框等。不过，这种方法操作起来略显麻烦。下面我们继续以上面的例子为例，介绍为合并后的单元格添加边框和底纹的方法，其操作步骤如图 2-47 所示。

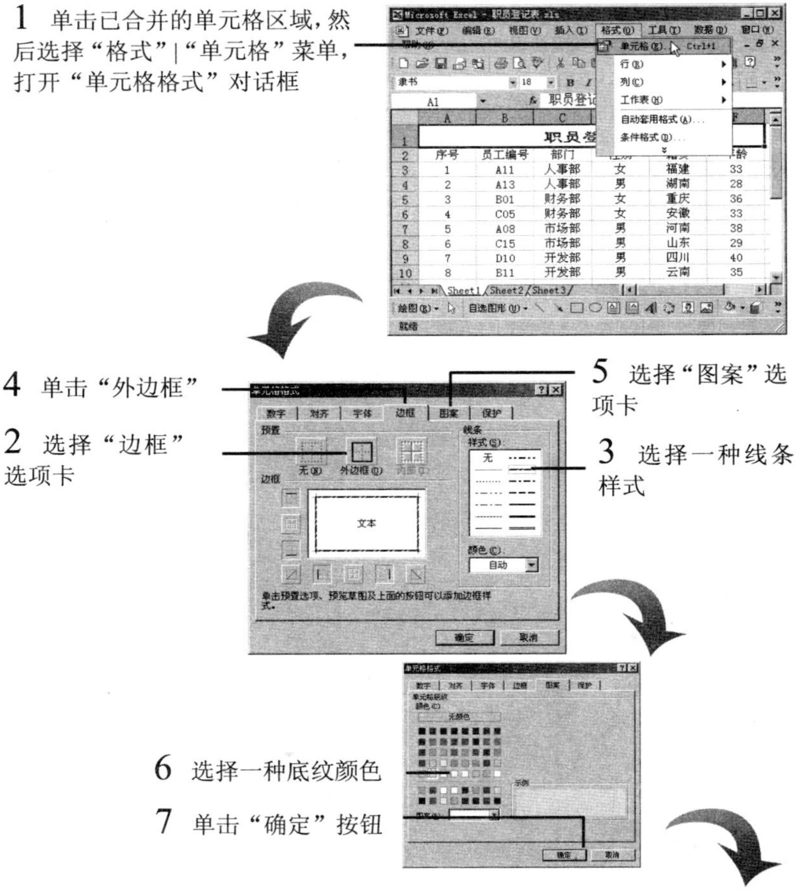
1 单击已合并的单元格区域，然后选择“格式”|“单元格”菜单，打开“单元格格式”对话框
4 单击“外边框”
5 选择“图案”选项卡
2 选择“边框”选项卡
3 选择一种线条样式
6 选择一种底纹颜色
7 单击“确定”按钮

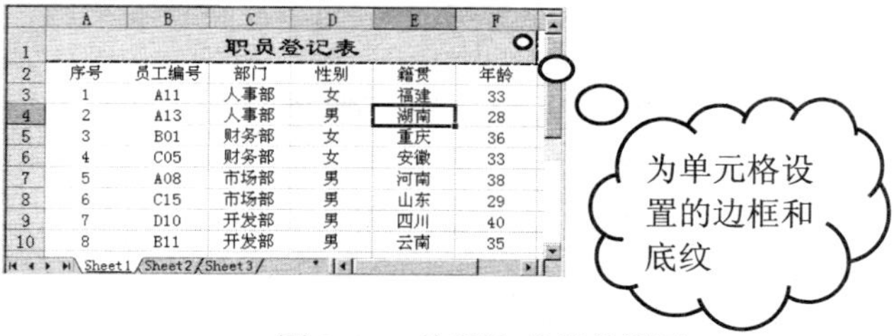

	A	B	C	D	E	F
1	职员登记表					
2	序号	员工编号	部门	性别	籍贯	年龄
3	1	A11	人事部	女	福建	33
4	2	A13	人事部	男	湖南	28
5	3	B01	财务部	女	重庆	36
6	4	C05	财务部	女	安徽	33
7	5	A08	市场部	男	河南	38
8	6	C15	市场部	男	山东	29
9	7	D10	开发部	男	四川	40
10	8	B11	开发部	男	云南	35

图 2-47　使用格式菜单设置

此外，也可以使用快捷菜单进行格式化工作。方法是先选定要设置的单元格或单元格区域（或文本），然后将鼠标指向选定要设置的单元格或单元格区域（或文本），单击鼠标右键，打开相应的快捷菜单，并从中选择“设置单元格格式”命令，打开“单元格格式”对话框。

2. 设置数字格式

默认情况下，数字格式是常规格式。当用户在工作表的单元格中输入数字时，数字以整数、小数或科学记号方式显示，且常规格式最多可以显示 11 位数字。此外，Excel 还提供了多种数字显示格式，如数值、货币、会计专用、日期格式和自定义等等。如果用户在“单元格格式”对话框中选择了“数字”选项卡，就可以看到这些数字格式，如图 2-48 所示。其中对话框左侧列出了数字格式的种类，右侧则列出左侧指定的某种类型的具体数字格式选项。

（1）使用工具按钮设置数字格式

如果格式化的工作比较简单，可以通过“格式”工具栏上的工具按钮来完成。用于数字格式化的工具按钮有五个，它们的功能如表 2-6 所示。

例如，要将下图中长虹公司三季度在各地区销售空调的销售数字设置为货币样式，可按如图 2-49 所示的步骤进行。

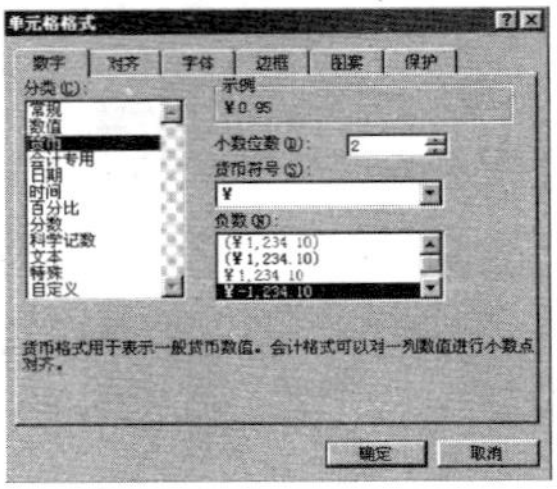

图 2-48 设置数据格式

表 2-6 用于数字化格式的按钮名称及功能

图 标	名 称	功 能
	货币样式	显示数据前使用货币符号
	百分比样式	显示数据前使用百分比形式
	千位分隔样式	显示数据的每千位上有一个逗号
	增加小数位数	每按一次，数据增加一个小数位
	减少小数位数	每按一次，数据减少一个小数位

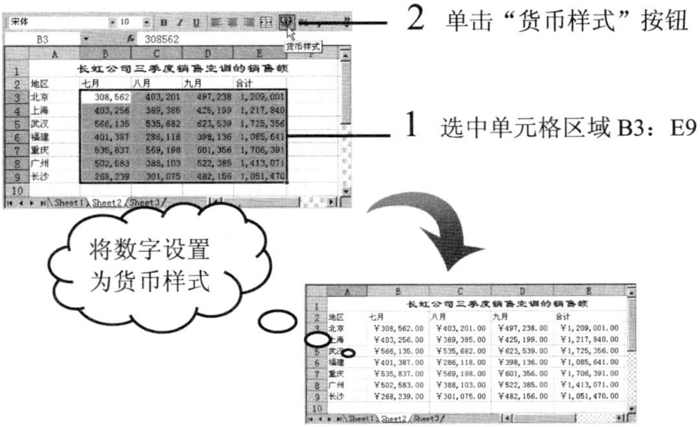

图 2-49 使用按钮设置格式

其他用于数字格式化的工具按钮用法与上面的示例相仿。

※ 在改变数字格式时，有时可能有些单元格里会显示一串“#”符号，这是因为相应的单元格的列宽度不够，使得单元格数据无法显示，但数据并没有丢失，用户只需将所在单元格相应的列加宽即可。后面我们将介绍加宽列的方法。

（2）使用“数字”选项卡

如果格式化的工作比较复杂，可以通过使用“单元格格式”对话框的“数字”选项卡来完成。例如，如果想把上面例子中的货币符号“￥”改成“$”，可按如图 2-50 所示的步骤进行。

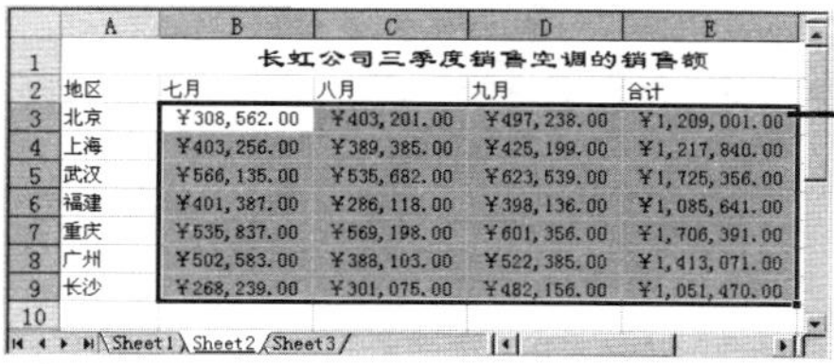

	A	B	C	D	E
1	长虹公司三季度销售空调的销售额				
2	地区	七月	八月	九月	合计
3	北京	￥308,562.00	￥403,201.00	￥497,238.00	￥1,209,001.00
4	上海	￥403,256.00	￥389,385.00	￥425,199.00	￥1,217,840.00
5	武汉	￥566,135.00	￥535,682.00	￥623,539.00	￥1,725,356.00
6	福建	￥401,387.00	￥286,118.00	￥398,136.00	￥1,085,641.00
7	重庆	￥535,837.00	￥569,198.00	￥601,356.00	￥1,706,391.00
8	广州	￥502,583.00	￥388,103.00	￥522,385.00	￥1,413,071.00
9	长沙	￥268,239.00	￥301,075.00	￥482,156.00	￥1,051,470.00
10					

Sheet1 Sheet2 Sheet3

1 选中单元格区域 B3：E9

2 选择“格式”|“单元格”菜单，打开“单元格格式”对话框

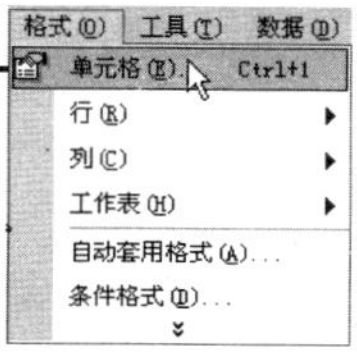

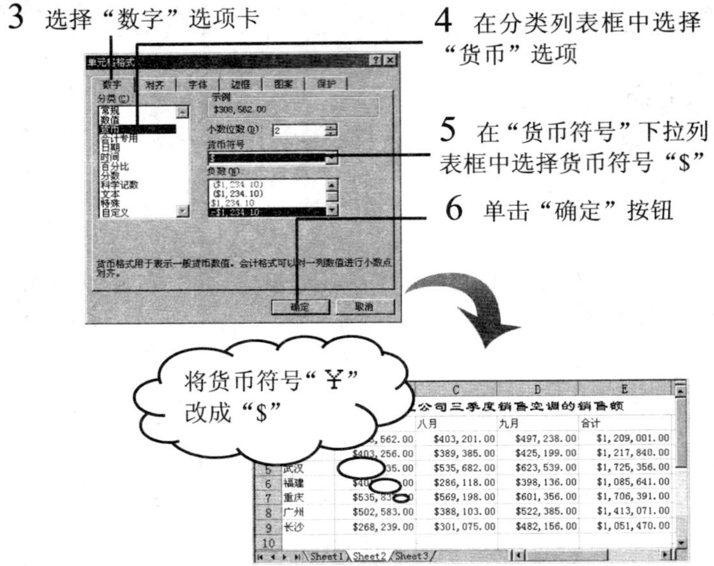
3 选择“数字”选项卡
4 在分类列表框中选择“货币”选项
5 在“货币符号”下拉列表框中选择货币符号“$”
6 单击“确定”按钮
将货币符号“￥”改成“$”

图 2-50　使用数字选项设置

表 2-7 列出了数字格式的分类。

表 2-7　数字格式的分类

分　类	说　明
常规	不包含特定的数字格式
数值	可用于一般数字的表示，包括千位分隔符、小数位数，不可以指定负数的显示方式
货币	可用于一般货币值的表示，包括货币符号、小数位数，不可以指定负数的显示方式
会计专用	与货币一样，只是小数或货币符号是对齐的
日期	把日期和时间序列数值显示为日期值

（续表）

分 类	说 明
时间	把日期和时间序列数值显示为日期值
百分比	将单元格值乘以 100 并添加百分号，还可以设置小数点位置
分数	以分数显示数值中的小数，还可以设置分母的位数
科学记数	以科学记数法显示数字，还可以设置小数点位置
文本	在文本单元格格式中，数字作为文本处理
特殊	用来在列表或数据中显示邮政编码、电话号码、中文大写数字、中文小写数字
自定义	用于创建自定义的数字格式

※ 一般来说，用户直接套用“分类”列表框中各类型（除“自定义”选项外）提供的数字格式便可满足设置要求。如果不能达到设置的要求，可以尝试使用“自定义”选项，创建用户自已所需的特殊格式。

3. 设置对齐格式

所谓对齐是指单元格中的内容在显示时，相对单元格上下左右的位置。默认情况下，单元格中的文本靠左对齐，数字靠右对齐，逻辑值和错误值居中对齐。此外，Excel 还允许用户为单元格中的内容设置其他对齐格式，如合并及居中、旋转单元格中的内容等。

（1）使用工具按钮设置对齐格式

对于简单的对齐工作，可直接通过单击“格式”工具栏上用于对齐格式的工具按钮实现。用于对齐格式的工具按钮有四个，它们的功能如表 2-8 所示。

表 2-8　用于对齐格式的工具按钮及功能

图　标	名　称	功　能
	左对齐	可使所选单元格或单元格区域中的数据左对齐
	右对齐	可使所选单元格或单元格区域中的数据右对齐
	居中	可使所选单元格或单元格区域中的数据居中
	合并及居中	先合并所选单元格区域，然后再居中对齐数据

例如，若要使下图中的“学生考试成绩表”标题位于单元格区域 A1：D1 的正中间，可按如图 2-51 所示的步骤进行。

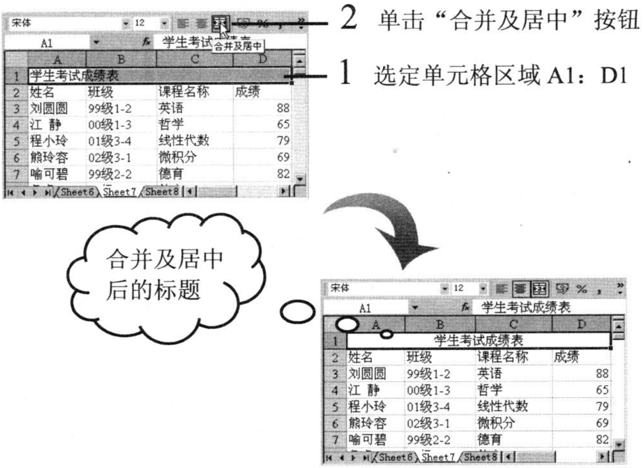

图 2-51　设置内容对齐方式

（2）使用“对齐”选项卡

如果对齐工作比较复杂，可以通过使用“对齐”选项卡来完成。例如，要使图中学生的所有成绩数字都倾斜 10 度，可按如图 2-52 所示的步骤进行。

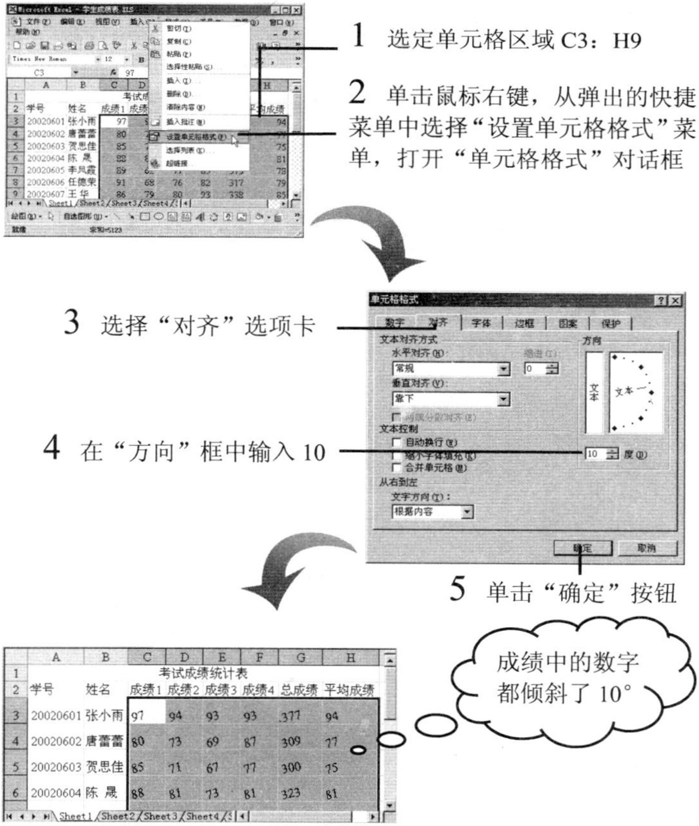
1 选定单元格区域 C3：H9
2 单击鼠标右键，从弹出的快捷菜单中选择“设置单元格格式”菜单，打开“单元格格式”对话框
3 选择“对齐”选项卡
4 在“方向”框中输入 10
5 单击“确定”按钮
成绩中的数字都倾斜了 10°

图 2-52 设置特殊显示格式

从“单元格格式”对话框的“对齐”选项卡中可以看出，对

单元格中的数据可以从水平对齐和垂直对齐两个方向的调整，还可以进行文本控制和文字方向的选择。

在“水平对齐”下拉列表框中包含的选项有：常规、靠左、靠右、居中、填充、跨列居中、两端对齐和分散对齐；在“垂直对齐”下拉列表框中包含的选项有：靠上、居中、靠下、两端对齐和分散对齐；在“文本控制”区包含如下选项：

- “自动换行”：选中该复选框，Excel 根据单元格列宽把文本折行，并自动调整单元格的高度，使全部内容都能显示在该单元格上。
- “缩小字体填充”：选中该复选框，自动缩减单元格中字符的大小，以使数据的宽度与列宽一致，若调整列宽，字符大小将自动调整，但设置字体大小仍保持不变。
- “合并单元格”：选中该复选框，将多个相邻单元格合并为一个单元格，合并后单元格引用为合并前左上角单元格的引用。
- 在“方向”框中，用户可使用鼠标拖动文本指针、单击数值调节钮的上下箭头，或者直接在“方向”框中输入所需的值，都可任意旋转单元格中字符的角度。

提示

※ 分散对齐是将单元格中的内容以两端撑满方式与两边对齐。

※ 填充对齐通常用于修饰报表，当选择填充对齐时，即使在单元格只键入一个“*”，Excel 也会自动用多个“*”将单元格填满，而且其“*”的个数会随着列宽自行调整。

4. 设置字体

为了使工作表中的某些数据醒目和突出，也为了使整个版面更为丰富，通常需要对不同的单元格设置不同的字体。

（1）使用工具按钮设置字体

简单的设置工作，用户可以通过“格式”工具栏上的用于设置字体的工具按钮来完成。当需要设置单元格字体时，只要选定要设置的单元格或单元格区域后，直接单击“格式”工具栏上相应的按钮即可。用于字体设置的工具按钮有五个，它们的功能如表 2-9 所示。

表 2-9 用于字体设置的工具按钮名称及其功能

图示	名称	功能
宋体 ▾	字体	提供 33 种中英文字体，中文默认字体为宋体，英文默认字体为 Time New Roman
12 ▾	字号	提供 17 种字号，字体大小范围从 6~72 点（72 点等于 1 英寸）。默认字号为 12 点（5 号字）
B	加粗	使显示数据加粗
I	倾斜	以斜体形式显示数据
U	下划线	为显示数据添加下划线

（2）使用“字体”选项卡

如果用户对字体格式设置有更高的要求，可以使用“字体”选项卡。方法是：在选定了要设置的单元格或单元格区域后，打开“单元格格式”对话框，并选择“字体”选项卡，如图 2-53 所示。在“字体”选项卡中，用户可根据需要进行选择，然后单击“确定”按钮即可。

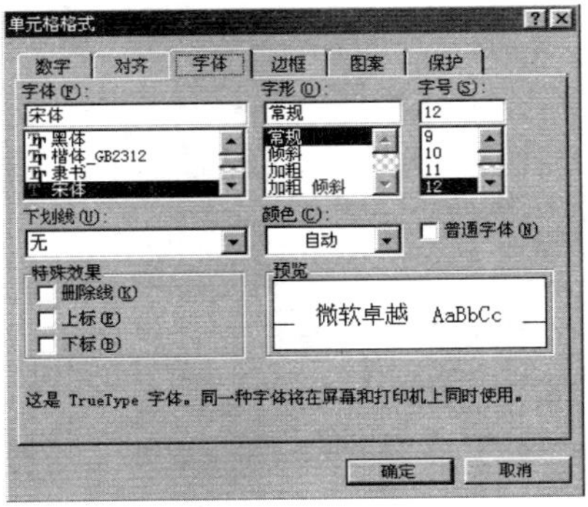

图 2-53　设置字体属性

提示

※ 如果要设置单元格中的某个数据为特殊字体，例如要设置上标或下标以及设置删除线。则除了要选定相应单元格外，还应在编辑栏中选定相应的数据，用鼠标拖过相应数据，使其成高亮显示，然后再选择要设置的格式。

5. 设置单元格的边框和底纹

在设置单元格格式时，为了使单元格中的数据显示得更清晰明了，增加工作表的视觉效果，还可以对单元格进行边框和底纹的设置。

（1）设置单元格边框

通常，用户在工作表中所看到的单元格都有带有浅灰色的边框线，其实它是 Excel 内部设置的便于用户操作的网格线，打印时是不出现的。而在制作财务、统计等报表中常常需要把报表设计成各种各样的表格形式，使数据及其说明文字层次更加分明，这就需要通过设置单元格的边框线来实现。要设置单元格的边框，可使用“格式”工具栏上的“边框”按钮，或使用“单元格格式”对话框中的“边框”选项卡

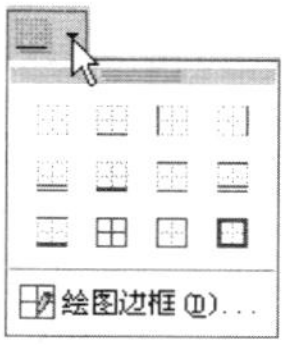

图 2-54 设置边框

对于简单的单元格边框设置，在选定了要设置的单元格或单元格区域后，直接单击“格式”工具栏上的“边框”按钮右侧的下拉箭头，打开下拉列表框，然后单击所需要的边框线即可，如图 2-54 所示。

但是，使用“格式”工具栏进行边框设置有很大的局限性，这种局限性主要表现在边框线条的样式上。操作时，每次只能给单元格增加一种线条样式的边框。如果想改变线条的样式、颜色等，此方法则无法实现。而使用“单元格格式”对话框中的“边框”选项卡可以解决这一问题。操作方法是：在选定了要设置的单元格或单元格区域后，打开“单元格格式”对话框，并选择“边框”选项卡，如图 2-55 所示。用户根据对话框中提示的内容进行选择，然后单击“确定”按钮即可。

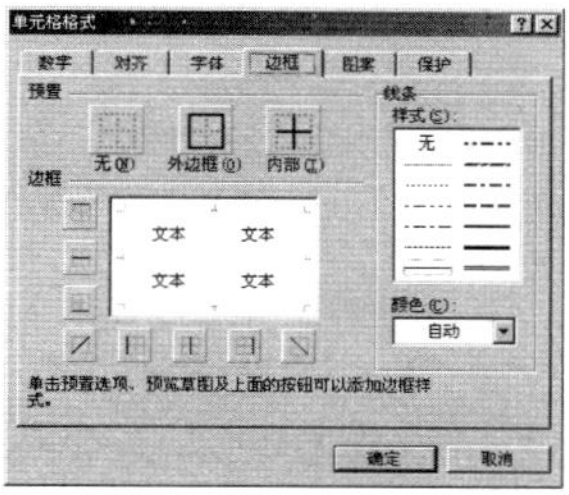

图 2-55 设置边框线型

从上图可以看出，“边框”选项卡中的“预置”项有 3 个按钮，

“边框”项有 8 个按钮。单击预置选项、预览草图及下面边框选项中的按钮可以添加边框样式。此外，还可以在此选择线条样式及颜色。

（2）设置单元格图案

有时为了使工作表中的数据便于区分、重点突出、外观更好看，需要为单元格设置图案。设置单元格图案同样可以使用前面介绍的几种方法来完成。

如果只设置单元格背景的颜色，可以在选定要设置图案的单元格后，单击“格式”工具栏上的“填充色”按钮右侧的三角箭头，打开下拉列表框，然后单击所需的颜色即可，如图 2-56 所示。

此方法虽然操作比较方便，但也受到了一定的限制，例如无法为单元格式设置背景图案。而利用“图案”选项卡除了可以为单元格设置底色外，还可以为单元格设置底纹，并且可在示例显示框中预览设置效果，如图 2-57 所示。

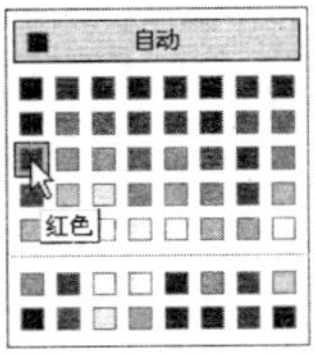

图 2-56　设置填充色

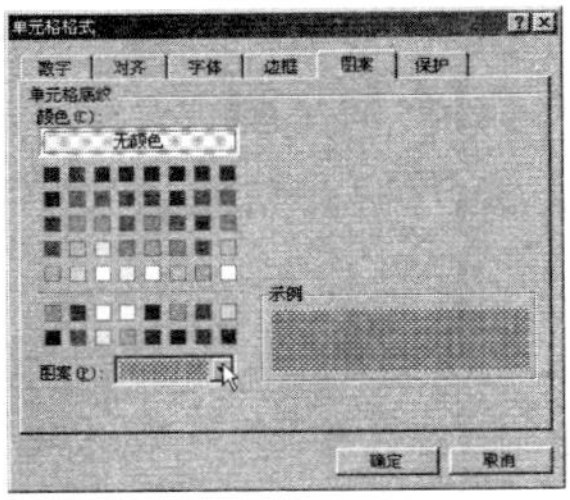

图 2-57　设置填充图案

2.4.2　调整行高与列宽

在向单元格中输入文字和数据时，常常会出现这样的现象：有的单元格中的文字只显示了一半；有的单元格中显示的是一串#号，而编辑栏中却能看见对应单元格的数据。其原因在于单元格的宽度或高度不够。因此，需要经常对工作表中的单元格高度和宽度进行调整。

1. 调整行高

Excel 默认工作表中任意一行的所有单元格的高度总是相等的，所以要调整某一个单元格的高度，实际上是调整了这个单元格所在行的行高，并且单元格的高度会随用户改变单元格的字体而自动变化。

（1）使用鼠标拖动框线

在对行高要求不十分精确时，可按照如图 2-58 所示的步骤快速调整行高。

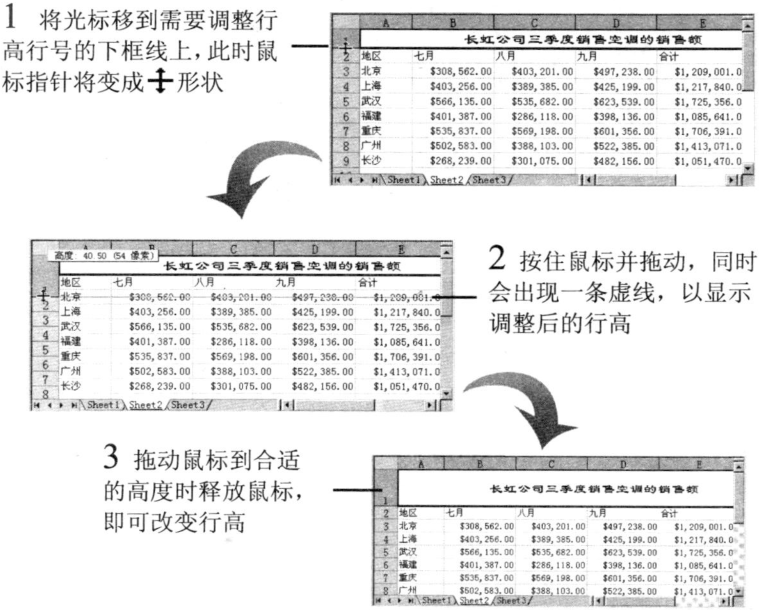
1 将光标移到需要调整行高行号的下框线上，此时鼠标指针将变成 形状
2 按住鼠标并拖动，同时会出现一条虚线，以显示调整后的行高
3 拖动鼠标到合适的高度时释放鼠标，即可改变行高
长虹公司三季度销售空调的销售额

图 2-58 调整行高

（2）使用“格式”菜单中的“行”命令

使用“格式”菜单中的“行”命令，可以精确调整行高，其操作步骤如图 2-59 所示。

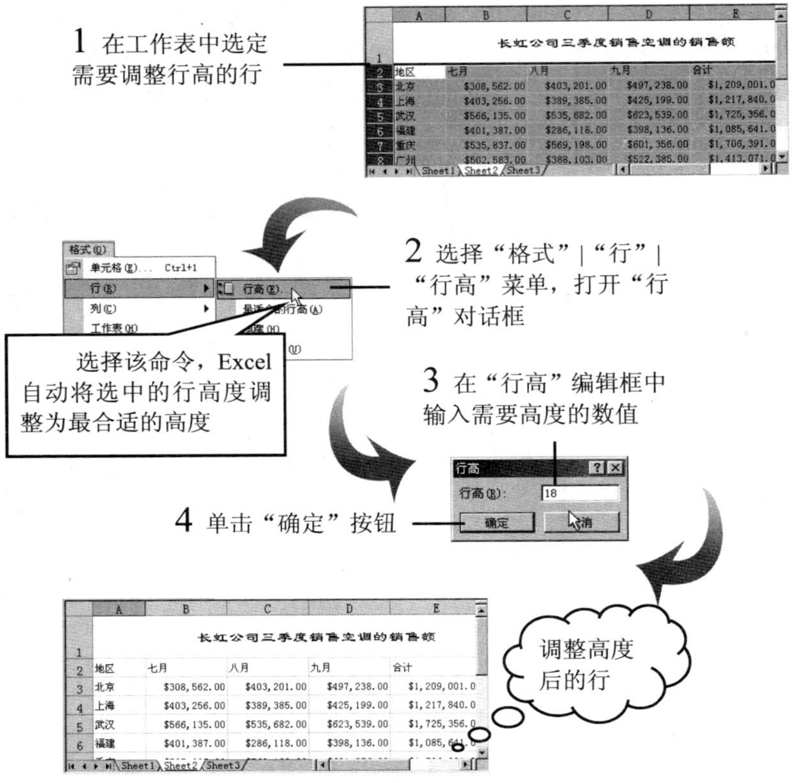
1 在工作表中选定需要调整行高的行
2 选择“格式”|“行”|“行高”菜单，打开“行高”对话框
选择该命令，Excel 自动将选中的行高度调整为最合适的高度
3 在“行高”编辑框中输入需要高度的数值
4 单击“确定”按钮
调整高度后的行

图 2-59　使用命令对话框设置行高

2. 调整列宽

工作表中列和行有所不同，Excel 默认单元格的列宽为固定值，并不会根据数据的长度而自动调整列宽。当输入单元格中的

数据因列宽不够而显示不下时，如果输入的是数值型数据，则显示一串#号；如果输入的是字符型数据，当右侧相邻单元格为空时，则利用其空间显示。否则，只显示当前宽度能容纳的字符。为此，用户也可能经常需要调整列宽。

（1）使用鼠标拖动框线

在对列宽要求不十分精确时，可按如图 2-60 所示的步骤快速调整列宽。

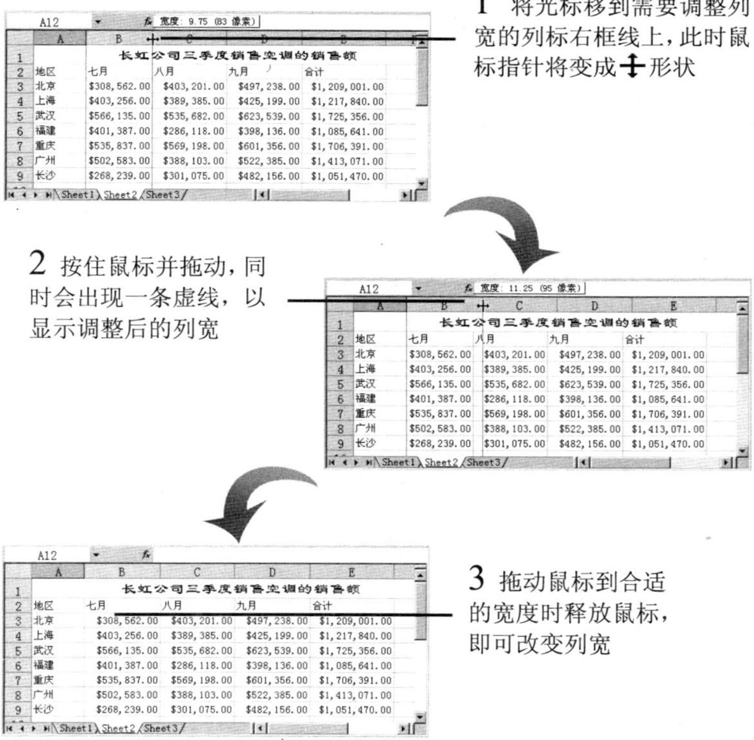
1 将光标移到需要调整列宽的列标右框线上，此时鼠标指针将变成形状
2 按住鼠标并拖动，同时会出现一条虚线，以显示调整后的列宽
3 拖动鼠标到合适的宽度时释放鼠标，即可改变列宽

图 2-60　设置行宽

（2）使用“格式”菜单中的“列”命令

使用“格式”菜单中的“列”命令，可以精确调整列宽，其操作步骤如图 2-61 所示。

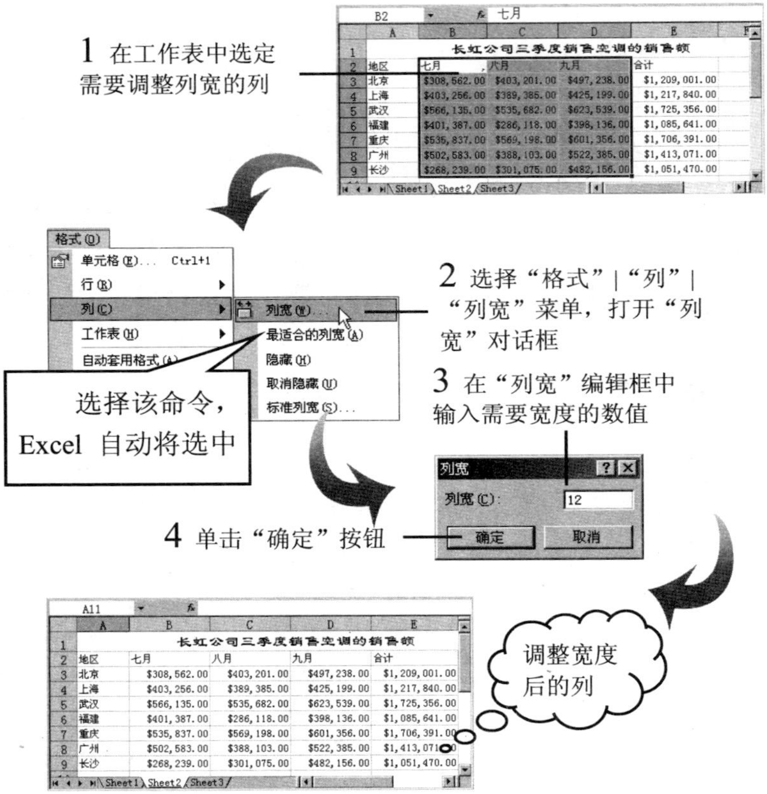
1 在工作表中选定需要调整列宽的列
长虹公司三季度销售空调的销售额
格式(O)
单元格(E)... Ctrl+1
行(R)
列(C)
工作表(H)
自动套用格式(A)
列宽(W)...
最适合的列宽(A)
隐藏(H)
取消隐藏(U)
标准列宽(S)...
2 选择“格式”|“列”|“列宽”菜单，打开“列宽”对话框
选择该命令，Excel 自动将选中
3 在“列宽”编辑框中输入需要宽度的数值
列宽
列宽(C): 12
确定
取消
4 单击“确定”按钮
调整宽度后的列

图 2-61　使用命令对话框设置行宽

2.4.3　设置单元格特殊格式

在日常应用中，用户可能需要将某些满足条件的单元格以指定样式显示。例如，在学生考试成绩表中，以特殊格式显示分数

高于 90 和低于 60 的单元格。

为此，Excel 为用户提供了条件格式功能。条件格式功能可以根据指定的公式或数值来确定搜索条件，然后将格式应用到符合搜索条件的选定单元格中，并突出显示要检查的动态数据。也就是说，如果单元格格式（如单元格中的数字）满足指定的条件，Excel 就会自动将条件格式应用于该单元格。

如果需要设置单元格的条件格式，可按如图 2-62 所示的步骤进行。

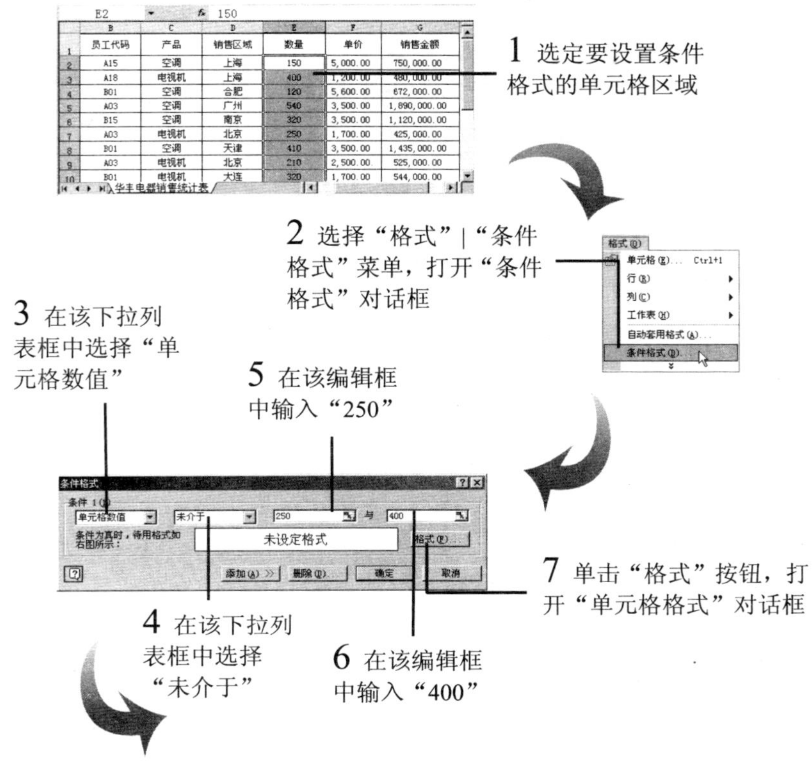
1 选定要设置条件格式的单元格区域
2 选择“格式”|“条件格式”菜单，打开“条件格式”对话框
3 在该下拉列表框中选择“单元格数值”
5 在该编辑框中输入“250”
7 单击“格式”按钮，打开“单元格格式”对话框
4 在该下拉列表框中选择“未介于”
6 在该编辑框中输入“400”

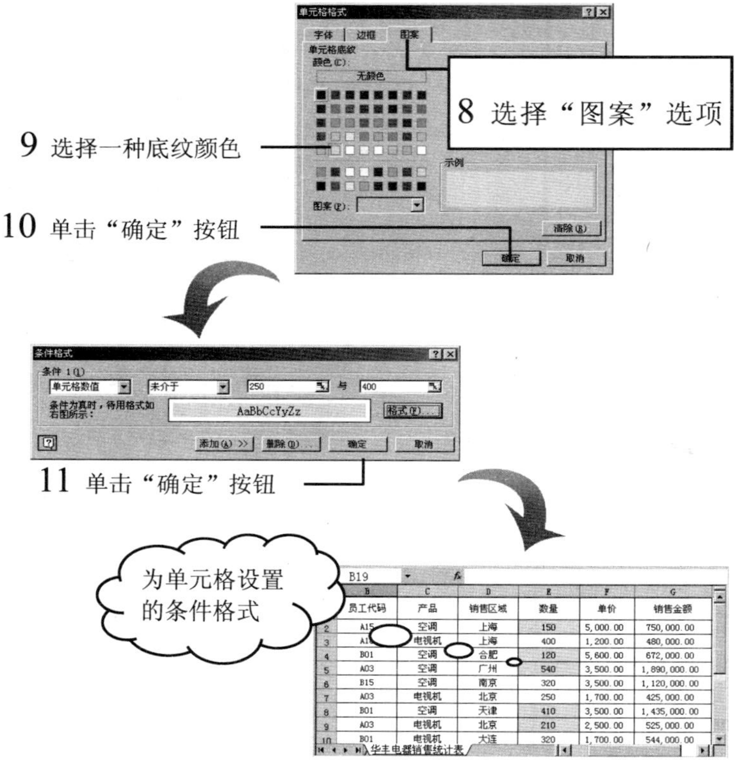
8 选择“图案”选项
9 选择一种底纹颜色
10 单击“确定”按钮
11 单击“确定”按钮
为单元格设置的条件格式

图 2-62　设置单元格的特殊格式

在“条件格式”对话框中，用于条件设置的选项包括“条件”框、“运算符”框和数值输入框。其中：

➢ “条件”框：单击该框右侧的下拉箭头，从中选择“单元格数值”选项可对含有数值或其他内容的单元格应用条件格式（默认）；选择“公式”选项可对含有公式的单元格应用条件格式，但指定的公式最后的求值结果必须能够判定真假。

➢ “运算符”选择框和数值输入框：单击该框右侧的下拉箭头可选择格式设置时所需的运算符。当选择“介于”或“未介于”时，输入框变成两个，用于指明范围的上限和下限。输入公式时，公式前必须加等号=。

➢ 格式预览框：格式预览框用于显示单元格格式设置效果。

此外，若要增加条件，可在“条件格式”对话框中单击“添加”按钮，然后重复上面的步骤，最多可设置三个条件；若要删除条件，可单击“删除”按钮，然后在打开的“删除条件格式”对话框中选择要删除的条件。

在设置条件格式后，如果希望更改条件格式，仍可采用上述步骤。其中，此时所选定的单元格区域可以只包括原来设置条件格式的部分区域即可。

2.4.4 自动套用系统默认格式

为了提高用户的工作效率，Excel 提供了 16 种专业报表格式供用户选择，用户可以通过套用这 16 种报表对整个工作表的多重格式同时设置。

使用“自动套用格式”设置单元格区域格式的操作步骤如图 2-63 所示。

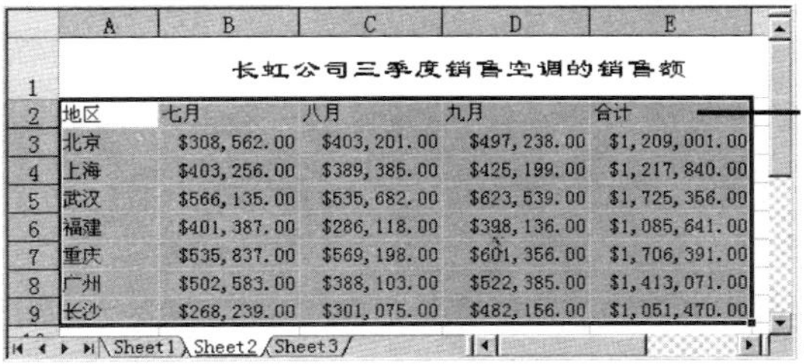

	A	B	C	D	E
1	长虹公司三季度销售空调的销售额				
2	地区	七月	八月	九月	合计
3	北京	$308,562.00	$403,201.00	$497,238.00	$1,209,001.00
4	上海	$403,256.00	$389,385.00	$425,199.00	$1,217,840.00
5	武汉	$566,135.00	$535,682.00	$623,539.00	$1,725,356.00
6	福建	$401,387.00	$286,118.00	$398,136.00	$1,085,641.00
7	重庆	$535,837.00	$569,198.00	$601,356.00	$1,706,391.00
8	广州	$502,583.00	$388,103.00	$522,385.00	$1,413,071.00
9	长沙	$268,239.00	$301,075.00	$482,156.00	$1,051,470.00

1 选定需要套用格式的单元格区域

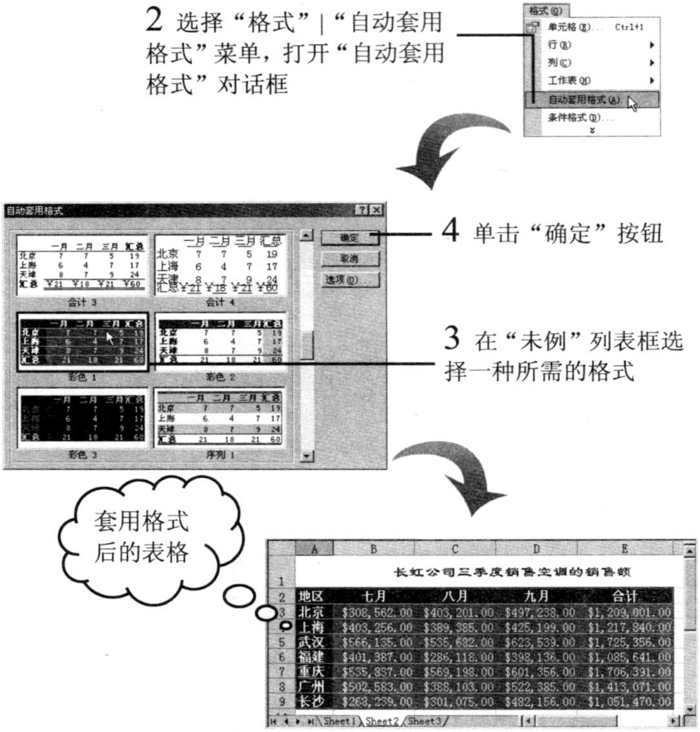

图 2-63 应用系统默认格式

提示

※ 在“自动套用格式”对话框中，若单击“选项”按钮，可在该对话框的底部打开“要应用的格式”设置区，该设置区中包括了“数字”、“字体”、“对齐”、“边框”、“图案”和“列宽/行高”复选框，如图 2-64 所示。通

过选中和取消各复选框，可确定在套用格式时套用哪些格式设置。

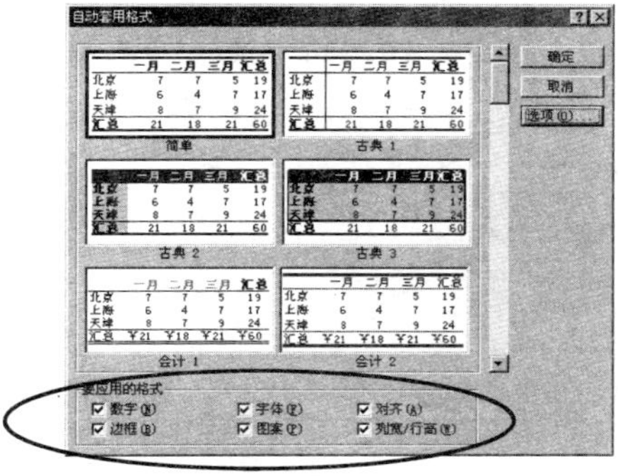

图 2-64　选定格式

2.4.5　隐藏与取消隐藏行与列

在用户建立的工作表中，可能有些数据涉及到个人隐私，有些数据是机密的。为了不使其他人看见或对其操作，可以使用 Excel 提供的隐藏方法将其隐藏起来，需要时还可以取消隐藏。

在“格式”菜单的“行”、“列”子菜单中，它们都包含了“隐藏”与“取消隐藏”这两个子命令。如果用户想隐藏某行或某列中的数据，应首先选定该行或列，然后单击“格式”菜单，选择“行”或“列”命令，打开其子菜单并选择“隐藏”命令即可。

如果用户想恢复被隐藏的行或列，首先选定整个工作表，单击“格式”菜单，选择“行”或“列”命令，打开其子菜单，然后选择“取消隐藏”命令即可。

隐藏行或列后，剩下行的行号或列标保持不变，但隐藏的行和列的内容在打印时将不显示。此外，用户还可以通过改变行高或列宽来实现行或列的隐藏与取消隐藏。

2.4.6 使用格式刷复制单元格格式

如果多个单元格使用相同的格式（如字体、字号、数字格式、对齐以及颜色等），用户不必对多个单元格一一设置，只要设置好其中一个单元格格式即可，其他的可通过使用格式刷来完成。利用格式刷可将选定的单元格或单元格区域中拾取的格式信息复制到另一个单元格或单元格区域中。

使用格式刷进行格式复制的操作步骤如图 2-65 所示。

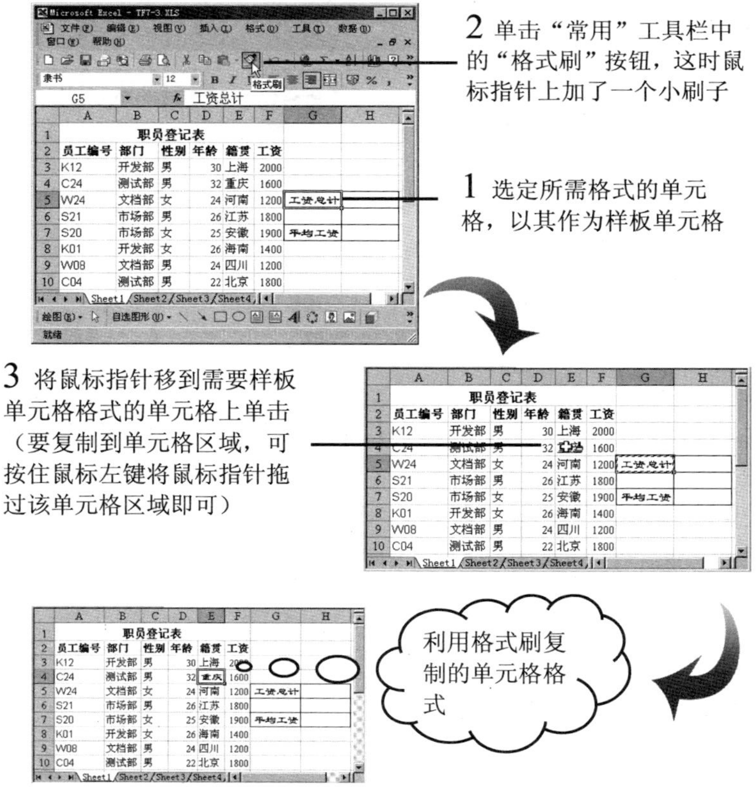
2 单击“常用”工具栏中的“格式刷”按钮，这时鼠标指针上加了一个小刷子
1 选定所需格式的单元格，以其作为样板单元格
3 将鼠标指针移到需要样板单元格格式的单元格上单击（要复制到单元格区域，可按住鼠标左键将鼠标指针拖过该单元格区域即可）
利用格式刷复制的单元格格式

图 2-65　使用格式刷

如果双击“格式刷”按钮，可连续复制格式。格式化工作完成后，再次单击“格式刷”按钮，可使其还原。

2.4.7　添加图形、图片、剪贴画和艺术字

用户在创建的工作表或图表中，除了正常的文本、数据或标准图之外，还可以添加图形、图片、剪贴画和艺术字等，加强显示效果，如图 2-66 所示。

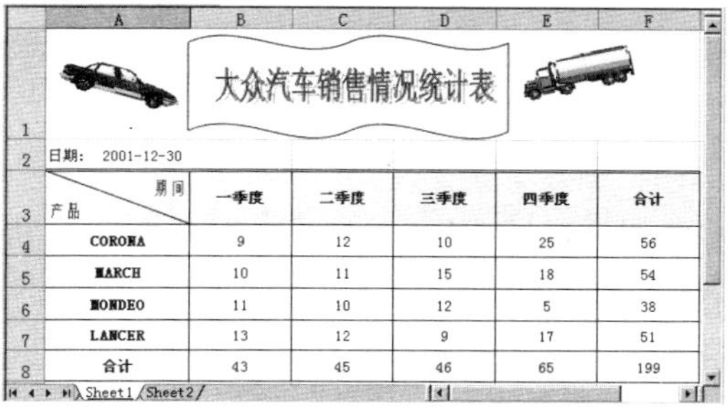

期间 产品	一季度	二季度	三季度	四季度	合计
CORONA	9	12	10	25	56
MARCH	10	11	15	18	54
MONDEO	11	10	12	5	38
LANCER	13	12	9	17	51
合计	43	45	46	65	199

图 2-66　添加图形元件

要在工作表中插入图形、剪贴画或图片，可选择“图片”|“插入”菜单中的适当选项。由于该操作与在 Word 文档中执行类似操作基本相同，故此处不再赘述。

2.5　数据排序、筛选与汇总

Excel 2002 为用户提供了极强的数据查询、排序、筛选以及分类汇总等功能。使用这些功能，用户可以很方便地管理、分析数据，从而为企事业单位的决策管理提供可靠依据。

2.5.1　数据排序

在实际应用中，人们一般是按照得到数据的先后顺序输入。

但是，当要直接从工作表中查找所需的信息时，很不方便。为了提高查找效率，需要重新整理数据，对此最有效的方法就是对数据进行排序。

1. 排序工具按钮

在“常用”工具栏中提供了两个与排序相关的工具按钮，它们分别为“升序”按钮和“降序”按钮。

- “升序”按钮：按字母表顺序、数据由小到大、日期由前到后排序。
- “降序”按钮：按反向字母表顺序、数据由大到小、日期由后向前排序。

如果所排序的数据是中文，则排序是依据中文字的内码（拼音或笔画）来确定。

2. 根据一列的数据对数据排序

如果想快速根据一列的数据对数据排序，可以利用排序工具按钮对数据进行排序，其操作步骤如图 2-67 所示。

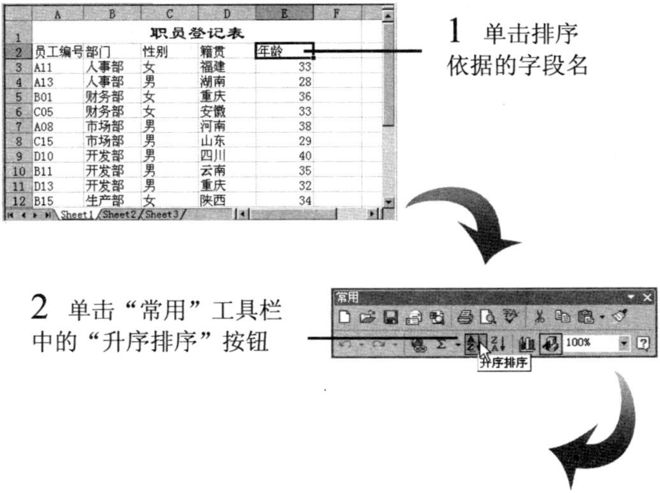

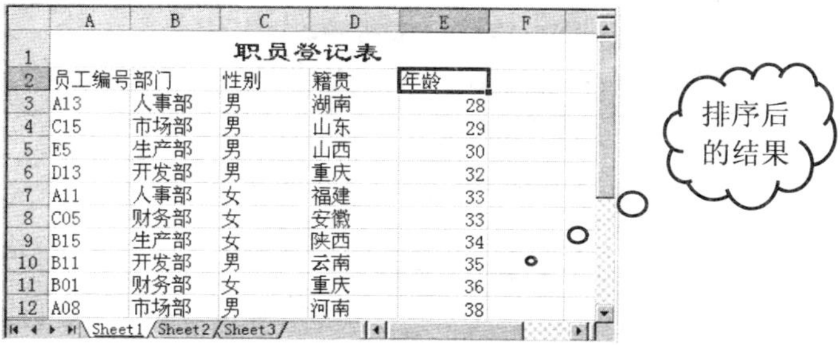

	A	B	C	D	E
1	职员登记表				
2	员工编号	部门	性别	籍贯	年龄
3	A13	人事部	男	湖南	28
4	C15	市场部	男	山东	29
5	E5	生产部	男	山西	30
6	D13	开发部	男	重庆	32
7	A11	人事部	女	福建	33
8	C05	财务部	女	安徽	33
9	B15	生产部	女	陕西	34
10	B11	开发部	男	云南	35
11	B01	财务部	女	重庆	36
12	A08	市场部	男	河南	38

图 2-67 排序数据

※ 被选中区域的第一行被作为标题行，不参与排序。

3. 根据多列（行）的数据对数据排序

使用“常用”工具栏中的“升序”或“降序”按钮排序非常方便，但是只能按单个字段名的内容进行排序，且常常会遇到该列中有多个数据相同的情况。为此，用户可以使用“数据”菜单中的“排序”命令，根据多列的数据对数据排序，其操作步骤如图 2-68 所示。

1 选定要排序的数据区域，然后选择“数据”|“排序”菜单，打开“排序”对话框

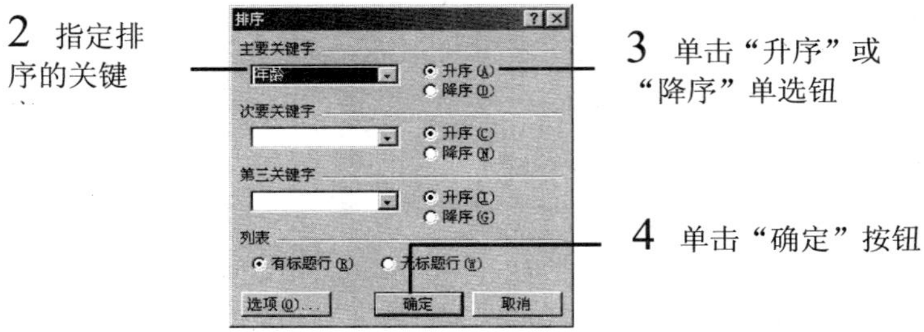

图 2-68　设定排序条件

提示

※ 此时选定的数据区域将首先按主要关键字值的大小排序，主要关键字值相同的行相邻排列。若指定了次要关键字，则主要关键字值相同的记录再按次要关键字值的大小排序。若指定了第三关键字，则依此类推。

此外，在排序对话框的底部有“有标题行”和“无标题行”两个单选钮。前者表示选定区域的第 1 行作为标题行，不参与排序；后者表示第 1 行作为普通数据看待，同样参与排序。

如果用户对排序还有一些特别的要求，可在“排序”对话框中单击“选项”按钮，打开“排序选项对话框”，如下图左图所示，用户可根据需要进行设置。例如，可通过“自定义排序次序”下拉列表框选择按“季度”、“星期”、“月份”等排序，如图 2-69 所示。

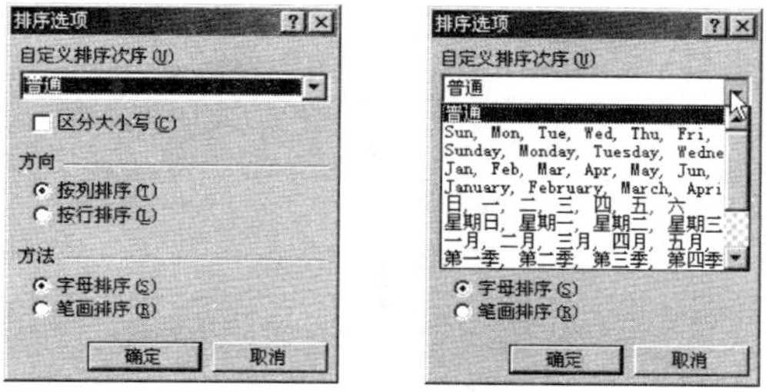

图 2-69　设置排序选项

提示

※ “排序”命令最多可同时按三个字段的递增或递减顺序对数据清单进行排序。若要按三个以上字段排序，则必须重复使用两次或两次以上的排序操作才能完成。

2.5.2　数据筛选

管理数据时经常需要对数据进行筛选，即从众多的数据中挑选出符合某种条件的数据。因此，筛选是一种用于查找数据的快速方法。

1. 自动筛选

自动筛选是一种快速的筛选方法，用户可以通过它快速地访问大量数据，从中选出满足条件的记录并显示出来，其操作步骤如图 2-70 所示。

1　单击要筛选数据清单中的任意单元格

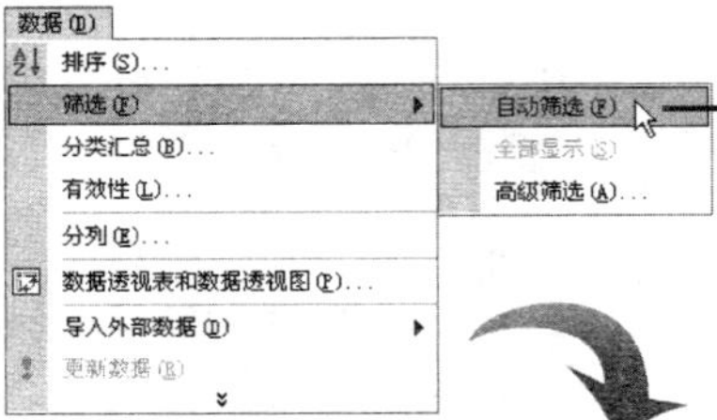

2 选择“数据”|“筛选”|“自动筛选”菜单（此时在选定区域的第1行字段名的在侧将出现一个向下的箭头）

3 单击需要查找的字段名右侧的向下箭头，打开用于设定筛选条的下拉列表框（在该下拉列表框中包含了该列所有数据以及进行筛选的一些条件选项），并在该下拉列表框中选种一种要显示的选项。例如选择“东北”

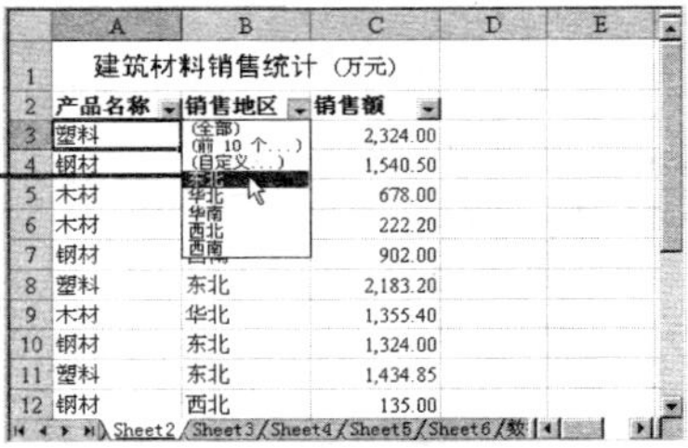

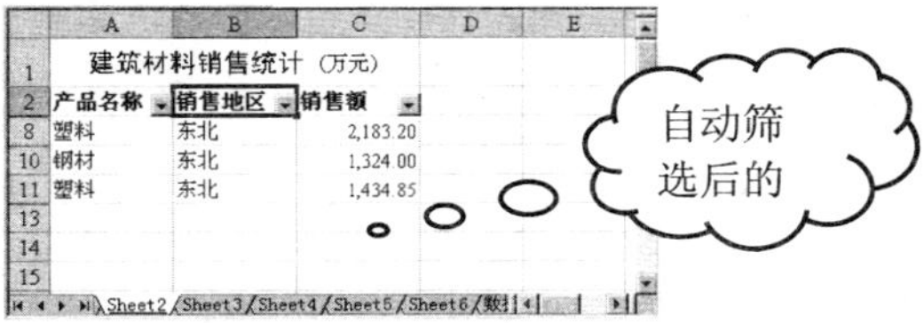

图 2-70 使用自动筛选

提示

- 筛选后所显示的记录的行号呈蓝色，且设置了筛选条件的字段名右侧的向下箭头也变成了蓝色。
- 在筛选条件下拉列表框中，“前10个”选项只对数值型字段有效。
- 要重新显示所有记录，可在筛选字段下拉列表中选择

"全部"。

※ 要撤消自动筛选，可再次选择"数据"|"筛选"|"自动筛选"菜单，此时所有记录将重新全部显示出来。

2. 自定义自动筛选

如果要进行更复杂的筛选，用户可以通过选择字段名下拉列表框中的"自定义…"选项来缩减自动筛选数据清单的范围。例如，要筛选出下面图中销售额在 200～1500 的记录，可按如图 2-71 所示的步骤进行。

1 单击要筛选数据清单中的任意单元格，选择"数据"|"筛选"|"自动筛选"菜单

2 在"销售额"下拉列表中选择"自定义"选项，打开"自定义自动筛选方式"对话框

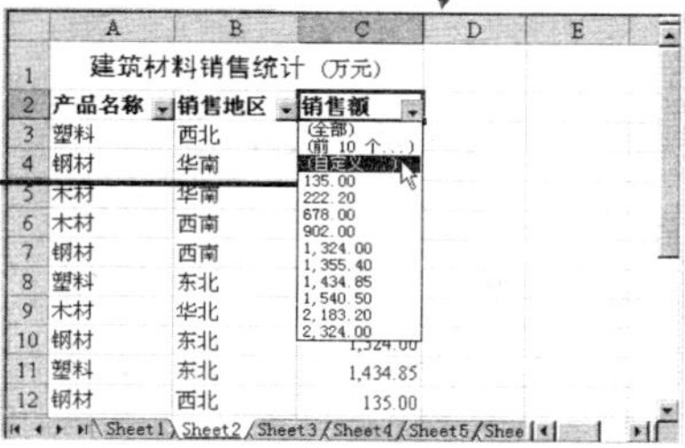

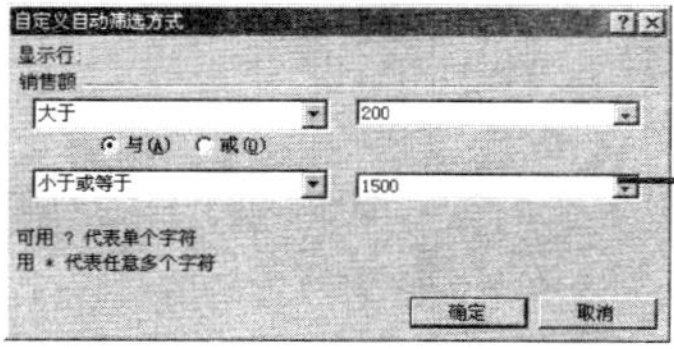

3 设置好各项后，单击"确定"按钮

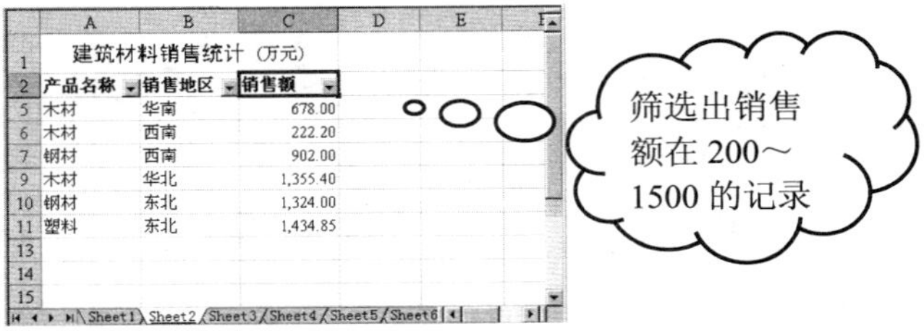

图 2-71 定义筛选条件

提示

- 如果想保存或打印筛选后的数据清单，请利用前面介绍的复制方法，将其复制到其他工作表或同一工作表的其他区域。
- 如果想取消对数据清单中某一列进行的筛选，请单击该列的字段名右端的向下箭头，再单击“全部”选项。
- 如果想取消对数据清单中所有列进行的筛选，请选择“数据”菜单中的“筛选”命令，再单击“全部显示”子命令。

2.5.3 用分类汇总法进行数据统计

对于一个工作表而言，如果能够在适当的位置加上统计数据，将使其内容更加清晰易懂，Excel 提供的分类汇总功能将帮助用户解决这个问题。使用“分类汇总”命令，不需要创建公式，Excel 将自动创建公式，并对某个字段提供诸如“求和”和“均值”之类的汇总函数，实现对分类汇总值的计算，而且将计算结果分级显示出来。

1. 创建分类汇总

在执行分类汇总命令之前，首先应对数据进行排序，将其中关键字相同的一些记录集中在一起。当对数据排序之后，就可以对记录进行分类汇总了。例如，要对下面图中的每一种部门分别进行汇总，可按如图 2-72 所示的步骤进行。

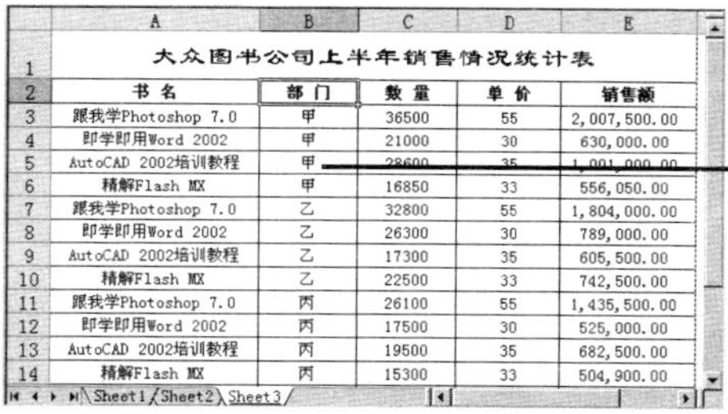

	A	B	C	D	E
1	大众图书公司上半年销售情况统计表				
2	书 名	部 门	数 量	单 价	销售额
3	跟我学Photoshop 7.0	甲	36500	55	2,007,500.00
4	即学即用Word 2002	甲	21000	30	630,000.00
5	AutoCAD 2002培训教程	甲	28600	35	1,001,000.00
6	精解Flash MX	甲	16850	33	556,050.00
7	跟我学Photoshop 7.0	乙	32800	55	1,804,000.00
8	即学即用Word 2002	乙	26300	30	789,000.00
9	AutoCAD 2002培训教程	乙	17300	35	605,500.00
10	精解Flash MX	乙	22500	33	742,500.00
11	跟我学Photoshop 7.0	丙	26100	55	1,435,500.00
12	即学即用Word 2002	丙	17500	30	525,000.00
13	AutoCAD 2002培训教程	丙	19500	35	682,500.00
14	精解Flash MX	丙	15300	33	504,900.00

Sheet1 / Sheet2 / Sheet3

1　将数据清单按照部门名称排序

2　选择“数据”|“分类汇总”菜单，打开“分类汇总”对话框

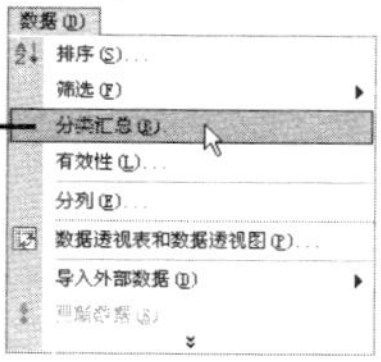

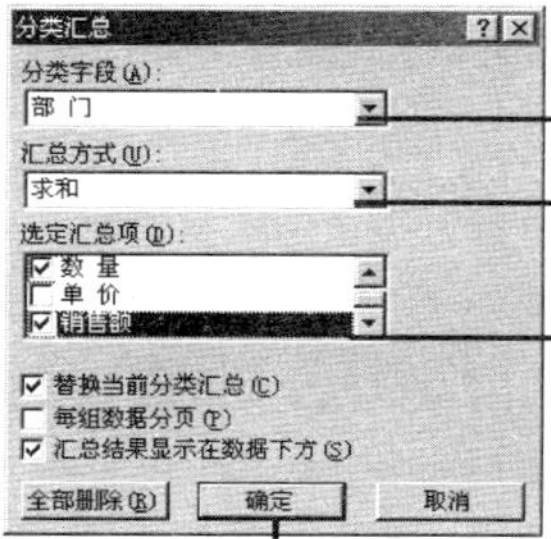

3　在“分类字段”下拉列表框中选择“部门”

4　在“汇总方式”下拉列表框中选择“求和”

5　在“选定汇总项”列表框中选择“数量”、“销售额”复选框

6　单击“确定”按钮

图 2-72　数据分类汇总

2. 显示或隐藏清单的细节数据

从上图可以看出，在显示分类汇总结果的同时，分类汇总表的左侧自动显示一些分级显示按钮。表 2-10 给出了这些按钮的功能。

表 2-10　分级显示按钮的功能

图　示	名　称	功　能
+	显示细节按钮	单击此按钮可以显示分级显示信息
-	隐藏细节按钮	单击此按钮可以隐藏分级显示信息
1	级别按钮	单击此按钮只显示总的汇总结果，即总计数据
2	级别按钮	单击此按钮则显示部分数据及其汇总结果
3	级别按钮	单击此按钮显示全部数据
参见上图	级别条	指示属于某一级别的细节行或列的范围

利用这些分级显示按钮可以控制数据的显示。例如，在图 2-72 中单击第 7 行左侧的按钮［-］，或单击该按钮上的级别条，则显示如图 2-73 所示的结果。

又如，在上图中单击级别按钮［2］，或分别单击第 12 行和第 17 行左侧的按钮［-］，或分别单击该两个按钮上的级别条，则显示如图 2-74 所示的结果。

又如，在上图中单击级别按钮［1］，或者单击第 18 行左侧的按钮［-］，则显示如图 2-75 所示的结果。

3. 清除分类汇总

如果想取消分类汇总的显示结果，恢复到数据清单的初始状态，可首先选择分类汇总数据清单中的任一单元格，然后选择“数据”|“分类汇总”菜单，打开“分类汇总”对话框，并在该对话框中选择“全部删除”按钮，即可清除分类汇总。

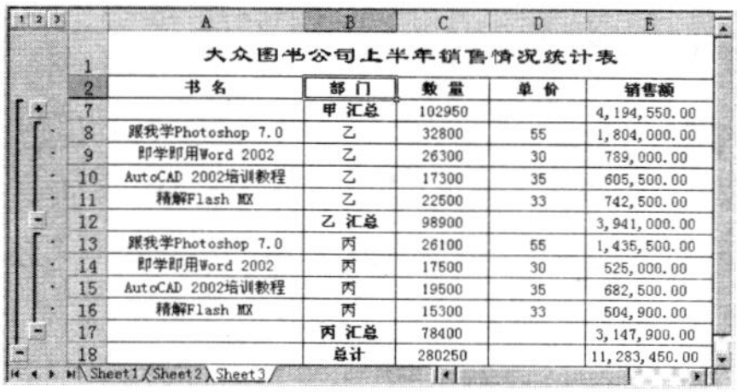

	A	B	C	D	E
1	大众图书公司上半年销售情况统计表				
2	书 名	部 门	数 量	单 价	销售额
7		甲 汇总	102950		4,194,550.00
8	跟我学Photoshop 7.0	乙	32800	55	1,804,000.00
9	即学即用Word 2002	乙	26300	30	789,000.00
10	AutoCAD 2002培训教程	乙	17300	35	605,500.00
11	精解Flash MX	乙	22500	33	742,500.00
12		乙 汇总	98900		3,941,000.00
13	跟我学Photoshop 7.0	丙	26100	55	1,435,500.00
14	即学即用Word 2002	丙	17500	30	525,000.00
15	AutoCAD 2002培训教程	丙	19500	35	682,500.00
16	精解Flash MX	丙	15300	33	504,900.00
17		丙 汇总	78400		3,147,900.00
18		总计	280250		11,283,450.00

Sheet1 Sheet2 Sheet3

图 2-73　打开汇总单

	A	B	C	D	E
1	大众图书公司上半年销售情况统计表				
2	书 名	部 门	数 量	单 价	销售额
7		甲 汇总	102950		4,194,550.00
12		乙 汇总	98900		3,941,000.00
17		丙 汇总	78400		3,147,900.00
18		总计	280250		11,283,450.00

Sheet1 Sheet2 Sheet3

图 2-74　关闭汇总单

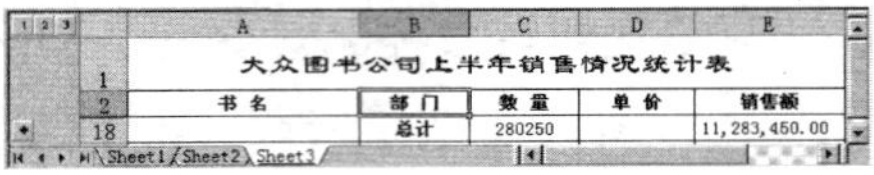

图 2-75　关闭汇总

2.6　打印工作表

当制作好工作表后，通常还需将工作表的内容打印出来。Excel 为用户提供了许多用来设置或调整打印效果的功能，例如设置页面、设置打印区域以及打印预览等。充分地利用这些功能，可使打印的结果与用户所期望的结果完全一致。

2.6.1　页面设置

在打印工作表之前，用户可根据要求对需要打印的工作表进行一些必要的设置。例如：设置打印的方向、纸张的大小、页眉或页脚、页边距以及控制是否打印网格线、行号、列标或批注等，这些操作都可通过“文件”菜单中的“页面设置”命令来完成。

选择“文件”|“页面设置”菜单，打开“页面设置”对话框，如图 2-76 所示。在该对话框中有“页面”、“页边距”、“页眉/页脚”以及“工作表”等四个选项卡。用户可根据需要选择相应的选项卡来进行设置。

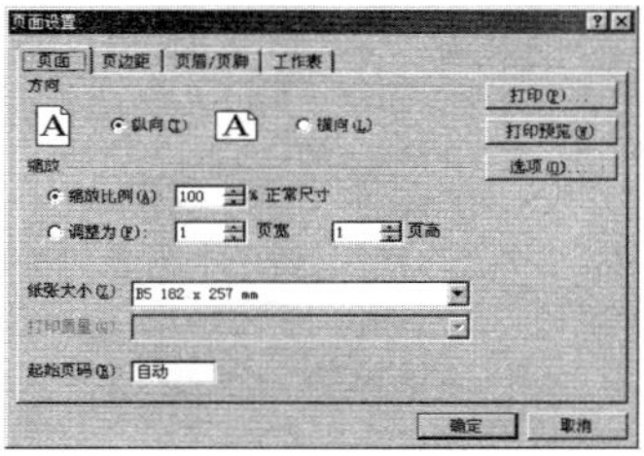

图 2-76　页面设置

2.6.2　查看和调整分页设置

通过选择“视图”菜单中的“分页预览”命令，可从工作表的常规视图切换到分页预览视图，如图 2-77 所示。

该视图以打印方式显示工作表，可以帮助用户完成一些打印设置工作（如选定打印区域、调整分页符、插入分页符等），并且用户还可像在常规视图中一样编辑工作表。要从分页预览视图返回常规视图，可选择“视图”|“普通”菜单。

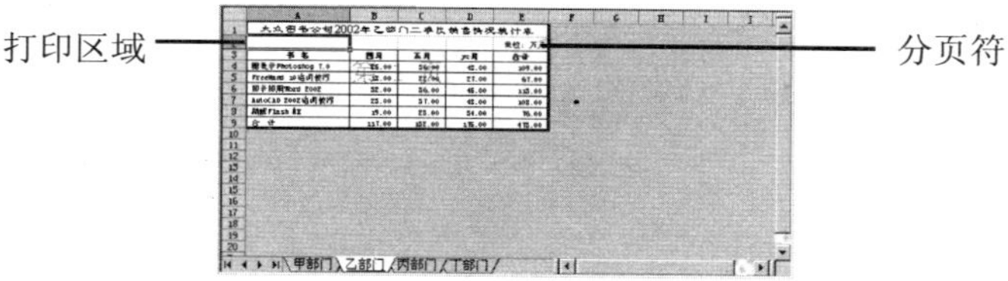

图 2-77　查看、调整分页设置

1. 设定打印区域

由上图中可以看到：蓝色框线就是 Excel 自动产生的分页符，分页符包围的部分就是系统根据工作表中的内容自动产生的打印区域。

如果要改变打印区域，只要用鼠标向里或向外拖动分页符就可选定新的打印区域，如图 2-78 所示的是将鼠标指针移到分页符的右下角，按住鼠标左键向外拖动产生的新的打印区域。

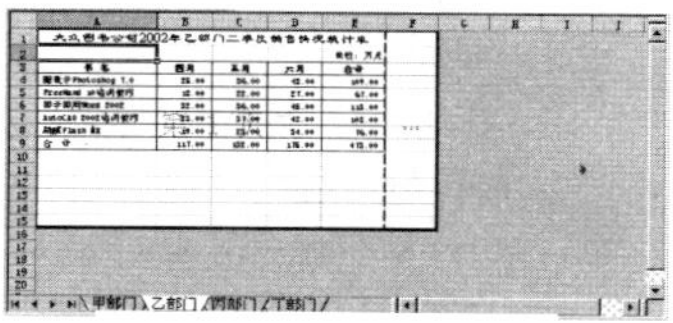

图 2-78　设定打印区

另外，先选定需要设为打印区域的单元格区域，然后单击鼠标右键，并从弹出的快捷菜单中选择“设置打印区域”命令，所选区域即变为新的打印区域。

2. 插入或移动分页符

如果需要打印的工作表中的内容不止一页，Excel 会自动在工作表中插入分页符将工作表分成多页，而且这些分页符的位置取决于纸张的大小、页边距设置和设定的打印比例，如图 2-79 所示。

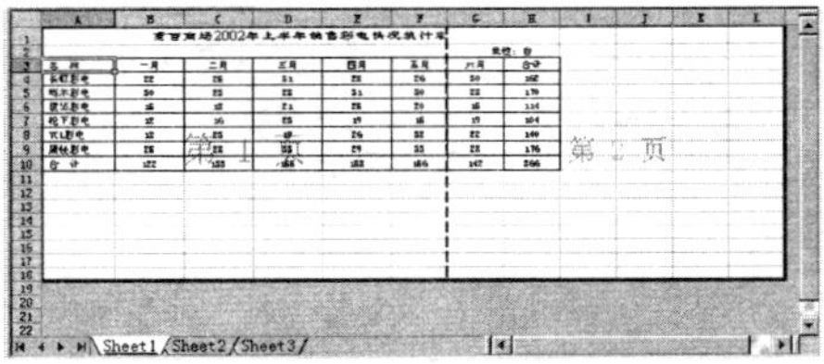

图 2-79　插入、移动分页符

※ 默认情况下，当用户进入打印预览窗口、分页预览窗口或进行了页面设置后，返回常规视图时，Excel 会自动在工作表编辑窗口插入虚线分页符，如图 2-80 所示。与分页预览视图中的分页符不同，用户此时无法移动分页符。要隐藏自动分页符，可选择“工具”菜单中的“选项”命令打开“选项”对话框，然后选择“视图”选项卡，并取消“窗口选项”区中的“自动分页符”复选框。

一月	二月	三月	四月	五月	六月	合计
22	25	31	28	26	30	162
30	23	28	31	30	28	170
15	18	21	25	20	15	114
12	16	23	19	15	19	104
18	23	19	26	32	22	140
25	28	33	29	33	28	176
122	133	155	158	156	142	866

图 2-80　隐藏分页符

但是，用户有时并不想按这种固定的尺寸进行分页，Excel 允许人为的插入分页符，即可以通过插入水平分页符改变页面上数据行的数量，或通过插入垂直分页符改变页面上数据列的数量。此外，在分页预览视图中，用户还可以用鼠标拖动分页符改变其在工作表上的位置。

（1）插入水平分页符

插入水平分页符的操作步骤如图 2-81 所示。

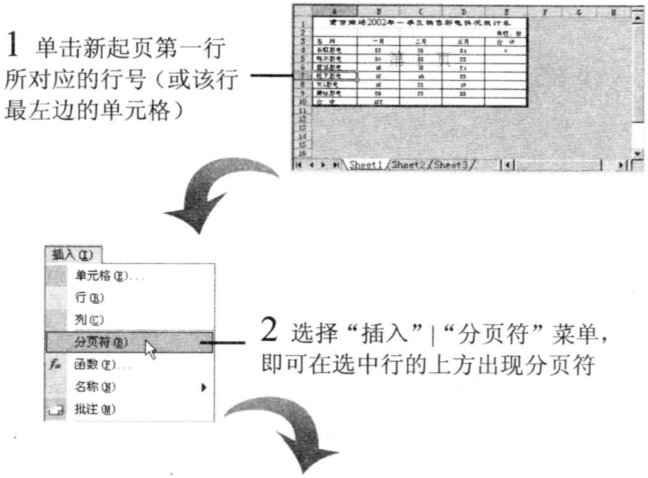

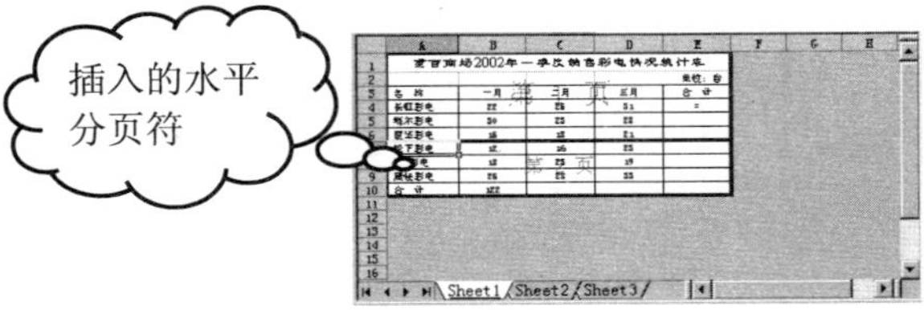

图 2-81　插入水平分页符

（2）插入垂直分页符

插入垂直分页符的操作步骤如图 2-82 所示。

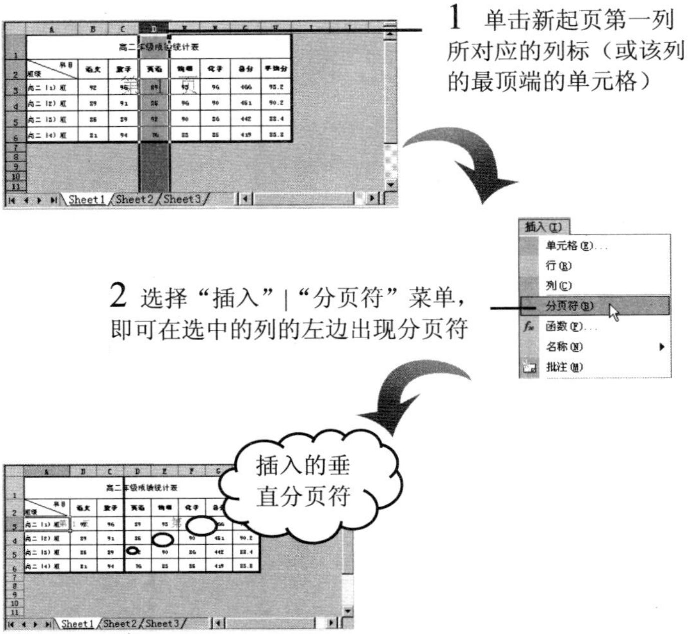

图 2-82　插入竖直分页符

提示

※ 如果单击的是工作表其他位置的单元格，将同时插入水平分页符和垂直分页符，将一页分成四页。

（3）移动分页符

在分页预览方式下，如果用户插入的分页符位置不当，可用鼠标移动分页符来快速地改变页面，其操作步骤如图 2-83 所示。

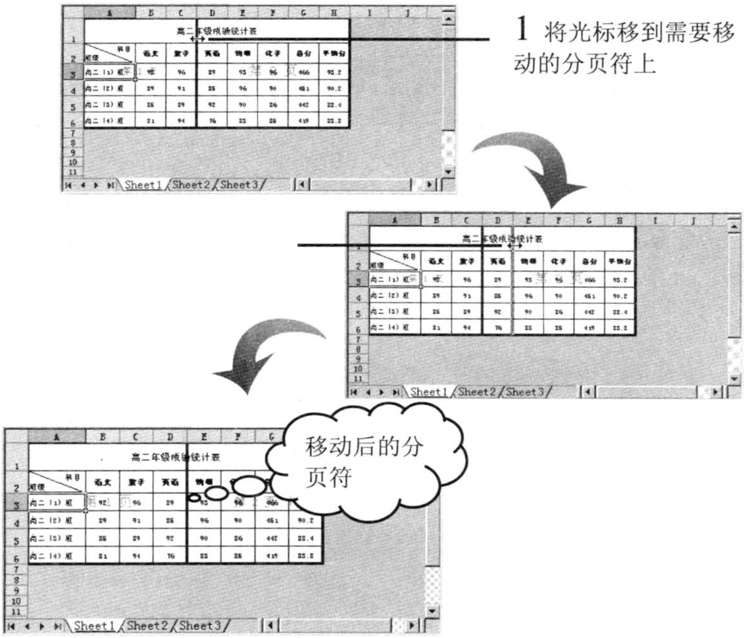

图 2-83　移动分页符

3. 删除分页符

当要删除一个水平或垂直分页符时，可以先选择分页符的下侧或右侧的任一个单元格，然后单击“插入”菜单，选择“删除分页符”命令，就可以删除该分页符。

如果需要删除全部插入的分页符，先请选定整个工作表，然后选择“插入”菜单中的“重设所有分页符”命令；或者单击鼠标右键，从弹出的快捷菜单中选择“重设所有分页符”命令，也可删除全部插入的分页符。

2.6.3 打印工作表

在用户选定了打印区域并设置好打印页面后，即可正式打印工作表了。不过，对要打印的文档设置完成以后，用户一定希望看看打印输出效果，此时就要用到 Excel 的打印预览功能了。

1. 打印预览

过去，一个文档打印输出之前，我们无法看到实际打印的效果，因此需要通过多次的调整才能达到满意的打印效果。这样既费时又费力，令人烦恼。如今，Excel 提供的打印预览功能可以消除大家的烦恼。选择“文件”菜单中的“打印预览”命令，此时在窗口中显示了一个打印输出的缩小版，如图 2-84 所示。

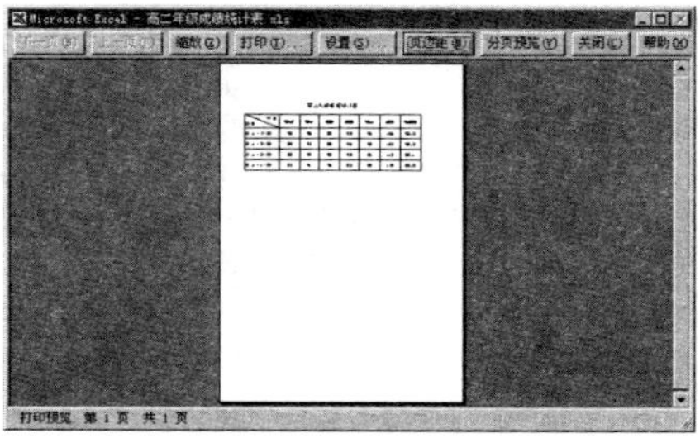

图 2-84 打印预览

从上图中可以看出：屏幕上显示的打印预览窗口，与编辑窗口不太相同，原编辑窗口中的工具栏、菜单栏被几个按钮取代。通过这些按钮，用户可以以不同的方式查看版面效果或调整版面的编排。此外，屏幕底部的状态栏显示了当前的页号和选定工作表的总页数。

打印预览视图中的效果与打印机上实际输出的效果完全一样，用户在屏幕上的“所见”，就是在打印机上的“所得”。如果所见效果不满意，直接使用打印预览视图中相应的按钮就可对有关设置进行修改，直到满意为止。

打印预览视图中包括上一页、下一页、缩放、打印、设置、页边距、分页预览/普通视图、关闭以及帮助等九个按钮。各按钮的功能如下：

- “上一页”、“下一页”按钮：单击这两个按钮，可显示上一页或下一页。如果前面或后面没有可显示页，按钮呈灰色。
- “缩放”按钮：单击该按钮，放大或缩小页面显示。将鼠标指针移到显示的页面上，单击鼠标左键也可取得同样的结果。当页面被放大显示时，用户可以使用滚动条或箭头滚动查看显示效果。
- “打印”按钮：单击该按钮，弹出“打印”对话框。
- “设置”按钮：单击该按钮，弹出“页面设置”对话框。
- “页边距”按钮：单击该按钮，可显示或隐藏用于改变边界和列宽的控制柄，如下图所示。工作表的边界用虚线表示，虚线两端各有一个小黑方块状的控制柄，用鼠标拖动控制柄或边界虚线，可快速地改变页边距有关的设置。
- “分页预览/普通视图”按钮：单击该按钮，可实现打印预览窗口和分页预览/普通视图窗口之间的切换。

- “关闭”按钮：单击该按钮，关闭打印预览窗口，并且显示活动工作表。
- “帮助”按钮：单击该按钮，可获得有关打印预览的帮助信息。

提示

※ 出现在打印预览窗口中的各页的外观有时因可用的字体、打印机的分辨率或可用的颜色不同而变化，如图 2-85 所示。

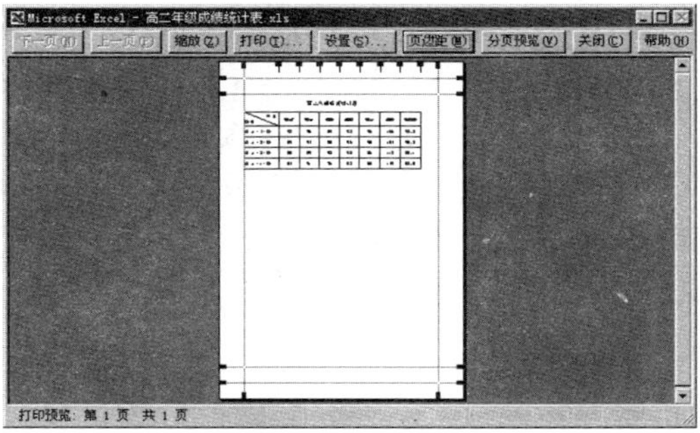

图 2-85　预览各个分页

2. 打印

如果用户对在打印预览窗口中所看到的效果非常满意，就可以开始进行打印输出了。打印的操作步骤如图 2-86 所示。

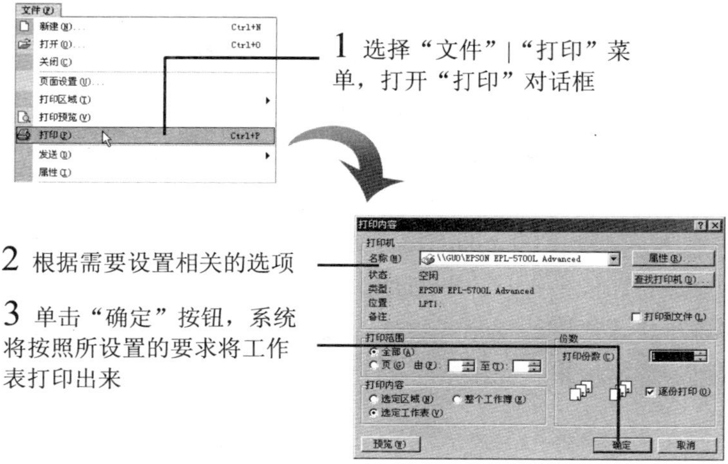
1 选择“文件”|“打印”菜单，打开“打印”对话框
2 根据需要设置相关的选项
3 单击“确定”按钮，系统将按照所设置的要求将工作表打印出来

图 2-86 打印设置

此外，直接单击“常用”工具栏上的“打印”按钮，也可以打印文档。但是它不允许用户对打印方式进行控制，而是一次将选定的内容全部打印一份。

第 3 章　幻灯片制作

PowerPoint 2002 是一种功能强大的演示文稿创建工具，使用它可以制作适应不同需求的演示文稿、简单课件等。利用 PowerPoint 2002 制成的文稿可以通过不同的方式播放，可以将演示文稿打印成幻灯片，使用投影仪播放；也可以在演示文稿中设置各种引人入胜的视觉、听觉效果。例如，在幻灯片中加入各种颜色、图形、声音、影片剪辑等，直接在计算机上或通过互联网播放。

3.1　PowerPoint 2002 功能概览

尽管利用 PowerPoint 可以制作各种演示文稿，如产品介绍、公司宣传、个人自荐等。但是，在设计演示文稿时通常都遵守一定的原则。

3.1.1　演示文稿的组成与设计原则

演示文稿由一张或若干张幻灯片组成，每张幻灯片至少包括两部分内容：幻灯片标题（用来表明主题）、若干文本条目（用来论述主题）；另外还可以包括图形、表格等其他对于论述主题有帮助的内容。如果是由多张幻灯片组成的演示文稿，通常在第一张幻灯片上单独显示演示文稿的主标题，在其余幻灯片上分别列出与主标题有关的子标题和文本条目。

在利用 PowerPoint 建立的演示文稿，为了方便演讲者，可以为每张幻灯片配备了备注栏，在备注栏中可以添加备注信息，在演示文稿播放过程中对演讲者起提示作用（在播放演示文稿时备注栏中的内容观众是看不到的)。PowerPoint 还可以将演示文稿中每张幻灯片中的主要文字说明自动组成演示文稿的大纲，以方便演讲者查看和修改。

制作演示文稿的最终目的是向观众作演示，能否给观众留下深刻印象是评定演示文稿效果的主要标准。为此，在进行演示文稿设计时一般应遵循以下设计原则：

- 重点突出。
- 简捷明了。
- 形象直观。

在演示文稿中尽量减少文字的使用，因为大量的文字说明往往使观众感到乏味，尽可能地使用其他能吸引人的表达方式，例如使用图形、图表等方式。如果可能的话，还可以加入声音、动画、影片剪辑等，来加强演示文稿的表达效果。

3.1.2 熟悉 PowerPoint 的工作界面

图 3-1 是 PowerPoint 2002 启动后的工作界面。其中，窗口右侧的区域为 PowerPoint 的任务窗格。如果是初次启动 PowerPoint，在屏幕上通常还会出现 Office 助手。

图 3-1 PowerPoint 界面

在 PowerPoint 的任务窗格中，根据功能的不同，该区域被分成了四组。选择这四个任务窗格中的某一个选项，就可以开始使用 PowerPoint 了。下面对这四个任务窗格中每个选项的作用稍加说明。

1. “打开演示文稿”任务窗格

该任务窗格列出了用户近期编辑过的演示文稿的名称，用户可从中选择并打开任何一篇演示文稿进行编辑、查看，或者在计算机中播放该演示文稿。如果单击“演示文稿”选项，系统将打开“打开”对话框，以便用户选择要打开的文件。

2. “新建”任务窗格

在该任务窗格中单击“空演示文稿”选项，可以创建一个新的空演示文稿。此时系统提供了多种预先定义好的幻灯片布局供用户选择，如图 3-2 所示。

如果在“幻灯片版式”任务窗格中单击选择某个版式，表示将把所选版式应用于指定幻灯片，如图 3-3 所示。

此外，当用户将光标移至某个版式图标时，将在该版式图标的右侧出现一个操作指示条，单击该操作指示条将打开如图 3-4 所示的菜单。通过在该菜单中选择不同的菜单项，可将选定版式应用于选定幻灯片，或者在演示文稿中插入一个选定版式的新幻灯片。

图 3-2　新建演示文稿

图 3-3　选择版式

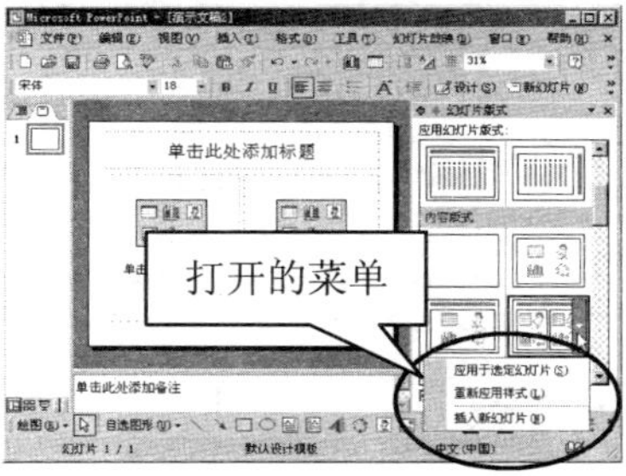

图 3-4　版式提示框

提示

❋ 在 PowerPoint 2002 中，“任务窗格”类似向导，单击其标题栏中的左右箭头⬅ ➡可切换指示画面。例如，在本例中，单击标题栏中的右箭头，可返回至“新建演示文稿”任务窗格。

如果在“新建”任务窗格中选择“根据设计模板”选项，此时画面将如图 3-5 所示。利用此时的任务窗格，可为幻灯片选择设计模板、配色方案与动画方案。例如，单击选择某个设计模板后，此时画面将如图 3-6 所示。

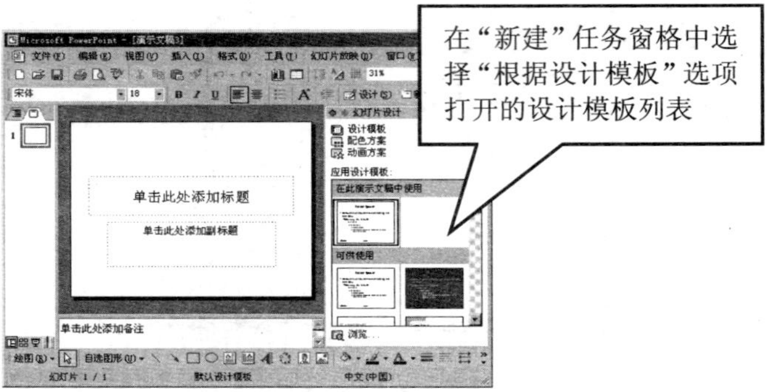

图 3-5　选择设计模板

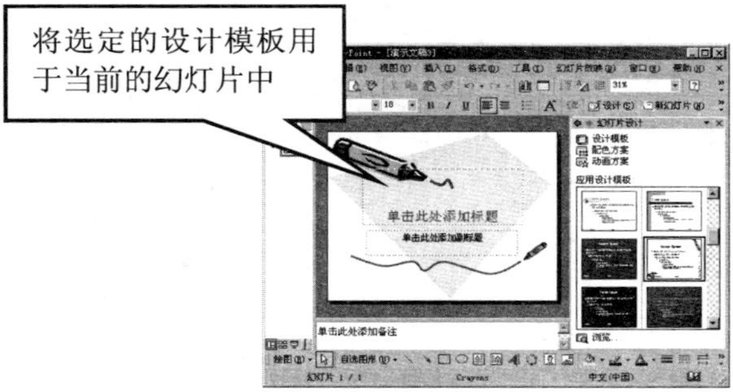

图 3-6　应用模板

提示

※ 设计模板可以理解成是由 PowerPoint 预先定义了幻灯片背景色彩、文本格式以及幻灯片内容布局的空白演示

文稿。PowerPoint提供了数十种风格各异的演示文稿设计模板，供用户选择。

如果在“新建”任务窗格中选择“内容提示向导”选项，可按照系统给出的指示一步一步地操作，从而生成具有不同专业风格的演示文稿的基本框架。在此基础上，对演示文稿的内容进行进一步的编辑就比较方便了。这种创建演示文稿的方式对于初次使用 PowerPoint 制作演示文稿的人来说比较简便易学，而且制作出的演示文稿具有很高的专业水平。

3. “根据现有显示文稿新建”任务窗格

如果使用“选择显示文稿选项”，用户可以从打开的“打开”对话框中选择要用作新文稿基础的现有文稿。

4. “根据模板新建”任务窗格

在“根据模板新建”任务窗格中列出了最近使用过的模板，用户可直接选择希望使用的模板。

其中，选择“通用模板”，将打开“模板”对话框，在该对话框中有更多的模板类型可供选择；选择“我的 Web 站点模板”选项，可基于 Web 新建模板；选择“Microsoft .com 上的模板”选项，可以打开“Microsoft Office”的更新模板库。

此外，若选中“启动时显示”复选框，表示在下次启动 PowerPoint 时将显示该任务窗格，否则将不再显示。

3.2 创建新演示文稿

下面我们通过使用“内容提示向导”来创建一个有关产品介绍的演示文稿，如图 3-7 所示。

提示

- ※ 由于在计算机中播放演示文稿可以充分发挥 PowerPoint 提供的各种强大功能，所以通常我们选择“屏幕演示文稿”。
- ※ 其中，在上图对话框中各种输出方式的意义如下：
- ※ 屏幕演示文稿：即在计算机屏幕上直接播放演示文稿。
- ※ Web 演示文稿：是指将演示文稿发送到 Web 服务器中，以 Web 页的形式供网络中的用户浏览、观看。
- ※ 黑白投影机：将演示文稿打印成黑白幻灯片，通过黑白投影机播放。
- ※ 彩色投影机：将演示文稿打印成彩色幻灯片，通过彩色投影机播放。
- ※ 35mm 幻灯片：将演示文稿最终制成 35mm 幻灯片。

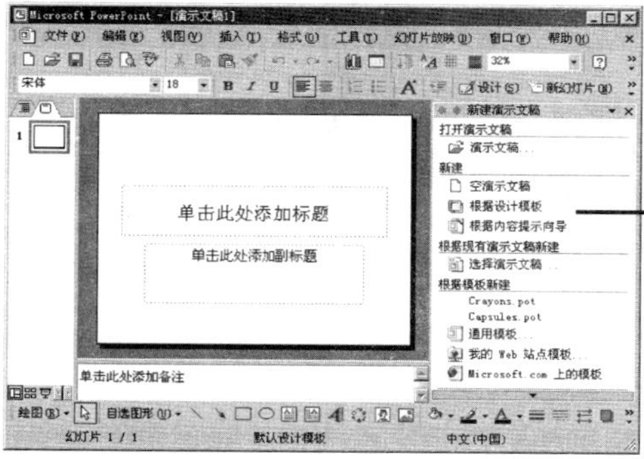

1 在“新建演示文稿”任务窗格中单击“根据内容提示向导”超链接，打开“内容提示向导”对话框

在该对话框中的左半部分是一个使用内容提示向导新建演示文稿的流程图，通过该流程图可以清楚知道使用内容提示向导时每一步具体完成的工作

2 单击“下一步”按钮

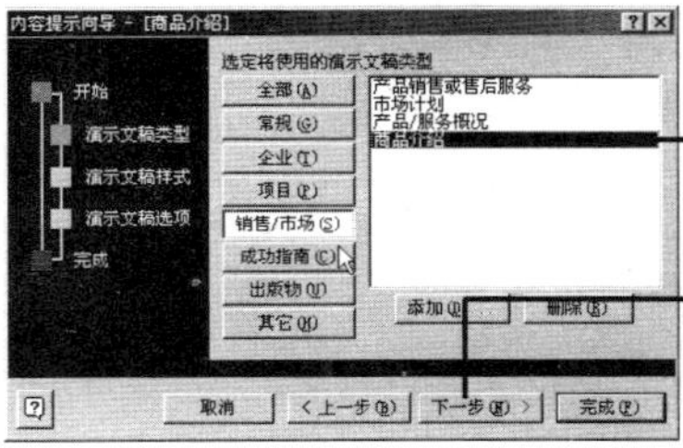

3 单击“销售/市场”按钮，并选择“商品介绍”文稿类型

4 单击“下一步”按钮

5 选择一种演示文稿的输出方式。例如选择“屏幕演示文稿”

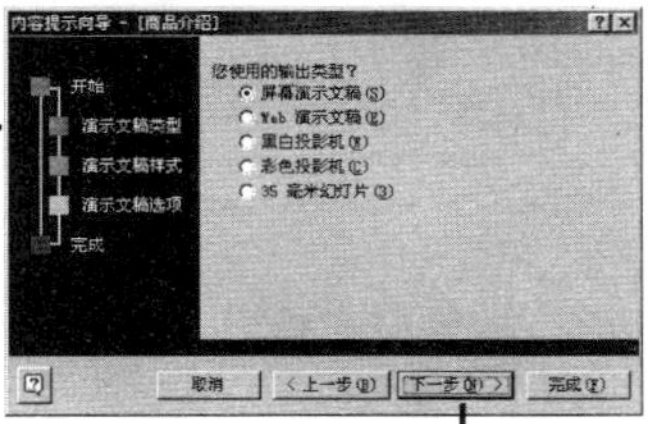

6 单击“下一步”按钮

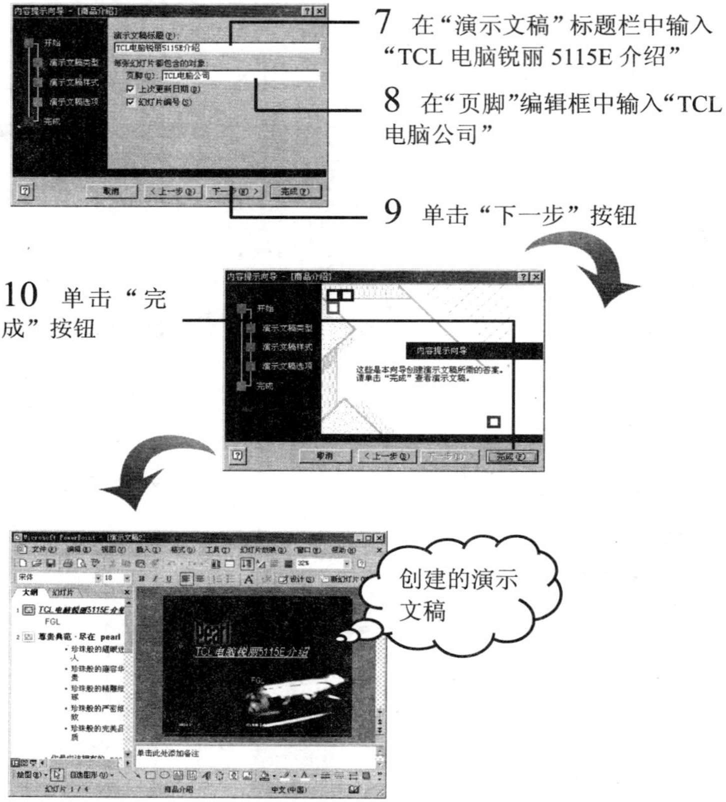
7 在“演示文稿”标题栏中输入“TCL 电脑锐丽 5115E 介绍”
8 在“页脚”编辑框中输入“TCL 电脑公司”
9 单击“下一步”按钮
10 单击“完成”按钮
创建的演示文稿

图 3-7 创建演示文稿

3.3 编辑演示文稿

新演示文稿创建之后，就可以对演示文稿进行编辑了。一般来说，演示文稿的编辑大致包含下面几个方面的任务：

➢ 输入与标题及文本条目相应的内容。

- 设置标题与文本条目的字体格式和段落格式。
- 调整标题与文本框的尺寸与位置。
- 在演示文稿中添加图片、图表、声音和影片剪辑等多媒体元素。
- 移动、添加或删除幻灯片。

总的来说，编辑幻灯片与编辑 Word 文档类似。现在我们以前面小节生成的演示文稿为例，简单介绍一下编辑演示文稿的基本操作。

3.3.1 熟悉演示文稿的视图

在对演示文稿进行编辑之前，我们首先来熟悉一下演示文稿的视图。

通常情况下，编辑区处于下述三种视图模式之一：普通视图模式、幻灯片浏览视图模式和幻灯片放映视图模式。用户既可利用“视图”菜单，也可利用 PowerPoint 程序窗口左下角的视图工具栏来切换各种视图。各种视图的特点和作用大致如下。

1. 普通视图

图 3-8 所示画面即为普通视图模式，它是系统默认的视图模式，由三部分构成：左边是幻灯片文本的大纲栏（主要用于显示、编辑演示文稿的大纲，其中列出了演示文稿中每张幻灯片的页码、主题以及相应的要点）、右边是幻灯片栏（主要用于显示、编辑演示文稿中幻灯片的详细内容）、底部为备注栏（主要用于为对应的幻灯片添加提示信息，对演讲者起备忘、提示作用，在实际播放演示文稿时观众看不到备注栏中的信息）。

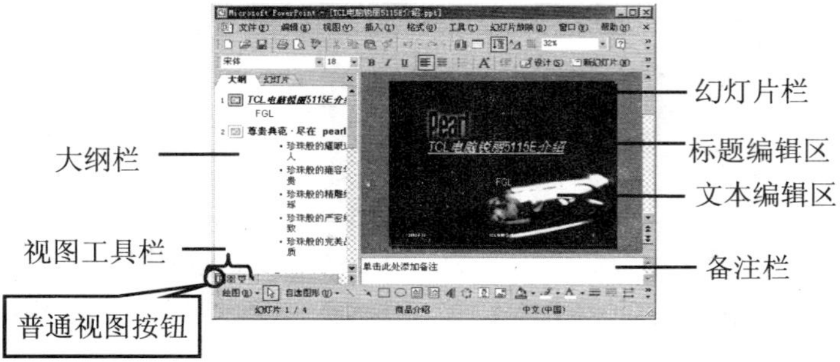

图 3-8　文稿的普通视图

此外，如果在图 3-8 的右侧区域单击“幻灯片”标签，即可看到各幻灯片的缩览图，如图 3-9 所示。

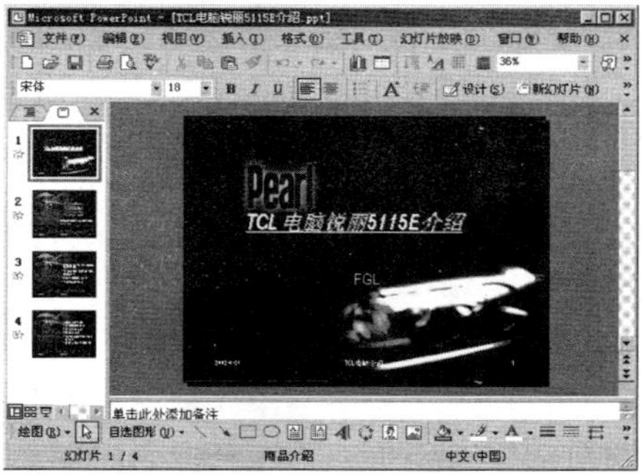

图 3-9　幻灯片缩览图

2. 幻灯片浏览视图

在该视图模式下，系统以最小化的形式显示演示文稿中的所有幻灯片。在这种视图下，用户可以进行幻灯片顺序的调整、幻灯片动画设计、幻灯片放映设置和幻灯片切换设置等，如图 3-10 所示。

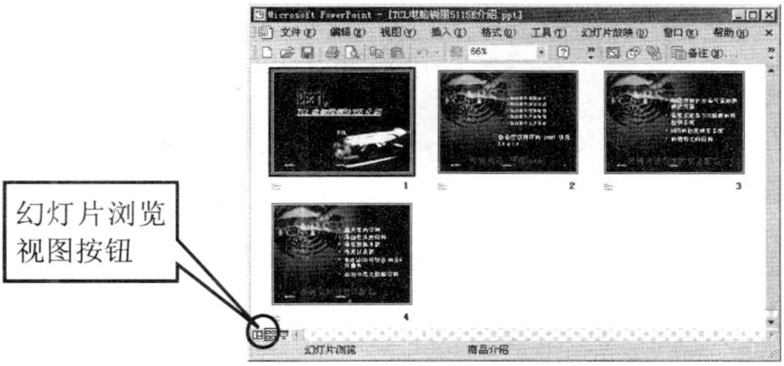

图 3-10　浏览幻灯片

3. 幻灯片放映视图

这种视图模式用于查看设计好的演示文稿的放映效果，如图 3-11 所示。

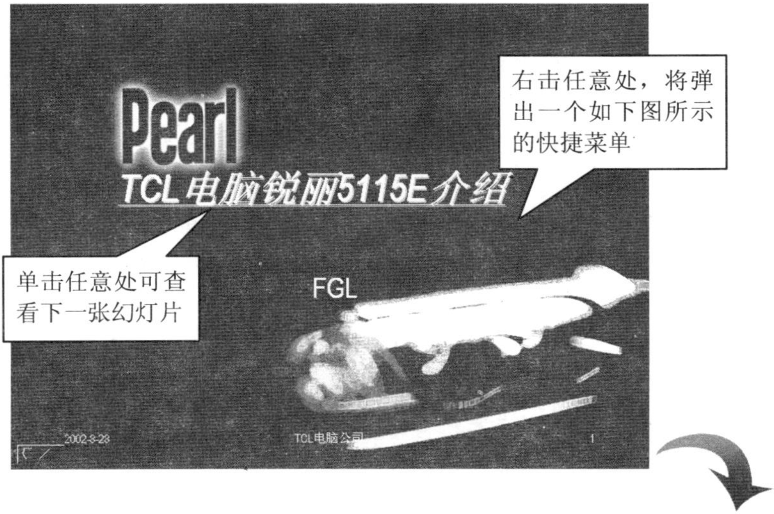

在该菜单中，用户可对幻灯片进行定位、做会议记录、演讲者备注以及结束放映等
FGL

图 3-11　幻灯片演示

提示

※ 状态栏位于屏幕底部，从状态栏中可以看出当前编辑的幻灯片序列号、整个文稿所包含的幻灯片页数以及演示文稿中所用模板的名称等信息。

3.3.2　熟悉幻灯片、讲义与备注母版视图

在 PowerPoint 中，编辑区是对演示文稿进行编辑的区域。在该区域中，除了可以编辑文本（文字、符号）之外，还可以向幻灯片中添加图片、表格、声音、图像。在一个新建空演示文稿中，编辑区经常会出现类似“单击此处添加标题”、“单击此处插入副标题”之类的文字。用户只要单击这些文字出现的位置，其内容自动消失，且一旦输入新文字，其内容将不再出现。这些文字被称为占位符，它们的内容来自母版。

用户创建的大多数幻灯片都是基于母版的。因此，在某些情

况下，只有通过修改母版才能更改幻灯片中的某些元素。如果要修改幻灯片的背景图，就必须通过修改幻灯片母版来实现。

在 PowerPoint 中，系统提供了三种母版，即幻灯片母版、讲义母版与备注母版。下面简要介绍一下这三种母版的特点。

1. 幻灯片母版

利用幻灯片母版可快速进行全局更改，并使该更改应用到演示文稿的所有幻灯片中，其操作步骤如图 3-12 所示。

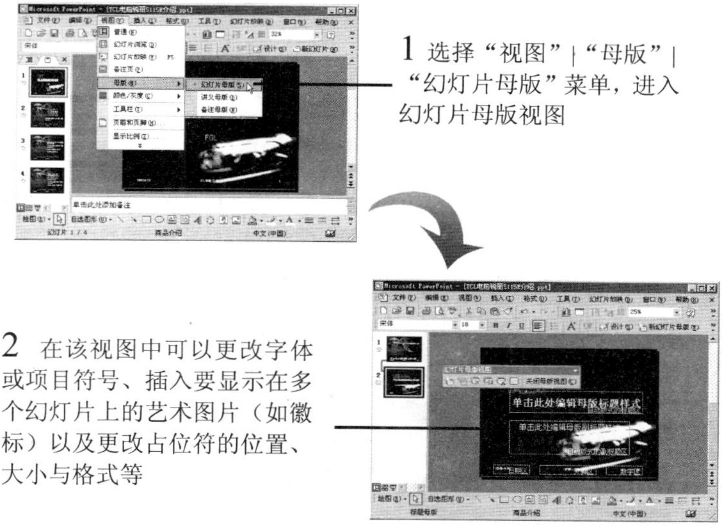
1 选择“视图”|“母版”|“幻灯片母版”菜单，进入幻灯片母版视图
2 在该视图中可以更改字体或项目符号、插入要显示在多个幻灯片上的艺术图片（如徽标）以及更改占位符的位置、大小与格式等

图 3-12　应用模板

总的来说，幻灯片母版中存储了下列信息：

- 标题、正文和页脚文本的字形。
- 文本和对象的占位符位置。
- 项目符号样式。
- 背景设计与配色方案。

提示

※ 母版中的文字仅用于说明，实际的文字必须在普通视图下输入，而页眉与页脚应在“页眉和页脚”对话框中输入。

※ 如果将多个设计模板应用于演示文稿，则演示文稿将拥有多个幻灯片模板，每个已应用的设计模板对应一个幻灯片母版。因此，如果此时要更改整个演示文稿，则需要更改每个幻灯片母版。

2. 讲义母版

用户可按讲义格式打印演示文稿，每个页面可以包括1、2、3、4、6或9张幻灯片，该讲义可供听众在以后的会议中使用。

要定义讲义格式，可按如图3-13所示的步骤进行。

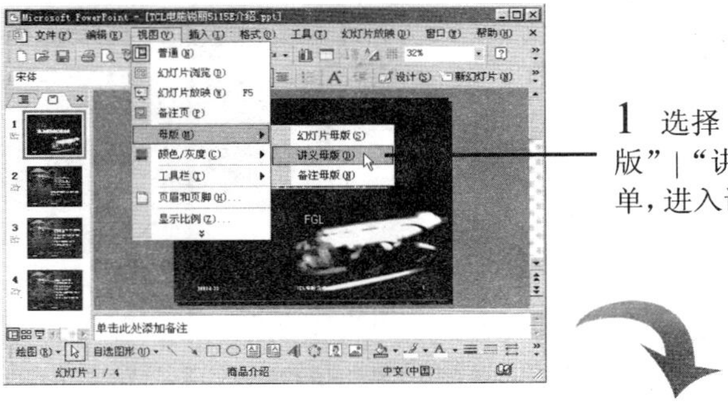
1 选择“视图”|“母版”|“讲义母版”菜单，进入讲义母版视图

2　在该视图中可以更改讲义中页眉与页脚的文本、日期或页码的外观、每页幻灯片讲义的位置和大小

图 3-13　设计讲义母版

提示

※ 如果要使讲义中每页都显示某些文字或徽标，应把它添加到讲义母版中。

此外，若要更改讲义背景，可按如图 3-14 所示的步骤进行。

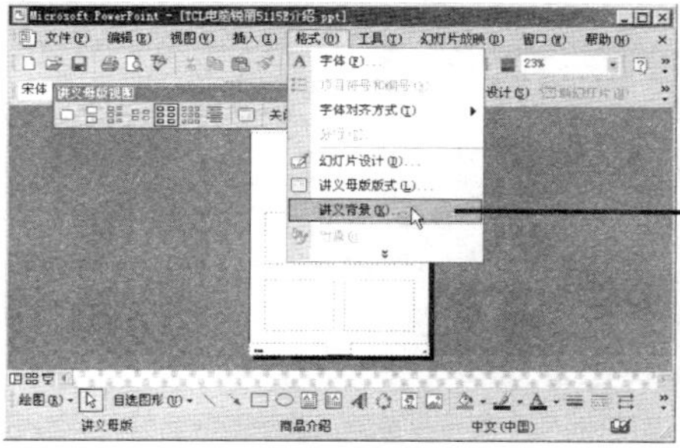

1　在讲义母版视图下选择“格式”|“讲义背景”菜单，打开“讲义背景”对话框

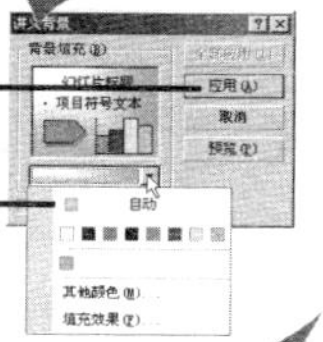

3　单击“应用”按钮

2　在该对话框中选择颜色或者填充效果来更改讲义背景

更改讲义背
景后的效果

图 3-14　更改讲义母版

3. 备注母版

与讲义母版类似，用户可以根据需要打印备注页。备注页中主要包含了幻灯片、幻灯片中的备注文字，以及根据需要加在备注页中的图片或图表等。

如果希望更改用于演示文稿中的所有备注页，应更改备注母版，其操作步骤如图 3-15 所示。

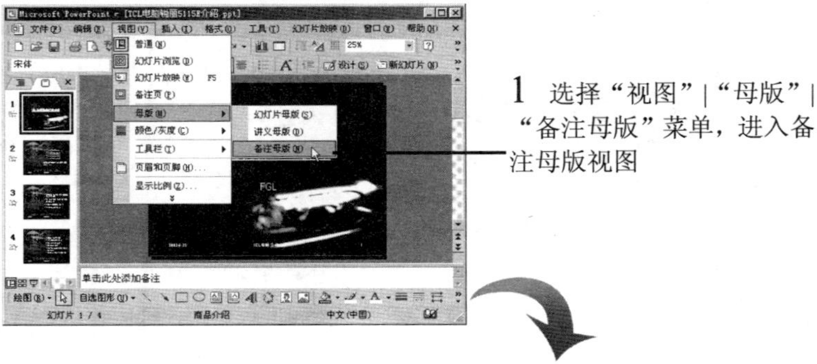
1 选择“视图”|“母版”|“备注母版”菜单，进入备注母版视图

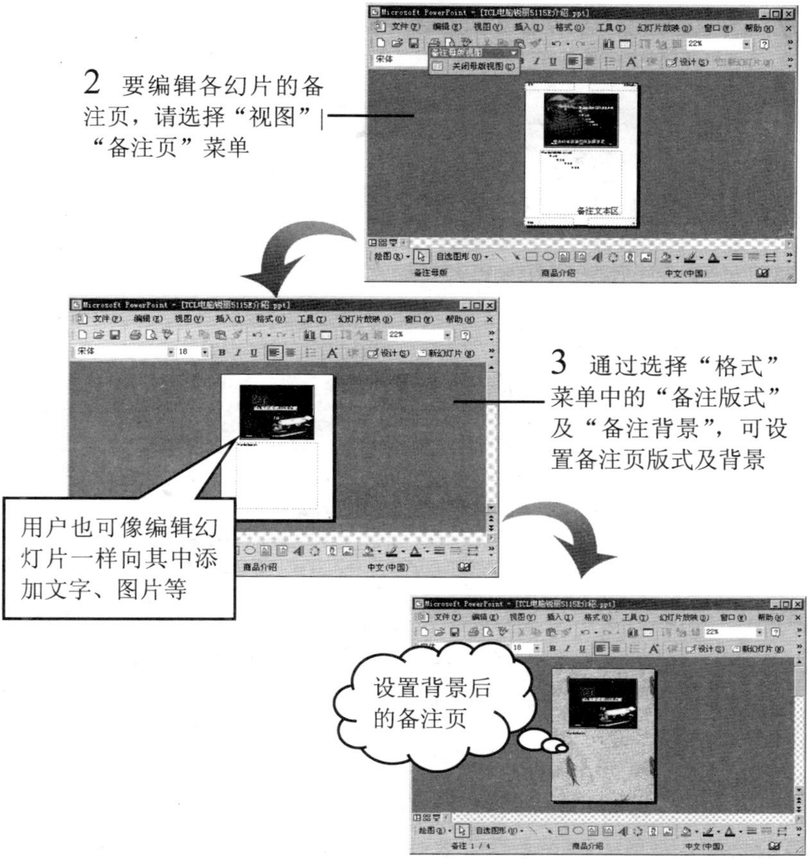
2 要编辑各幻片的备注页，请选择“视图”|“备注页”菜单
3 通过选择“格式”菜单中的“备注版式”及“备注背景”，可设置备注页版式及背景
用户也可像编辑幻灯片一样向其中添加文字、图片等
设置背景后的备注页

图 3-15　添加母版备注

3.3.3　文本格式化与编辑

在幻灯片编辑画面中，要格式化文本，可在选中文本后选择“格式”菜单中的适当菜单项，或单击“格式”工具栏中的适当工具。

要编辑幻灯片中的文本，可按如图 3-16 所示的步骤进行。

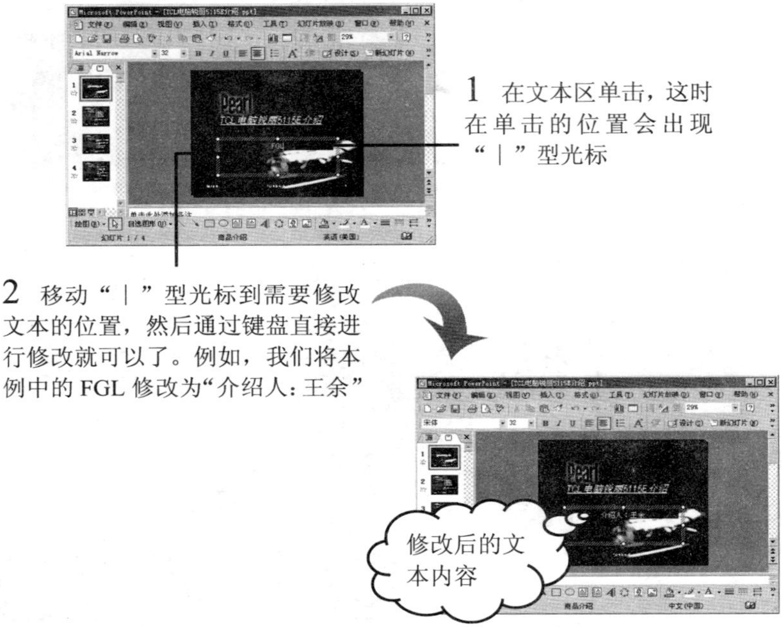
1 在文本区单击，这时在单击的位置会出现“｜”型光标
2 移动“｜”型光标到需要修改文本的位置，然后通过键盘直接进行修改就可以了。例如，我们将本例中的 FGL 修改为“介绍人：王余”
修改后的文本内容

图 3-16　编辑幻灯片

3.3.4　加入备注信息

如果打算重点讲解某张幻灯片的内容，而该幻灯片中无法容纳过多的细节，可以在该幻灯片对应的备注栏中添加有关的细节内容，以便提醒演讲者讲解该张幻灯片的内容时不要漏掉相关细节。在备注栏中输入信息的操作步骤如图 3-17 所示。

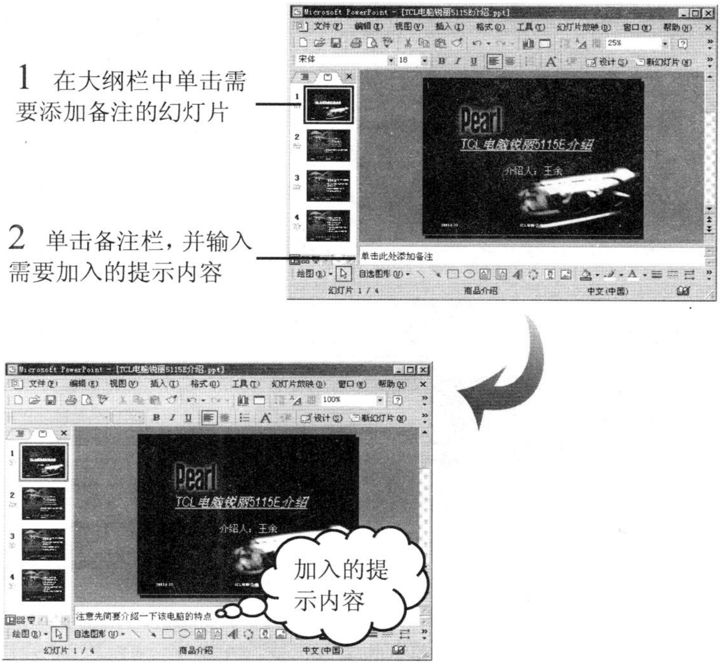
1 在大纲栏中单击需要添加备注的幻灯片
2 单击备注栏，并输入需要加入的提示内容
Microsoft PowerPoint - [TCL电脑锐丽5115E介绍.ppt]
单击此处添加备注
TCL电脑锐丽5115E介绍
介绍人：王余
注意先简要介绍一下该电脑的特点
加入的提示内容

图 3-17　增加备注内容

提示

※ 要调整画面各区域的尺寸，可将光标移至各区域分界线单击并拖动即可。

在其他幻灯片中加入备注的方法与此相同，在此不再介绍。

3.3.5 添加文本

不像 Word、Excel 等其他 Office 应用程序，用户不能直接在幻灯片中添加文字，而只能借助自选图形和文本框等。例如，如果我们希望在首张幻灯片中增加一些文字，可按如图 3-18 所示的步骤进行。

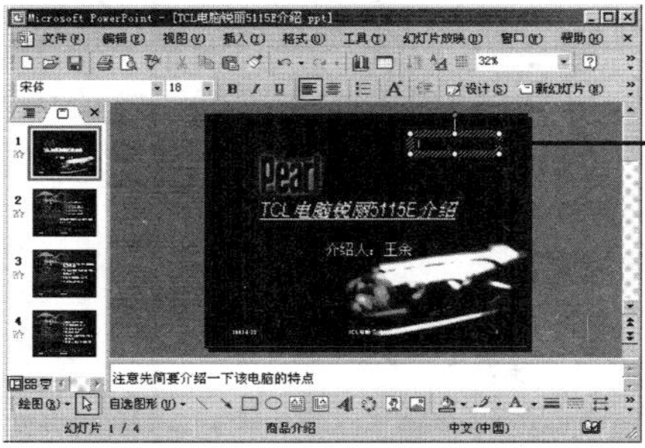

1 在“绘图”工具栏中单击“文本框”按钮，然后在幻灯片编辑区单击并拖动创建文本框

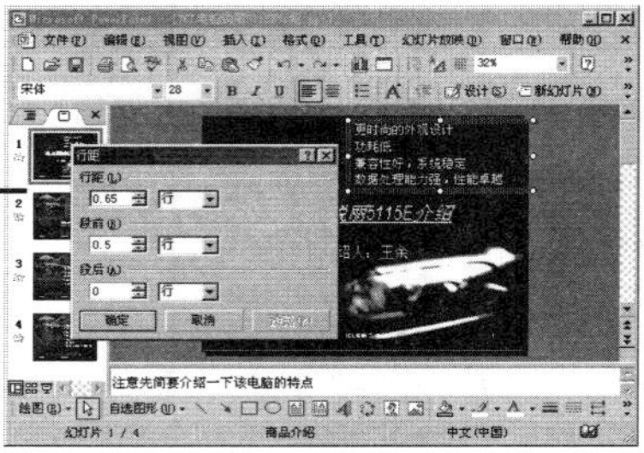

2 在文本框中输入文字，并利用“格式”工具栏调整文字的字体和大小，利用“行距”对话框调整每行字之间的距离

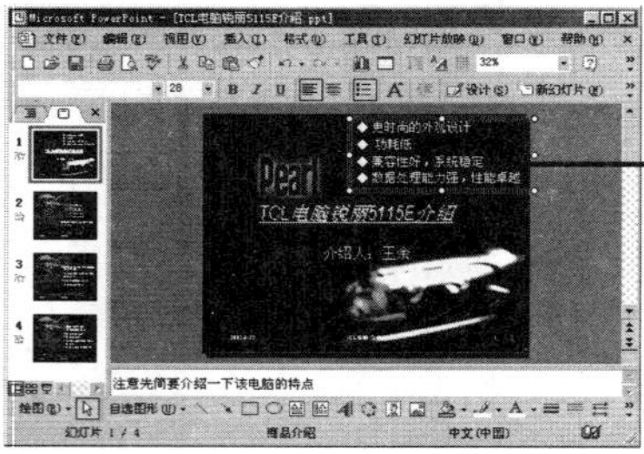

3 选择“格式”|“项目符号和编号”菜单，利用“项目符号和编号”对话框为文字增加项目符号

4 单击“绘图”工具栏中的“字体颜色”按钮 A ▾，将字体颜色设置为黄色

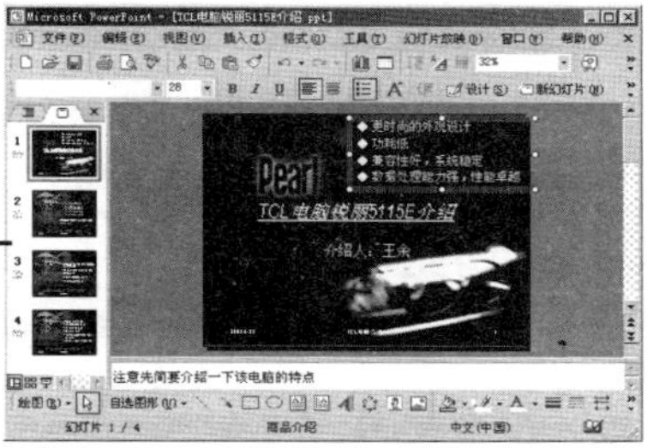

图 3-18 增加文本

3.3.6 添加图片、声音和影片

为了增强演示文稿的效果，利用“插入”菜单中的适当选项，用户可在演示文稿中方便地插入图片、图表、表格、声音和影片等多媒体元素，其操作步骤如图 3-19 所示。

如果用户已经通过扫描或其他方法将公司图标制成了图片文件，可选择“插入”|“图片”|“来自文件”菜单，将图片插入到幻灯片中

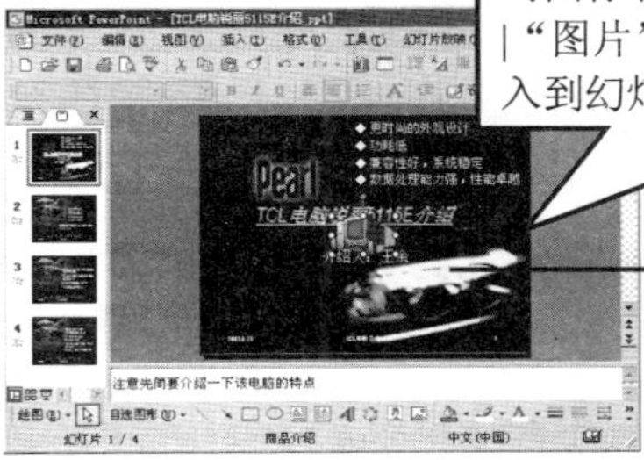

1 选择“插入”|“图片”|“剪贴画”菜单，将选中的图片插入到幻灯片中

2 拖动图片上的控制点调整其大小，并将其移到合适的位置

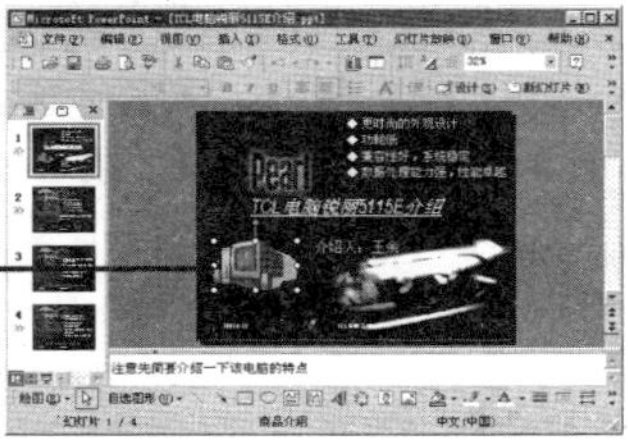

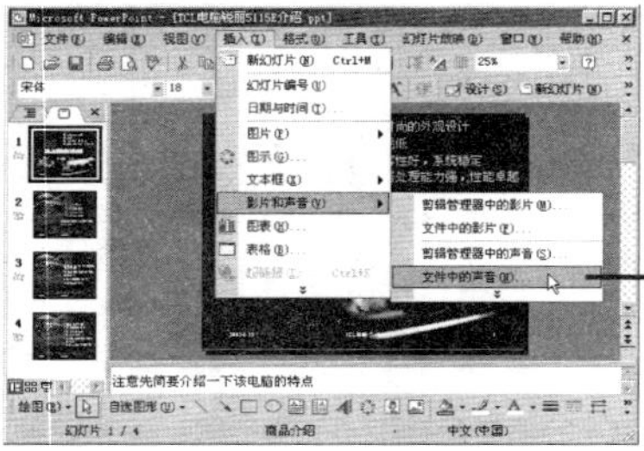

3 选择“插入”|“影片和声音”|“文件中的声音”菜单，打开“插入声音”对话框

4 选取要插入的声音文件，并单击“确定”按钮

Microsoft PowerPoint
是否需要在幻灯片放映时自动播放声音？如果不，则在您单击时播放声音。
是(Y)
否(N)

5 在该提示对话框中选择一种播放声音文件的方式，例如单击“是”按钮

插入到幻灯片中的声音文件图标。用户可对该图标进行移动、调整大小等

右击该图标，从弹出的快捷菜单中选择“播放声音”菜单，可试听声音；选择“编辑声音对象”菜单，可设置声音播放选项（是否循环播放）

提示

※ 在幻灯片编辑窗口中，从声音图标右键快捷菜单中选择“播放声音”可播放声音，此后可随时单击“结束播放”。在播放幻灯时，用户也可随时单击幻灯片其他区域或单击鼠标右键停止播放，单击声音图标重新播放声音。在幻灯片上，选择声音图标或 CD 图标，在按 Delete 键就可删除幻灯片上的音乐和声音。该原则同样适合下面介绍的播放 CD 乐曲。

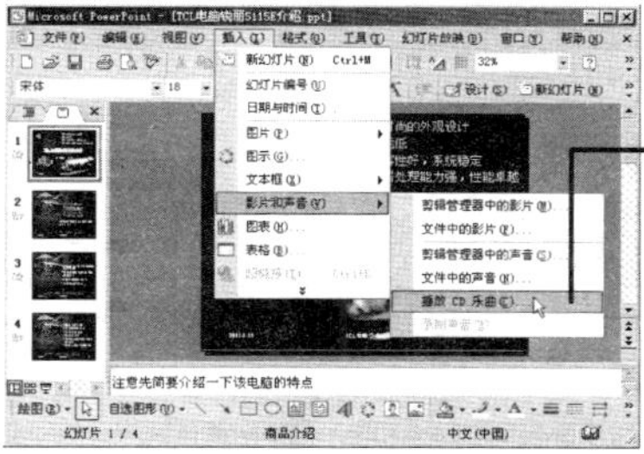

6 选择“插入”|“影片和声音”|“播放 CD 乐曲”菜单，打开“影片和声音选项”对话框

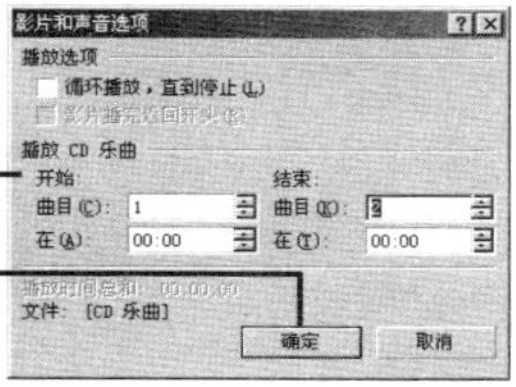

7 在该对话框设置要播放的乐曲（即磁道），以及是否循环播放等

8 单击“确定”按钮

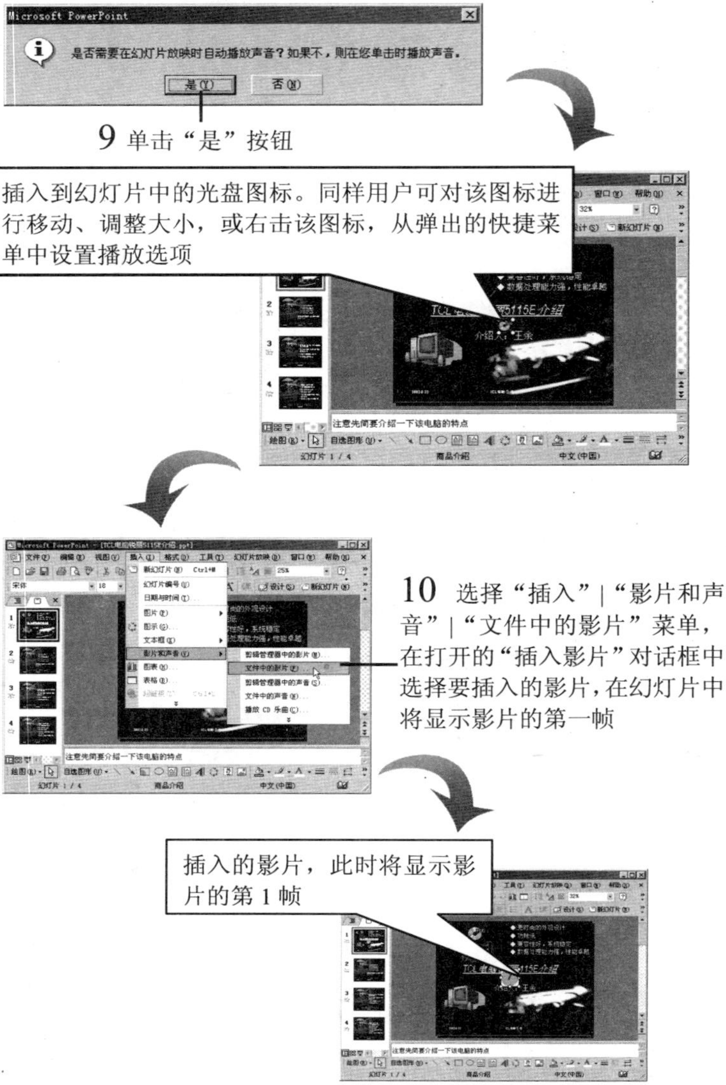
Microsoft PowerPoint
是否需要在幻灯片放映时自动播放声音？如果不，则在您单击时播放声音。
是(Y)
否(N)
9 单击“是”按钮
插入到幻灯片中的光盘图标。同样用户可对该图标进行移动、调整大小，或右击该图标，从弹出的快捷菜单中设置播放选项
10 选择“插入”|“影片和声音”|“文件中的影片”菜单，在打开的“插入影片”对话框中选择要插入的影片，在幻灯片中将显示影片的第一帧
插入的影片，此时将显示影片的第1帧

图 3-19　增加图片、声音和影片

此外，通过选择“插入”菜单中的适当选项，用户还可方便地在幻灯片中插入图表、图示、表格、对象等。

3.3.7　插入超链接

利用超链接，当浏览者在播放幻灯片时可通过单击带有超链接属性的图形、图像或文字元素，可打开网页、文档、发送电子邮件或切换到其他幻灯片。

要插入超链接，必须首先选定要作为超链接的图形、图像或文字，然后按如图 3-20 所示的步骤进行。

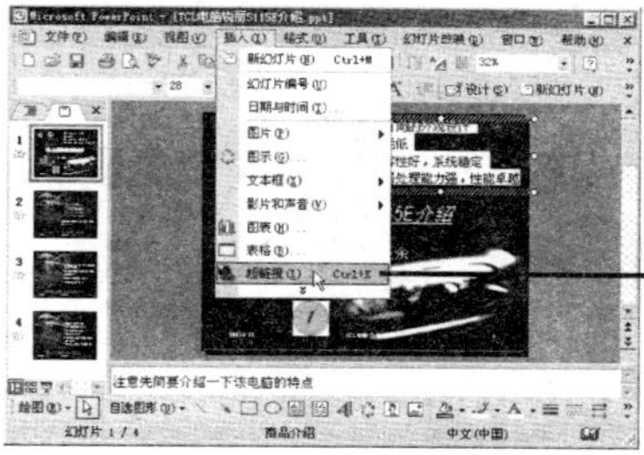

1　选择“插入”|“超链接”菜单，打开“插入超链接”对话框

2　如果在该对话框左侧的“链接到”列表框中选择“原有文件或 Web 页”按钮（默认），则在“地址”编辑框中可输入链接网页地址。同时，用户也可在计算机中选择某个文件作为超链接文件，以后在播放幻灯片时单击超链接将打开链接文件

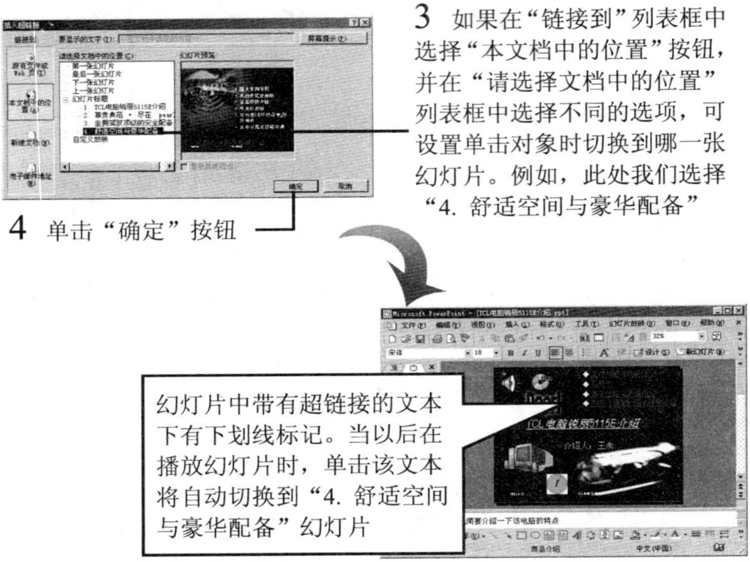
3 如果在“链接到”列表框中选择“本文档中的位置”按钮，并在“请选择文档中的位置”列表框中选择不同的选项，可设置单击对象时切换到哪一张幻灯片。例如，此处我们选择“4. 舒适空间与豪华配备”
4 单击“确定”按钮
幻灯片中带有超链接的文本下有下划线标记。当以后在播放幻灯片时，单击该文本将自动切换到“4. 舒适空间与豪华配备”幻灯片

图 3-20　增加超链接

此外，如果在“链接到”列表框中选择“新建文档”按钮，表示将创建一个新文档，以作为当前对象的超链接文档。如果在“链接到”列表框中选择“电子邮件地址”按钮，表示为所选对象设置一个电子邮件地址。以后在播放幻灯片时，如果单击该对象将自动启动邮件编辑器，用户可在其中编辑并发送邮件。

提示

※ 为了便于后面的讲解，请删除前面为幻灯片增加的图片与影片。

3.3.8 编辑页眉与页脚

如果用户想在幻灯片的下方添加日期和时间、幻灯片编号、页脚等内容，可按如图 3-21 所示的步骤进行。

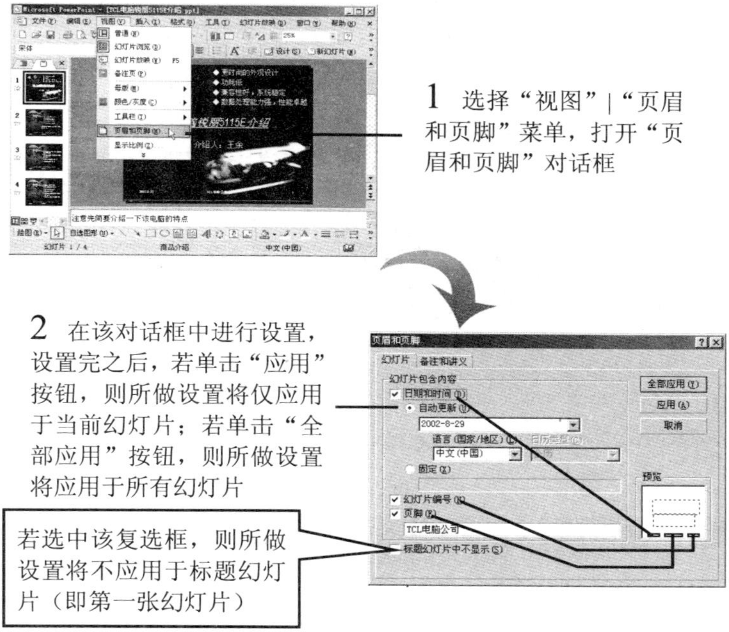
1 选择“视图”|“页眉和页脚”菜单，打开“页眉和页脚”对话框
2 在该对话框中进行设置，设置完之后，若单击“应用”按钮，则所做设置将仅应用于当前幻灯片；若单击“全部应用”按钮，则所做设置将应用于所有幻灯片
若选中该复选框，则所做设置将不应用于标题幻灯片（即第一张幻灯片）
页眉和页脚
幻灯片
备注和讲义
幻灯片包含内容
日期和时间
自动更新
2002-8-29
语言（国家/地区）
中文（中国）
固定
幻灯片编号
页脚
TCL电脑公司
标题幻灯片中不显示
全部应用
应用
取消
预览

图 3-21 编辑页眉/页脚

3.3.9 设置动画效果

为了使幻灯片在演示时获得一种动态效果，可以为幻灯片设置动画效果。例如，让文字以弹跳跳出形式播放或让图片产生飞入效果等。

在 PowerPoint 中，用户可通过两种方式为幻灯片定义动画效果：一种是使用系统提供的预设动画方案，另一种是分别定义各元素的动画效果。

1. 设置动画方案

通过为幻灯片设置动画方案，系统将自动为幻灯片中的各元素分配动画效果。例如，如果选择“展开”动画方案，则幻灯片主体将采用飞入方式出现，幻灯片标题将采用展开方式出现等。

要为幻灯片设置动画方案，可按如图 3-22 所示的步骤进行。

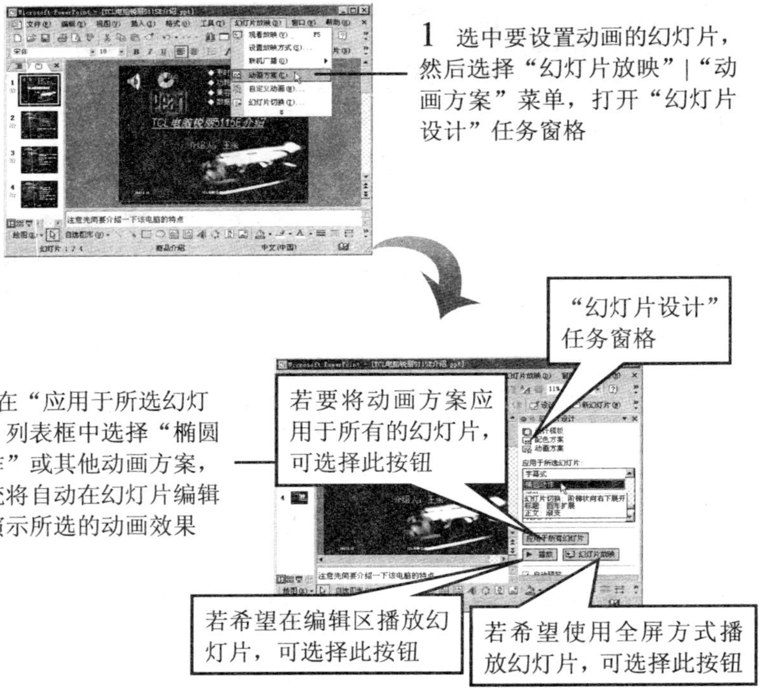
1 选中要设置动画的幻灯片，然后选择“幻灯片放映”|“动画方案”菜单，打开“幻灯片设计”任务窗格
“幻灯片设计”任务窗格
2 在“应用于所选幻灯片”列表框中选择“椭圆动作”或其他动画方案，系统将自动在幻灯片编辑区演示所选的动画效果
若要将动画方案应用于所有的幻灯片，可选择此按钮
若希望在编辑区播放幻灯片，可选择此按钮
若希望使用全屏方式播放幻灯片，可选择此按钮

图 3-22　设置动画方案

提示

※ 若希望取消为幻灯片设置的动画效果，可在“应用于所选幻灯片”列表框中选择“无动画”选项。

2. 为幻灯片元素设置动画效果

当我们为幻灯片选择了某种动画方案后，系统将自动为该幻灯片中的各元素分配动画效果。但是，如果用户对这种动画方案不满意，还可对其进行修改，其操作步骤如图 3-23 所示。

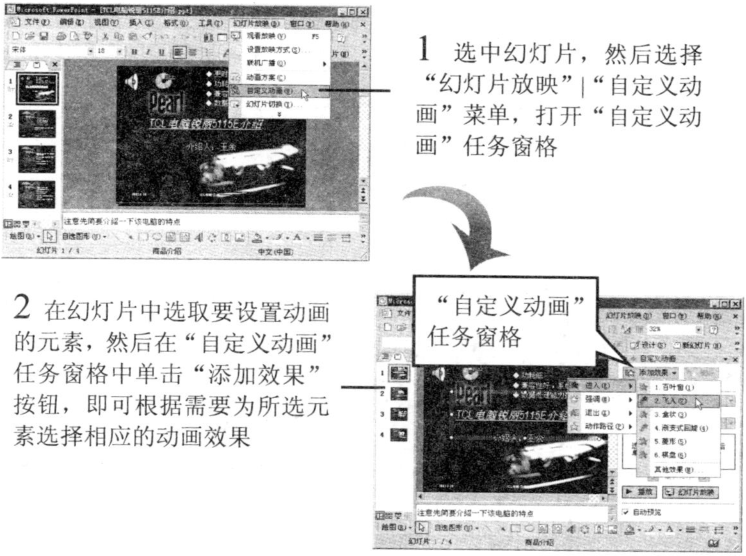
1 选中幻灯片，然后选择“幻灯片放映”|“自定义动画”菜单，打开“自定义动画”任务窗格
“自定义动画”任务窗格
2 在幻灯片中选取要设置动画的元素，然后在“自定义动画”任务窗格中单击“添加效果”按钮，即可根据需要为所选元素选择相应的动画效果

图 3-23　设置动画效果

提示

※ 用户可为每个元素设置多种动画效果。为元素设置动画效果后，用户还可对动画效果进一步进行修饰。

归纳起来，用户可对动画效果进行如下修改：

- 利用“开始”下拉列表框选择如何激活动画，例如，是通过鼠标单击激活动画，还是在动画序列中上一动画开始前或开始后激活动画。
- 在动画序列中选择某个动画，然后上下拖动或单击下方的“重排顺序”按钮，可调整动画顺序。
- 单击每个动画效果右侧的三角箭头，可调整动画的激活方式。如果从中选择“效果选项”，则系统将打开该效果的设置对话框，如图 3-24 所示。

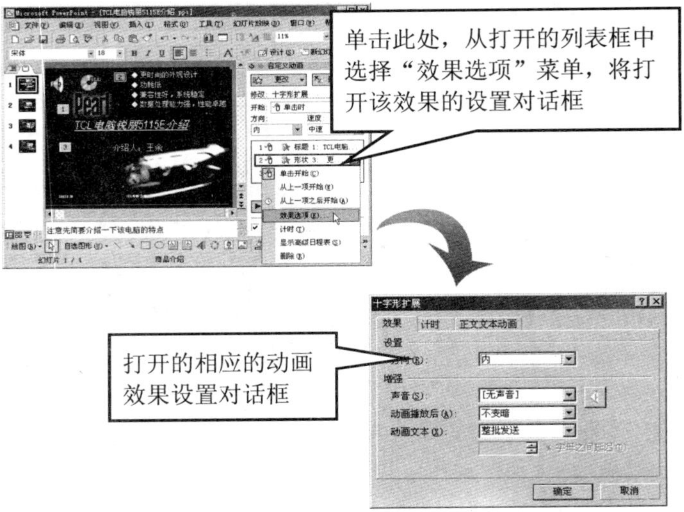

图 3-24　应用效果选项

提示

※ 如果为动画效果指定了“单击时”激活方式，只能在幻灯片放映方式预览其效果。如果在“自定义”任务窗格中单击“播放”按钮，系统将自动依次播放动画。

3.3.10 设置鼠标执行动作

在播放幻灯片时，如果希望在光标移过或单击某个对象时，能切换到其他幻灯片、执行某个程序、播放选定的声音文件或单击时突出显示对象等，可设置对象动作，其操作步骤如图 3-25 所示。

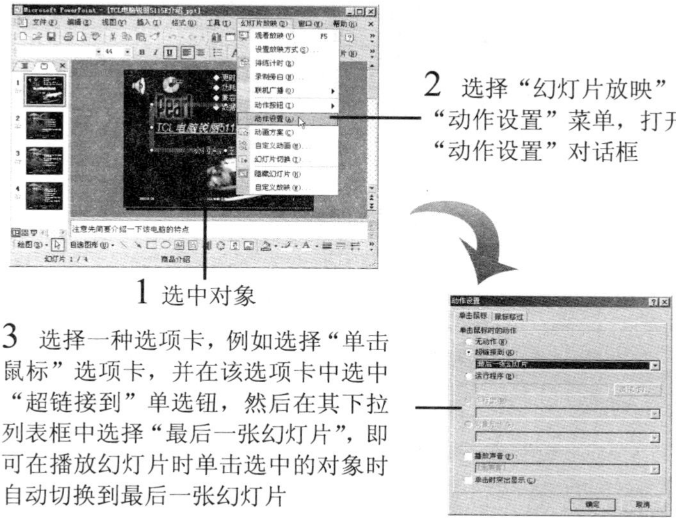
2 选择“幻灯片放映”|“动作设置”菜单，打开“动作设置”对话框
1 选中对象
3 选择一种选项卡，例如选择“单击鼠标”选项卡，并在该选项卡中选中“超链接到”单选钮，然后在其下拉列表框中选择“最后一张幻灯片”，即可在播放幻灯片时单击选中的对象时自动切换到最后一张幻灯片
动作设置
单击鼠标
鼠标移过
单击鼠标时的动作
无动作
超链接到
最后一张幻灯片
运行程序
播放声音
单击时突出显示
确定
取消

图 3-25 动作设置

提示

- 如果对象已设置了动画效果，则“对象动作”单选钮不可用。如果当前未录制宏，则“运行宏”单选钮不可用。
- 通过为元素设置动作，或者选择“幻灯片放映”|“动作按钮”菜单中的适当选项，可在幻灯片中加入播放控制按钮，如图 3-26 所示。

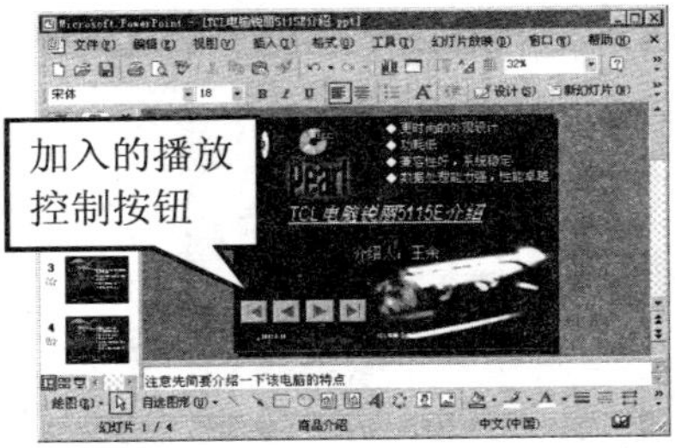

图 3-26　播放幻灯片

3.3.11　调整背景颜色与填充效果

一般地说，使用以上介绍的方法，就可以制作出一套漂亮的幻灯片了。但如果对于制作的幻灯片效果还不十分满意，例如，希望修改表格、图形等特殊信息的背景，或为背景填充一些特殊效果等，就要对幻灯片进行背景颜色和填充效果的调整。

1. 调整幻灯片的背景颜色

通过调整幻灯片的背景颜色，可以调整演示文稿中某一张或所有幻灯片的背景颜色，其操作步骤如图 3-27 所示。

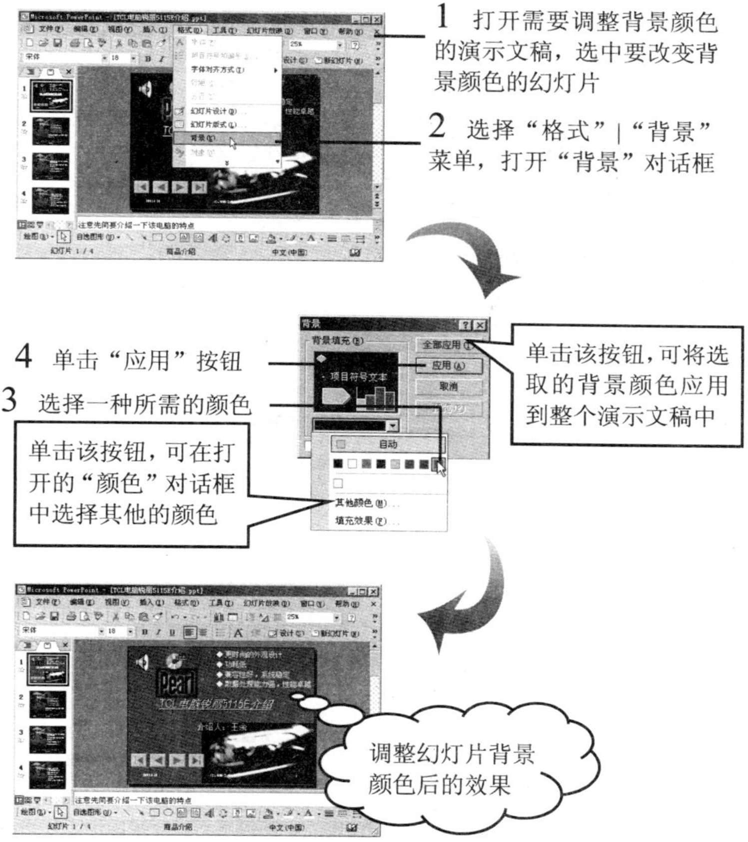
1 打开需要调整背景颜色的演示文稿，选中要改变背景颜色的幻灯片
2 选择“格式”|“背景”菜单，打开“背景”对话框
4 单击“应用”按钮
3 选择一种所需的颜色
单击该按钮，可将选取的背景颜色应用到整个演示文稿中
单击该按钮，可在打开的“颜色”对话框中选择其他的颜色
调整幻灯片背景颜色后的效果

图 3-27　调整背景颜色

2. 为幻灯片背景设置填充效果

如果用户觉得幻灯片的背景只是某种颜色显得有些单调，可为幻灯片背景设置一些其他的效果，例如过渡、纹理、图案或图片等。

若要为幻灯片背景设置其他的效果，可按如图 3-28 所示的步骤进行。

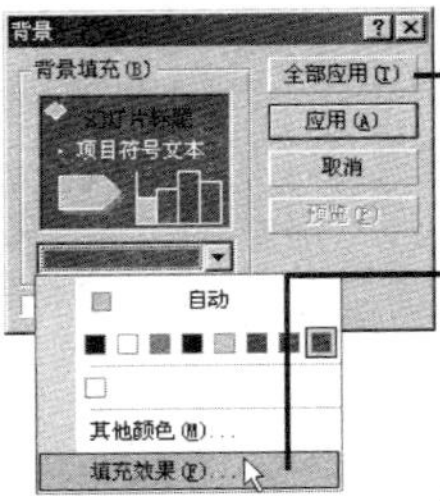

1 选中需要改变背景效果的幻灯片，然后选择“格式”|“背景”菜单，打开“背景”对话框

2 单击“填充效果”按钮，打开“填充效果”对话框

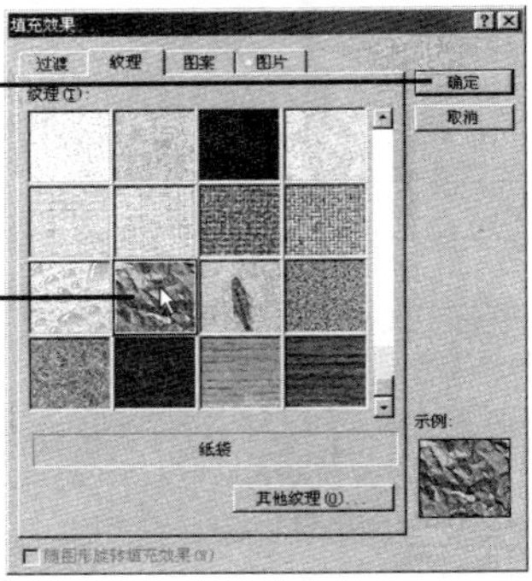

3 选择一种填充效果，例如选择该纹理

4 单击“确定”按钮

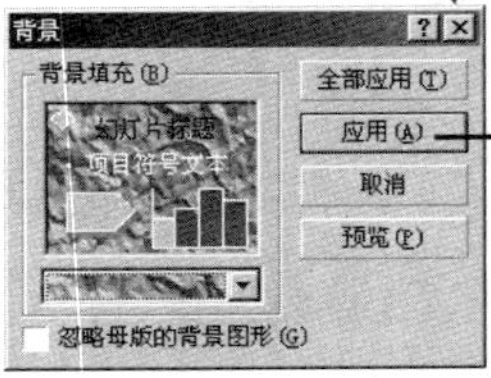

5 单击“应用”按钮

为幻灯片设置填充效果后的画面

图 3-28　设置填充背景

3.3.12　为选择设计模板和配色方案

如果用户希望快速修改幻灯片的外在效果，那么重新套用设计模板和配色方案将是一条捷径，其操作步骤如图 3-29 所示。

1　选中要修改外在效果的幻灯片，然后选择“格式”|“幻灯片设计”菜单，或单击“格式”工具栏上的“幻灯片设计”按钮 设计(S)，打开“幻灯片设计”任务窗格

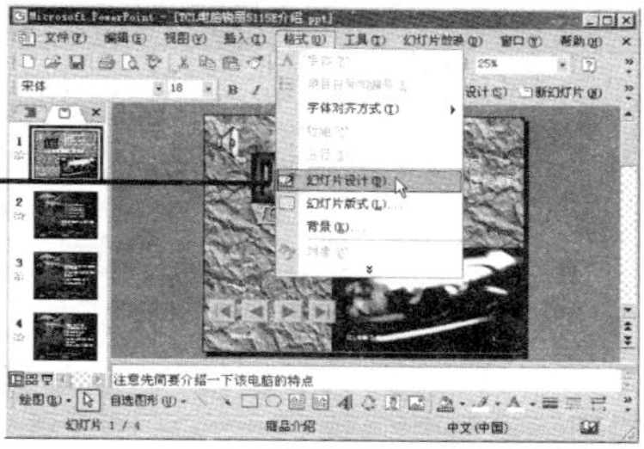

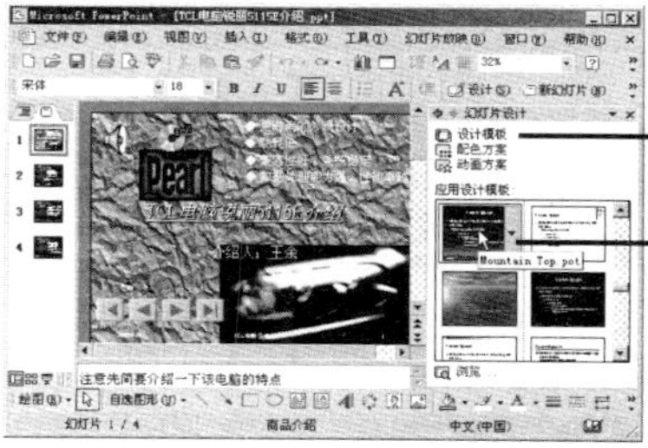

2　选择“设计模板”

3　在“应用设计模板”列表框中选择所需的设计模板，即可更新幻灯片外观

图 3-29　选择设计方案

若要更改幻灯片的颜色效果，可在“幻灯片设计”任务窗格上方单击“配色方案”按钮，然后在下面的“应用配色方案”列表框中选择某个配色方案，即可更改幻灯片的颜色效果，如图 3-30 所示。

图 3-30　选择配色方案

3.3.13　设置幻灯片切换方式

默认情况下，用户可通过单击在各张幻灯片之间切换，而且各张幻灯片在打开时也没有什么花样。因此，为了使幻灯片在播放时能有一些特色，可按如图 3-31 所示的步骤进行。

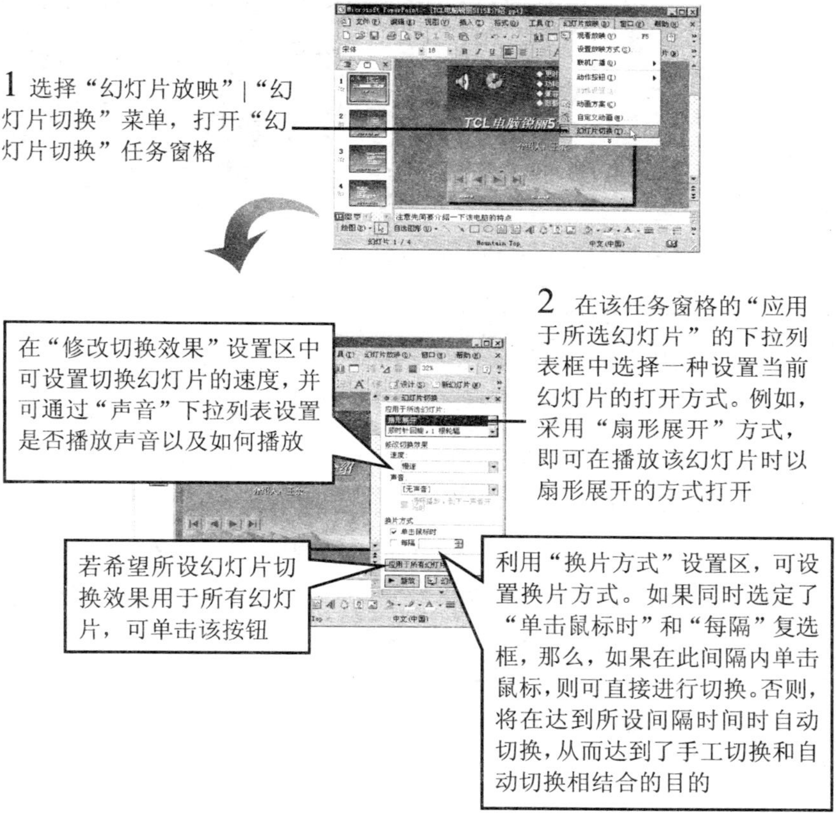
1 选择“幻灯片放映”|“幻灯片切换”菜单，打开“幻灯片切换”任务窗格
2 在该任务窗格的“应用于所选幻灯片”的下拉列表框中选择一种设置当前幻灯片的打开方式。例如，采用“扇形展开”方式，即可在播放该幻灯片时以扇形展开的方式打开
在“修改切换效果”设置区中可设置切换幻灯片的速度，并可通过“声音”下拉列表设置是否播放声音以及如何播放
若希望所设幻灯片切换效果用于所有幻灯片，可单击该按钮
利用“换片方式”设置区，可设置换片方式。如果同时选定了“单击鼠标时”和“每隔”复选框，那么，如果在此间隔内单击鼠标，则可直接进行切换。否则，将在达到所设间隔时间时自动切换，从而达到了手工切换和自动切换相结合的目的

图 3-31　设置切换方式

3.3.14　幻灯片控制

要在演示文稿中的某张幻灯片的后面添加一张新幻灯片，可按如图 3-32 所示的步骤进行。

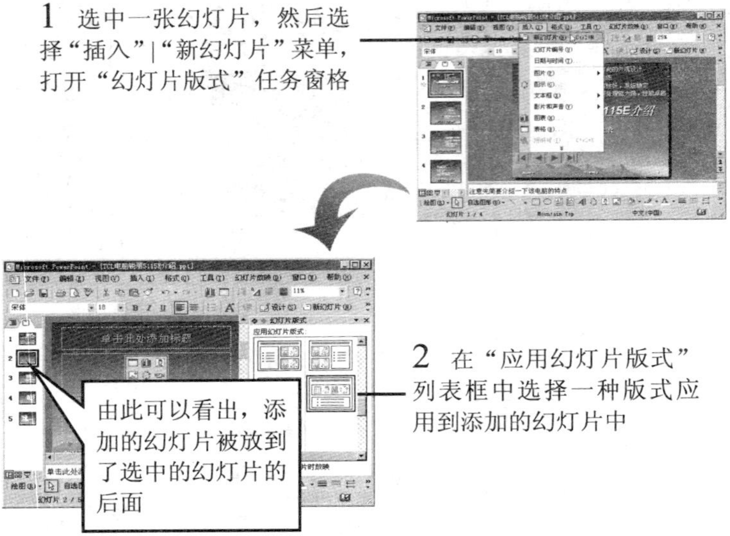
1 选中一张幻灯片，然后选择“插入”|“新幻灯片”菜单，打开“幻灯片版式”任务窗格
2 在“应用幻灯片版式”列表框中选择一种版式应用到添加的幻灯片中
由此可以看出，添加的幻灯片被放到了选中的幻灯片的后面

图 3-32　控制幻灯片

要删除幻灯片，可在将该幻灯片设置为当前幻灯片后，选择“编辑”|“删除幻灯片”菜单即可。

要调整幻灯片的顺序，可首先单击大纲栏中的幻灯片号，然后将其上下拖动即可。

3.4　播放演示文稿

播放演示文稿的方法有多种，可以将演示文稿打印出来，使用投影机播放，也可以直接在计算机中播放，或者通过计算机网络播放。对于使用计算机播放演示文稿而言，在演示文稿放映过程中又可以使用多种放映技巧。本节主要讲解在计算机中播放演示文稿的方法及设置。

3.4.1 演示文稿的播放方式

我们在前面利用内容提示向导方式创建演示文稿时，有一个步骤为选择演示文稿播放风格，此时在屏幕上提供了五种演示文稿的输出方式：屏幕演示文稿、Web 演示文稿、黑白投影机、彩色投影机、35mm 幻灯片。

实际上，这五种输出方式就是通常播放演示文稿的五种方法：在计算机屏幕上直接播放（屏幕演示文稿）；将演示文稿放置在 Web 服务器中，由网络中的用户自行播放（Web 演示文稿）；打印成黑白幻灯片，通过黑白投影机播放；打印成彩色幻灯片，通过彩色投影机播放；制成 35mm 幻灯片播放。

采用在计算机屏幕上播放演示文稿的方法，可以使用 PowerPoint 提供的所有特殊效果和功能，从而使演示文稿的播放显得更加精彩和完备。这些可以使用的效果和功能包括：幻灯片切换、计时、影片、声音、动画和超级链接等。

采用将演示文稿放置到 Web 服务器中，网络中的用户自行播放（Web 演示文稿）演示文稿的方法，是 PowerPoint 专门为在 Internet 上播放演示文稿而设计的功能。使用“文件”菜单中的“另存为 Web 页”就可以很轻松地将制作好的 Internet 演示文稿发布出去。发布演示文稿意味着将 HTML 格式的演示文稿放置到 Web 服务器上。当然，也可以将同一份演示文稿发送到不同的网络地址上，还可以发布完整的演示文稿、单张幻灯片或一组幻灯片。这样，网络上的用户就可以在自己的浏览器中直接观看演示文稿的内容。不过，发布或观看 Internet 演示文稿的前提是用户使用的计算机必须与 Internet 相连。

对于通过黑白投影机播放、通过彩色投影机播放或者制成 35mm 幻灯片播放演示文稿的方法来说，都需要事先将制作好的演示文稿打印出来。打印时需要有一台打印效果比较好的黑白或彩色打印机，与存放演示文稿的计算机连接。将演示文稿打印出来后，由演讲者使用投影机一边播放幻灯片，一边讲述有关内容，播放方法比较简单。

在计算机屏幕上（或者通过网络）播放演示文稿时，还可以选择多种幻灯片放映方式：观众自行观看、在展厅自动播放、由演讲者控制播放、联机会议、演示文稿广播等。而且，对于每一种放映方式而言，在播放过程中还涉及许多细节问题，比如，如何设置幻灯片的切换方式、幻灯片动画效果的设置、如何隐藏备用的幻灯片、每张幻灯片的延时控制、演示文稿的自定义播放等问题的处理等等。其中，关于动画效果设置、幻灯片切换方式等，我们已在前面进行了介绍。

3.4.2 播放演示文稿

无论演示文稿处于何种视图模式，当单击视图工具栏中的“幻灯片放映视图”图标按钮时，屏幕上都将开始满屏显示当前幻灯片，如图 3-33 所示。

◆ 更时尚的外观设计
◆ 功耗低
◆ 兼容性好，系统稳定
◆ 数据处理能力强，性能卓越
TCL电脑锐丽5115E介绍
介绍人：王余

图 3-33　全屏播放幻灯片

在播放演示文稿过程中如果想终止幻灯片播放，可以单击鼠标右键，然后从弹出的快捷菜单中选择“结束放映”选项即可，如图 3-34 所示。

◆ 更时尚的外观设计
◆ 功耗低
◆ 兼容性好，系统稳定
◆ 数据处理能力强，性能卓越
TCL电脑锐丽5115E介绍
介绍人：王余

图 3-34　控制播放

此外，在上图所示的快捷菜单中还列出了有关幻灯片播放的其他命令，用户可以根据需要进行选择。例如，选择“演讲者备注”，可查看幻灯片备注；选择“会议记录”，可在打开的“会议记录”窗口中进行记录；选择“指针选项”中的“画笔”后，可在播放幻灯片画面中利用画笔绘制一些图形或文字，如图 3-35 所示。

◆ 更时尚的外观设计
◆ 功耗低
◆ 兼容性好，系统稳定
◆ 数据处理能力强，性能卓越
TCL电脑锐丽5115E介绍
TCL
介绍人：王余

图 3-35　播放时使用画笔

提示

※ 按 Esc 键可随时终止幻灯片放映。

此外，利用“幻灯片放映”菜单同样可以播放演示文稿。选择“幻灯片放映”|“观看放映”菜单，则屏幕上开始从第一张幻灯片播放演示文稿。每单击一下鼠标则显示下一张幻灯片，直到所有幻灯片播放完毕。

3.4.3 排练计时

如果播放演示文稿的方法为：演讲者在旁边讲述，演示文稿中的幻灯片按照演讲者的讲解速度自动换页。如果演讲者讲解每张幻灯片的时间是一样的话，利用前面介绍的设置幻灯片切换效果中的有关选项就可以设置幻灯片的播放时间。但是，对于不同的幻灯片中的内容，演讲者所用的讲述时间通常是不同的。为了使演讲者的讲述速度与幻灯片的切换保持同步，可以使用 PowerPoint 提供的“排练计时”功能，预先设置每页幻灯片的播放时间，其操作步骤如图 3-36 所示。

1 选择“幻灯片放映”|“排练计时”菜单，幻灯片开始放映，在屏幕左上角出现“预演”对话框

2 当前幻灯片的放映时间设置好之后，在当前幻灯片上单击，或者单击“预演”对话框中的“下一项”按钮，屏幕上将出现下一张幻灯片，这时演讲者可以对下一张幻灯片的放映时间进行设置

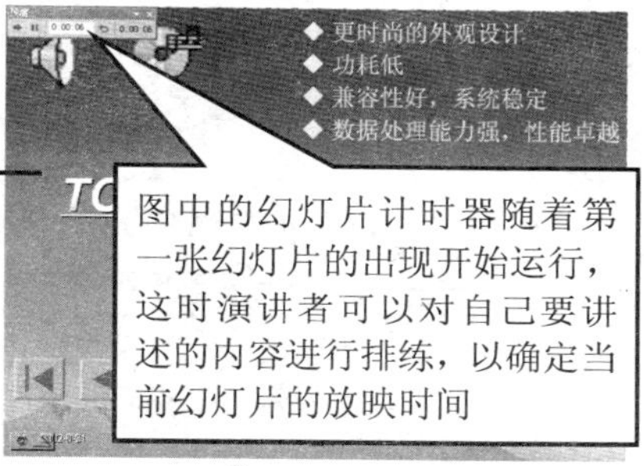
更时尚的外观设计
功耗低
兼容性好，系统稳定
数据处理能力强，性能卓越

图中的幻灯片计时器随着第一张幻灯片的出现开始运行，这时演讲者可以对自己要讲述的内容进行排练，以确定当前幻灯片的放映时间

3 单击“是”按钮，系统将自动切换到幻灯片浏览视图，并且在每张幻灯片的下面显示了播放该幻灯片时所需的时间

Microsoft PowerPoint
幻灯片放映共需时间 0:00:42。是否保留新的幻灯片排练时间？
是(Y)
否(N)

当演示文稿中所有幻灯片的放映时间设置完毕后，屏幕将出现一个询问对话框，告诉用户演示文稿的总体播放时间，以及是否保存幻灯片排练时间。如果单击该对话框中的“是”按钮，则将前面的设置保存起来，以后播放演示文稿时，每张幻灯片的放映时间就会与所设置的一样。如果想放弃前面的设置，可以单击“否”按钮

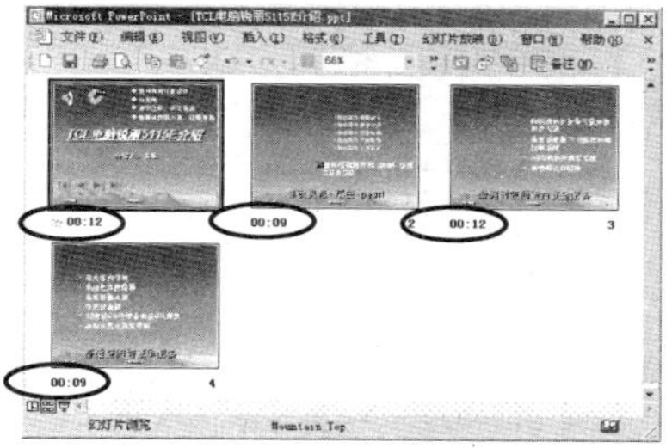
00:12
00:09
00:12
00:09

图 3-36 使用播放计时

提示

- 如果在排练过程中出现差错，用户可以单击“预演”对话框中的“重复”按钮，以便重新开始当前幻灯片的排练计时。如果单击对话框中的“暂停”按钮，可以暂停当前的排练，对话框中的计时器将暂停。需要继续排练时，可以再单击对话框中的“暂停”按钮，计时器将继续工作。
- 对幻灯片执行“排练计时”操作，实际上相当于在“幻灯片切换”任务窗格中设置“换片”时间。
- 对幻灯片执行“排练计时”操作后，为对象设置的单击激活动画操作将被忽略。

3.4.4 录制旁白

如果希望自动播放幻灯片，且为其录制好旁白（即同步播放的声音文件），可按如图 3-37 所示的步骤进行。

1 选择“幻灯片放映”|“录制旁白”菜单，打开“录制旁白”对话框

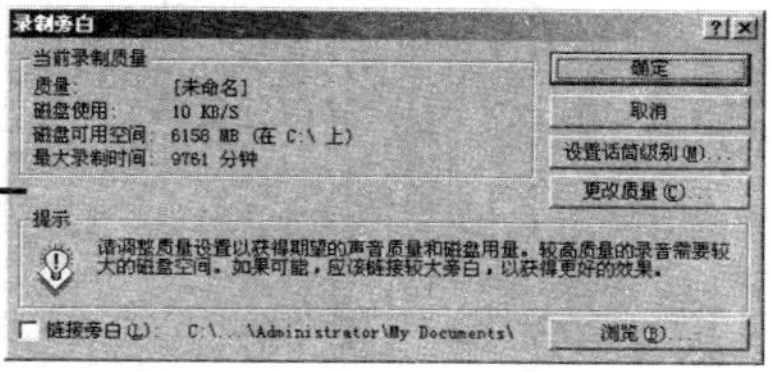

2　在该对话框中设置话筒级别以及录音质量后，单击“确定”按钮

3　单击“当前幻灯片”或“第一张”按钮，系统将自动进入幻灯片播放方式，此时用户便可录制旁白了

录制结束后，系统将显示一个提示对话框，告诉用户旁白已经与相应的幻灯片共同保存，并询问是否保存排练时间。对于已经录制了旁白的幻灯片，将在其右下角新增一个喇叭图标。因此，所谓旁白实际上就是一个插入在幻灯片中的声音文件

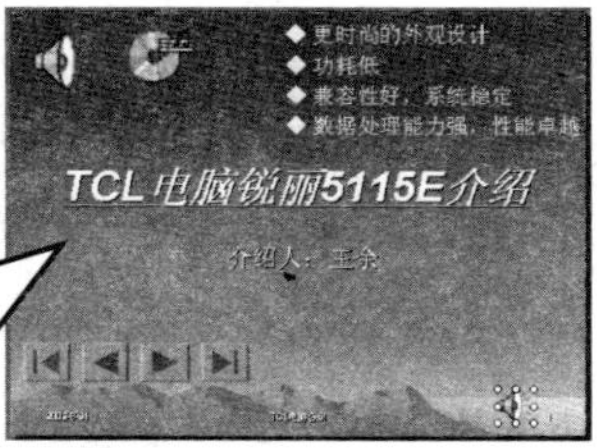

图 3-37　录制旁白

提示

※ 用户可以单击喇叭图标播放声音，或将声音设置为自动播放。因为语音旁白优先于其他声音，因此，如果已在演示文稿中插入其他声音并自动播放，语音旁白将覆盖声音。
※ 如果希望运行没有旁白的演示文稿而又不想删除旁白，

请选择“幻灯片放映”|“设置放映方式”菜单，然后在打开的“设置放映方式”对话框中选中“放映时不加旁白”复选框。

3.4.5　隐藏幻灯片和自定义放映

制作好的演示文稿应当包括主题所涉及的各个方面的内容，但是对于不同类型的观众来说，演示文稿中的某一张或几张幻灯片可能并不需要播放。为此，在播放演示文稿时应当将不需要播放的幻灯片隐藏起来。

要隐藏一张不需要播放的幻灯片，可首先在幻灯片浏览视图模式下单击需要隐藏的幻灯片，然后选择“幻灯片放映”|“隐藏幻灯片”菜单，或直接单击“常用”工具栏中的“隐藏幻灯片”按钮。这时在幻灯片浏览视图中需要隐藏的幻灯片的右下方会出现一个图标，表示该幻灯片已经被隐藏，在播放演示文稿时将不再显示该张幻灯片，如图3-38所示。

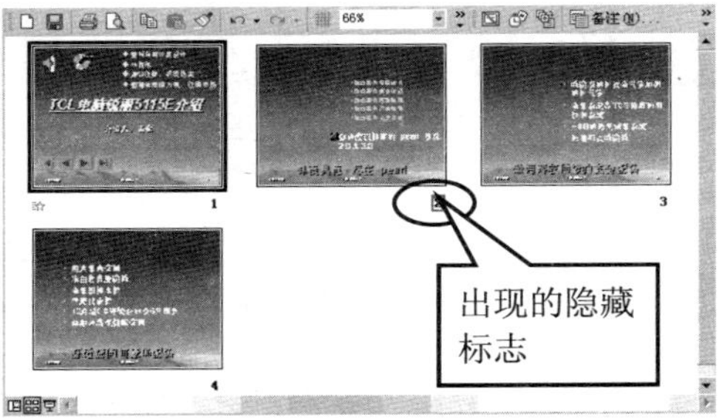

图3-38　自定义放映

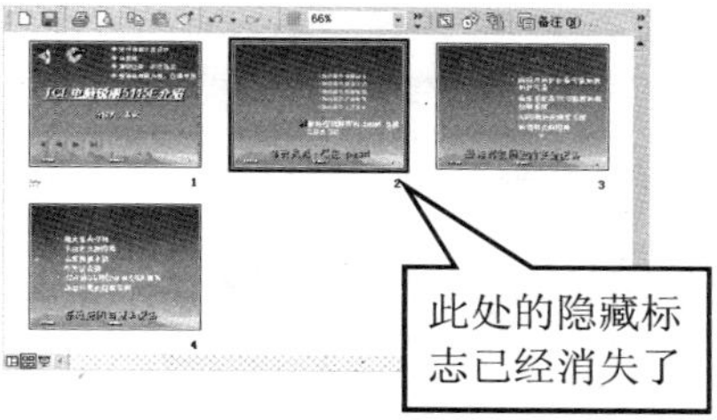

图 3-39 解除隐藏

利用 PowerPoint 提供的“自定义放映”功能，用户可以根据实际情况选择现有演示文稿中的相关幻灯片组成一个新的演示文稿，即可以在现有演示文稿的基础上自定义一个演示文稿。下面我们以为前面制作的演示文稿制作一个自定义演示文稿为例，说明自定义演示文稿的设置方法。假设我们要将演示文稿中的幻灯片 1、3、4、2 组成一个新的演示文稿，可按如图 3-40 所示的步骤进行。

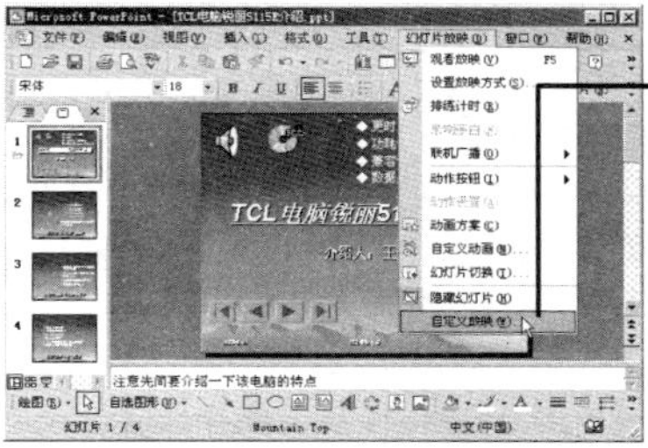

1 选择“幻灯片放映”|“自定义放映”菜单，打开“自定义放映”对话框

2 单击“新建”按钮，打开“定义自定义放映”对话框

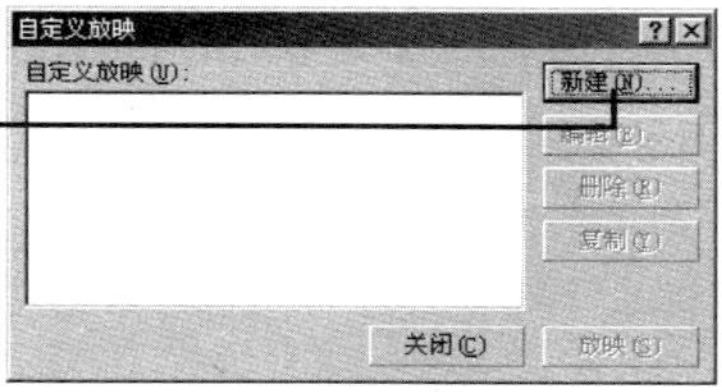

由“幻灯片放映名称”编辑框中可以看出，系统自动将自定义放映的名称设置为“自定义放映 1”。如果想为自定义放映重新命名为“介绍 1”，可以在该编辑框中输入该名称

3 在“在演示文稿中的幻灯片”列表框中单击幻灯片 1，然后单击“添加”按钮，此时幻灯片 1 出现在右侧的“在自定义放映中的幻灯片”列表框中

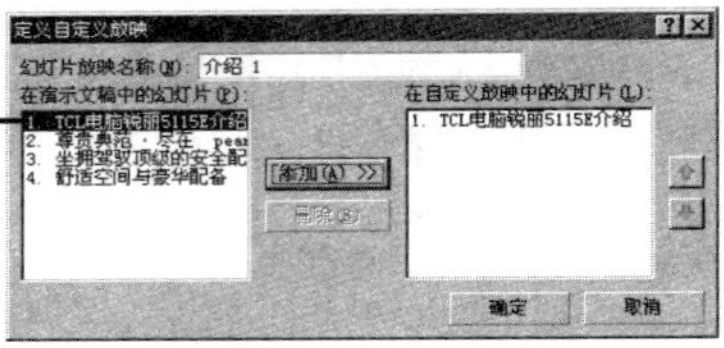

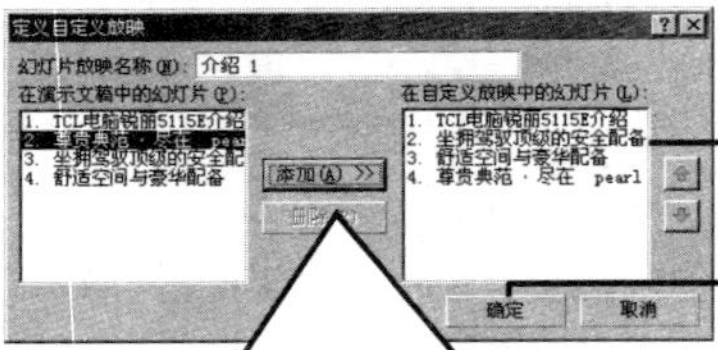

4 根据同样的方法，分别将幻灯片 3、4、2 添加到“在自定义放映中的幻灯片”中

5 单击“确定”按钮

如果将不需要的幻灯片加入到了“在自定义放映中的幻灯片”列表框中，还可以删除它（这里的删除是指将该幻灯片从自定义放映中取消，而不是从演示文稿中彻底删除）。为此，可在“在自定义放映中的幻灯片”编辑中选取不需要的幻灯片标题，再单击“删除”按钮即可

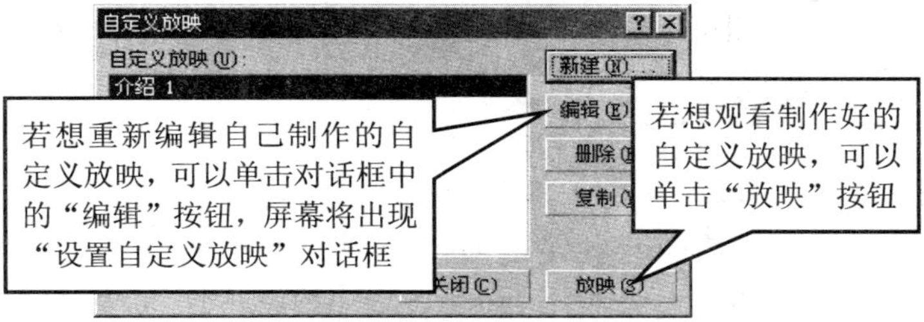

图 3-40 自定义放映顺序

提示

※ 用户可以为一个演示文稿制作多个自定义放映，如果想取消一个制作好的自定义放映，可以单击“自定义放映”列表框中想取消的自定义放映的名称，再单击“删除”按钮。

3.4.6 设置放映方式

通过选择“幻灯片放映”|“设置放映方式”菜单，在打开的“设置放映方式”对话框中用户还可进一步设置放映方式，例如放映类型、放映幻灯片、放映选项以及换片方式等，如图 3-41 所示。

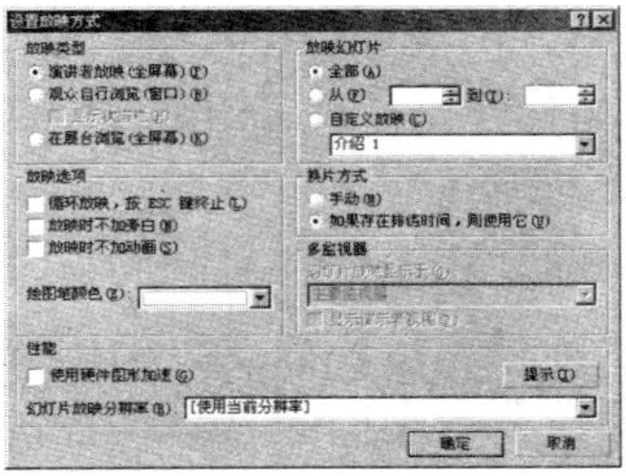

图 3-41 设置放置方式

由上图可以看出，PowerPoint 提供了三种在计算机中播放演示文稿的方式：演讲者放映、观众自行浏览、在展台浏览，用户可以根据需要进行选择。这三种播放方式的特点如下：

- 演讲者放映：选择此选项可将演示文稿全屏显示，这是最常用的方式，通常用于演讲者播放演示文稿。在这种方式下，演讲者对演示文稿的播放具有完整的控制权，可以采用自动或人工方式进行放映。演讲者在播放演示文稿时可以随时将演示文稿暂停、添加会议细节或即席反应。
- 观众自行浏览：观众自行浏览方式一般用于小规模的演示。比如，个人通过公司的网络浏览。选择这种方式播放演示文稿，幻灯片会出现在计算机屏幕窗口内，并提供命令在放映时移动、编辑、复制和打印幻灯片。在此方式中，可以使用滚动条从一张幻灯片移动到另一张幻灯片，同时打开其他程序。
- 展台浏览：展台浏览是指自动运行演示文稿。自动运行的演示文稿是不需要专人来控制幻灯片播放，就可以沟通信息的最好方式。例如，你可能需要在展览会上或者会议中的某个展台上设置可以自动运行的演示文稿，除了使用鼠标按动某些项目外，大多数控制都将失效，这样用户的随意操作将不会对演示文稿造成改动。自动运行的演示文稿结束时，或者某张人工操作的幻灯片已经闲置 5 分钟以上时，演示文稿都将自动重新开始播放。选定此选项后，“循环放映，按 Esc 键终止”会自动被选中，即最后一张幻灯片放映结束后，会自动返回第一张幻灯片继续播放。当然，在设计自动播放的演示文稿时，需要考虑到播放演示文稿的具体环境。为了防止他人中断或改变幻灯片的放映，最好使观众接触不到键盘。

用户除了可利用“设置放映方式”对话框设置放映类型外，还可进行一些其他设置。这些设置的说明如下：

- “放映幻灯片”设置区：在该设置区中提供了演示文稿中幻灯片的三种播放方式，即播放全部幻灯片、播放指定范围的幻灯片或播放制作的自定义放映。
- “换片方式”设置区：在该设置区中，若选取“手动”选项，则在幻灯片放映时，必须由人为的干预才能切换幻灯片；若选取“如果存在排练时间，则使用它”选项，且设置了自动换页时间，幻灯片在播放时便能自动切换。
- “放映选项”设置区：在该设置区中，若选中“循环放映，按 Esc 键终止”复选框，则在最后一张幻灯片放映结束后，会自动返回到第一张幻灯片继续放映；若选中“放映时不加旁白”复选框，则幻灯片播放时不播放任何旁白；若选中“放映时不加动画”复选框，则在播放幻灯片时，原来设定的动画效果将会失去作用，但动画效果设置参数依然有效。一旦取消选择“放映时不加动画”复选框，则动画效果又会出现。

3.5　发布演示文稿

如果需要将制作好的演示文稿随身携带，以便演讲者随时能够在其他没有与 Internet 连接的计算机上播放，一般我们都会想到的方法是：将演示文稿文件复制到软盘上，再从软盘复制到播放演示文稿的计算机中。但事情并不是这么简单：假如你准备播放演示文稿的计算机中没有安装 PowerPoint 程序，或者演示文稿中所链接的文件以及所采用的 TrueType 字体在那台计算机上不存在，这些情况会使演示文稿无法播放，或者影响演示文稿的播放效果。为了解决上述问题，PowerPoint 提供了演示文稿的“打包”工具，以便于将演示文稿制作成一个可以在其他计算机中播放的文件。

3.5.1　将演示文稿“打包”

使用 PowerPoint 提供的演示文稿的“打包”工具，可以将播放演示文稿所涉及到的有关文件或程序连同演示文稿一起打包，形成一个文件，存放到软盘中，再到另一台计算机上进行拆包。

要将已经制作完成的演示文稿打包到软盘中，可按如图 3-42 所示的步骤进行。

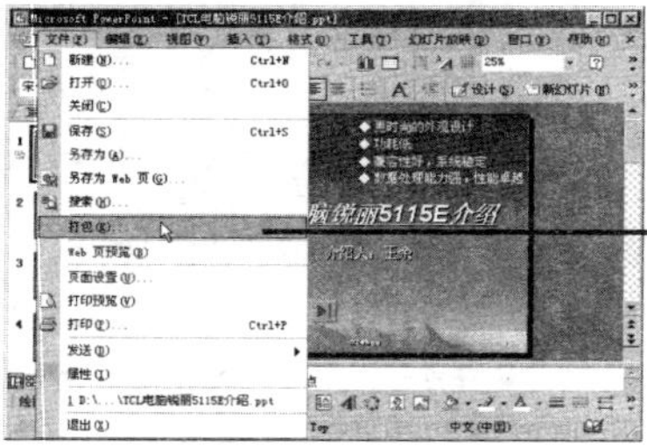

1　在 PowerPoint 中打开准备打包的演示文稿，然后选择“文件”|“打包”菜单，启动“打包向导”

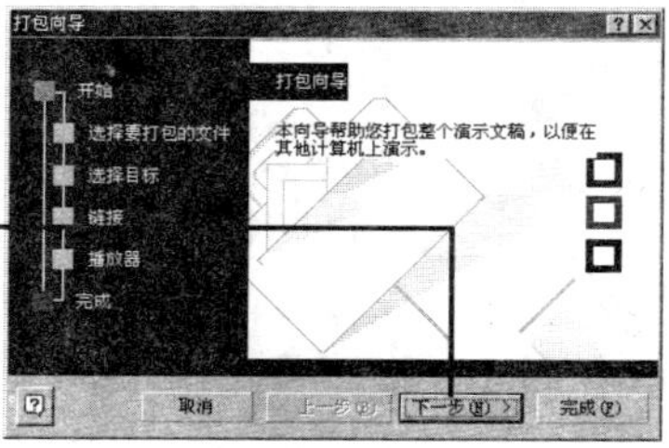

2　单击“下一步”按钮

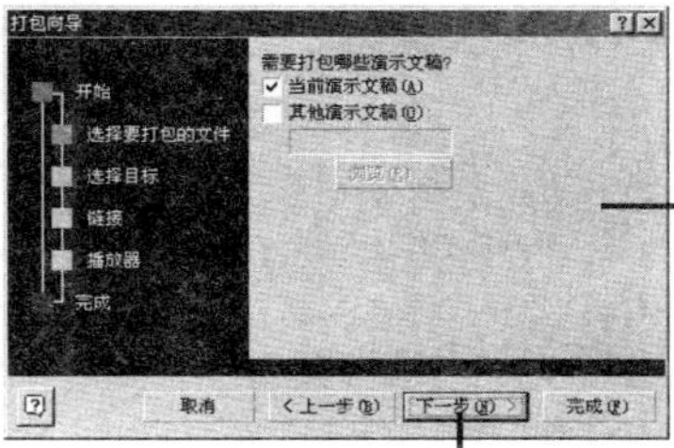

3 选择需要打包的演示文稿。如果仅将当前演示文稿打包，则选中“当前演示文稿”复选框；若要将其他演示文稿一起打包，应选中“其他演示文稿”复选框，并输入需要打包的演示文稿的路径名和文件名，或通过单击“浏览”按钮查找需要打包的演示文稿

4 单击“下一步”按钮

5 选择存放打包的驱动器或路径。用户可将演示文稿打包到软盘或硬盘，也可直接打包到网络上的另一台计算机中

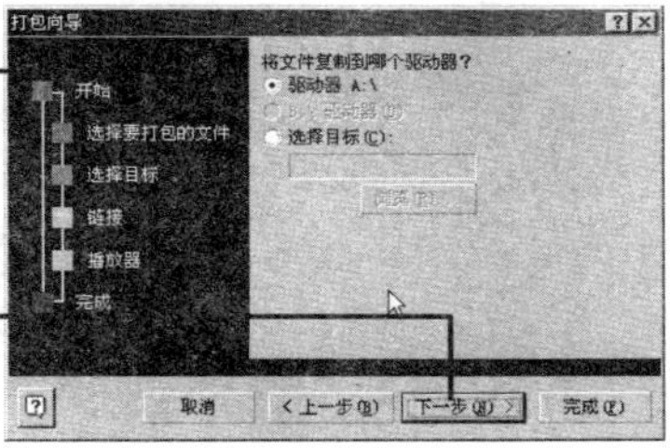

6 单击“下一步”按钮

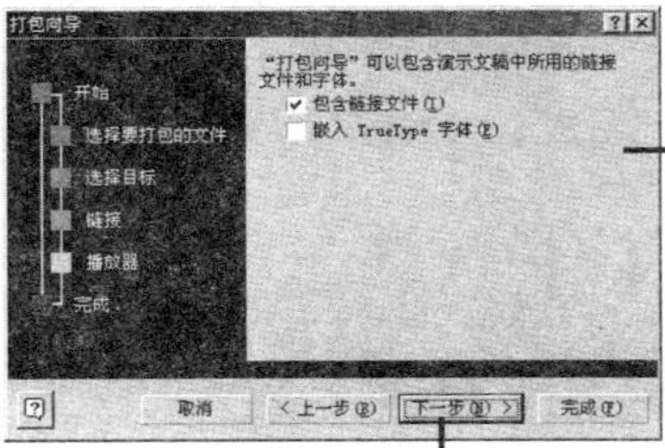

7 选择演示文稿是否包含链接文件和 TrueType 字体。若演示文稿中插入了声音、影像文件或设置了超级链接文件，则应选中“包含链接文件”复选框；若希望在另一台计算机上显示演示文稿中所用到的各种字体，则还应选中“嵌入 TrueType 字体”复选框

8 单击“下一步”按钮

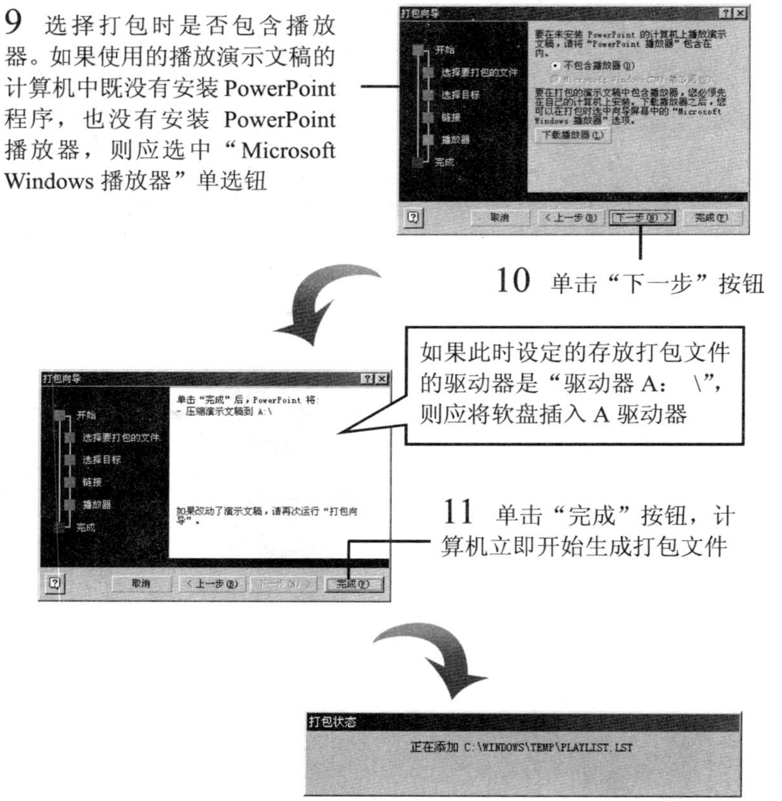
9 选择打包时是否包含播放器。如果使用的播放演示文稿的计算机中既没有安装PowerPoint程序，也没有安装 PowerPoint播放器，则应选中“Microsoft Windows 播放器”单选钮
打包向导
开始
选择要打包的文件
选择目标
链接
播放器
完成
不包含播放器
下载播放器
取消
< 上一步
下一步 >
完成
10 单击“下一步”按钮
如果此时设定的存放打包文件的驱动器是“驱动器 A：\”，则应将软盘插入 A 驱动器
单击“完成”后，PowerPoint 将:
- 压缩演示文稿到 A:\
如果改动了演示文稿，请再次运行“打包向导”。
11 单击“完成”按钮，计算机立即开始生成打包文件
打包状态
正在添加 C:\WINDOWS\TEMP\PLAYLIST.LST

图 3-42　打包包演示文稿

打包成功后，存放打包文件的第一张软盘中应该包含 Pngsetup 和 Pres0.ppz 两个文件，如图 3-43 所示。其中，Pngsetup 为解包安装程序，Pres0.ppz 为压缩包文件。

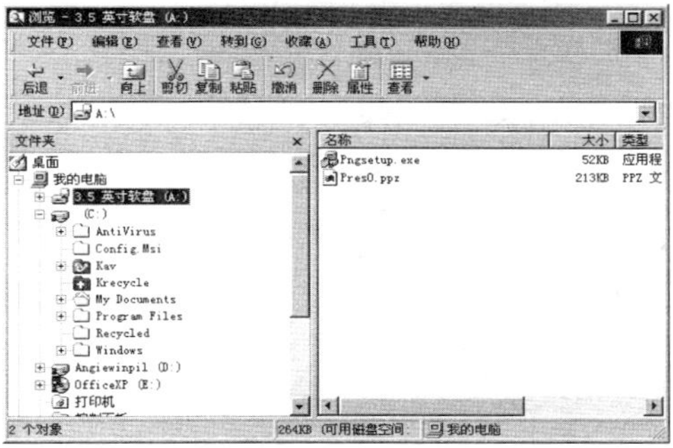

图 3-43　将演示文稿打包发布

3.5.2　展开“打包”文件

一份“打包”后的文件必须展开才能使用，展开“打包”文件的方法如图 3-44 所示。

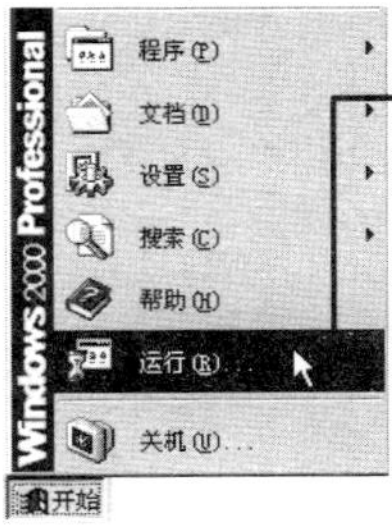

1　将含有打包文件的软盘插入驱动器 A 中，然后单击桌面上的“开始”按钮，从打开的菜单中选择“运行”，打开“运行”对话框

2　在“运行”对话框中的“打开”编辑框中输入“解包”命令“a:pngsetup”

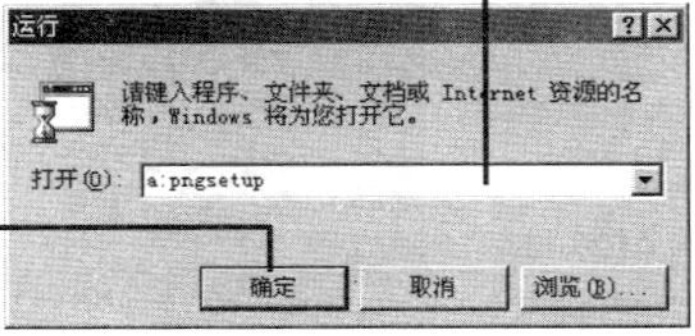

3　单击“确定”按钮，将出现“打包安装程序”对话框

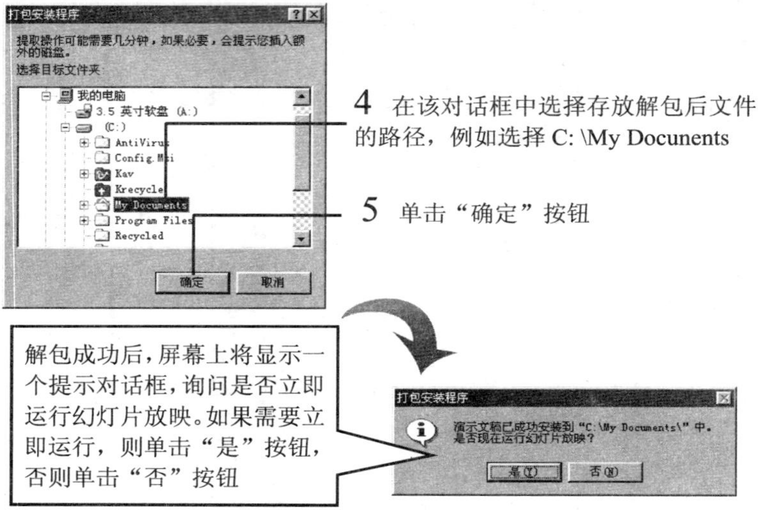
打包安装程序
提取操作可能需要几分钟，如果必要，会提示您插入额外的磁盘。
选择目标文件夹：
我的电脑
3.5 英寸软盘 (A:)
(C:)
AntiVirus
Config.Msi
Kav
Krecycle
My Documents
Program Files
Recycled
确定
取消
4 在该对话框中选择存放解包后文件的路径，例如选择 C: \My Docunents
5 单击“确定”按钮
解包成功后，屏幕上将显示一个提示对话框，询问是否立即运行幻灯片放映。如果需要立即运行，则单击“是”按钮，否则单击“否”按钮
打包安装程序
演示文稿已成功安装到“C:\My Documents\”中。
是否现在运行幻灯片放映？
是(Y)
否(N)

图 3-44　使用幻灯片发布包

3.5.3　将演示文稿保存为网页

通过选择“文件”|“另存为 Web 页”菜单，可将演示文稿以 Web 页面格式保存。不过，此时所有动画效果将被丢弃。图 3-45 显示了利用浏览器浏览以网页方式保存的演示文稿画面。

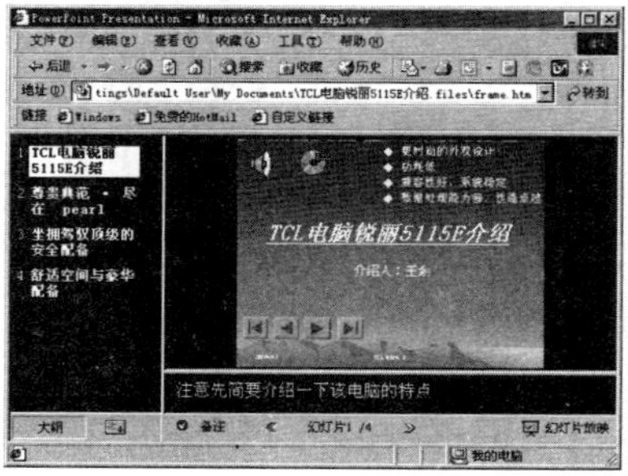
TCL电脑锐丽5115E介绍
注意先简要介绍一下该电脑的特点

图 3-45　转换幻灯片成为网页